T. 2230.
Aa.—2.

OEUVRES
DE MONSIEUR
DE SAINT-EVREMOND,

Publiées fur les Manufcrits de l'Auteur.

Nouvelle édition, revûë, corrigée & augmentée de la vie de l'Auteur.

TOME SECOND.

A LONDRES,

Chez JACOB TONSON, Libraire, à *Grais-Inn-Gate*,

Et fe vendent chez les Libraires François, dans le *Strand*.

M. DCCXXV.

TABLE DES PIECES

Contenuës dans ce second Tome.

I. Jugement sur Seneque, Plutarque, & Petrone. 1
II. La Matrone d'Ephese. 23
III. Conversation du Maréchal d'Hoquincourt avec le Pere Canaye. 28
IV. Conversation de Mr. d'Aubigny avec Mr. de St. Evremond. 41
V. Sir Politick Would-be, Comedie à la maniere des Anglois. 49
VI. Le Prophete Irlandois, Nouvelle. 202
VIII. A Madame de Comminges, sur ce qu'elle dit un jour à Mr. d'Aubigny, qu'elle aimeroit mieux avoir été Helene, que d'être une Beauté médiocre. Stances irregulieres. 219
IX. Sur la Mort de la belle Marion de Lorme. Stances. 222
X. Lettre à Mr. le Marquis de Crequi. Après avoir vécu dans la contrainte des Cours. 224
XI. Conversation du Duc de Candale avec Mr. de Saint Evremond. 230

ã 2   XII.

TABLE

XII. Lettre à Mr. le Marquis de Lionne, qui m'avoit fait dire de lui envoyer une Lettre qu'il pût montrer au Roi 285

XIII. Idée de la Femme, qui ne se trouve point, & qui ne se trouvera jamais. 264

XIV. Lettre à Mr. le Comte de Lionne. Si je pouvois m'acquitter. 272

XV. Au même. Si vous me faites l'honneur de m'écrire. 277

XVI. Au même. J'aurois à vous faire de grandes excuses. 280

XVII. Au même. Vous n'êtes pas de ces gens qui cherchent. 282

XVIII. Observations sur Saluste & sur Tacite. 286

XIX. Dissertation sur la Tragedie de Racine, intitulée Alexandre le Grand. 296

XX. Lettre à Mr. le Comte de Lionne. Je ne sai pas bien encore le succès. 311

XXI. Au même. S'il étoit bien vrai que Monsieur de Lionne. 314

XXII. Au même. J'apprehende avec raison. 317

XXIII. De la Retraite. 319

XXIV. Entretien de deux Dames avec une Religieuse mal satisfaite de sa Condition. 330

XXV. Lettre de Mr. Corneille à Mr. de St. Evremond, pour le remercier des loüanges

DES PIECES.

loüanges qu'il lui avoit données dans la Differtation fur l'Alexandre de Racine. 334

XXVI. *Réponfe de Mr. de St. Evremond à Mr. Corneille.* 337

XXVII. *Lettre à Mr. le Comte de Lionne.* Vôtre impatience de mon retour. 340

XXVIII. *Au même.* Rien n'eft fi doux en Amitié. 343

XXIX. *L'Interêt dans les Perfonnes tout-à-fait corrompuës.* 346

XXX. *La Vertu trop rigide.* 351

XXXI. *Sentiment d'un honnête & habile Courtifan fur cette Vertu rigide & ce fale Interêt.* 356

JUGEMENT
SUR SENEQUE,
PLUTARQUE
ET PETRONE.

JE commencerai par Seneque, & vous dirai avec la derniere impudence, que j'estime beaucoup plus sa personne que ses ouvrages. J'estime le précepteur de Neron, l'amant d'Agrippine, l'ambitieux qui prétendoit à l'Empire : du philosophe & de l'écrivain, je ne fais pas grand cas ; je ne suis touché ni de son stile, ni de ses sentimens. Sa latinité n'a rien de celle du tems d'Auguste, rien de facile, rien de naturel ; toutes pointes, toutes imaginations, qui sentent plus la chaleur d'Afrique ou d'Espagne, que la lumiere de Grece ou d'Italie. Vous y voyez des choses coupées, qui ont l'air & le tour

tour des sentences, mais qui n'en ont ni la solidité, ni le bon-sens ; qui piquent & poussent l'esprit, sans gagner le jugement. Son discours forcé me communique une espece de contrainte ; & l'ame, au lieu d'y trouver sa satisfaction & son repos, y rencontre du chagrin & de la gêne.

Neron, qui pour être un des plus méchans Princes du monde, ne laissoit pas d'être fort spirituel, avoit auprès de lui des especes de petits-maîtres fort délicats, qui traitoient Seneque de Pedant, & le tournoient en ridicule. Je ne suis pas de l'opinion de Berville, qui pensoit que le faux Eumolpe de Petrone fût le veritable Seneque. Si Petrone eût voulu lui donner un caractere injurieux, c'eût été plûtôt sous le personnage d'un pedant philosophe, que d'un poëte impertinent. D'ailleurs il est comme impossible d'y trouver aucun rapport. Seneque étoit le plus riche homme de l'Empire, & loüoit toûjours la pauvreté ; Eumolpe, un poëte fort mal dans ses affaires, & au desespoir de sa condition : il se plaignoit de l'ingratitude du siecle, & trouvoit pour toute consolation, que *bonæ mentis soror est paupertas*. Si Seneque avoit des vices, il les cachoit avec soin sous l'apparence de la sagesse ; Eumolpe faisoit vanité des siens, & traitoit les plaisirs avec beaucoup de liberté.

Je ne voi donc pas sur quoi Berville pouvoit appuyer sa conjecture. Mais je suis trompé si
tout

tout ce que dit Petrone du ſtile de ſon tems, de la corruption de l'éloquence & de la poëſie ; ſi *controverſiæ ſententiolis vibrantibus pictæ,* qui le choquoient ſi fort ; ſi *vanus ſententiarum ſtrepitus,* dont il étoit étourdi, ne regardoient pas Seneque ; ſi le *per ambages, Deorumque miniſteria, &c.* ne s'adreſſoit à la Pharſale de Lucain; ſi les loüanges qu'il donne à Virgile, à Horace, n'alloient pas au mépris de l'oncle & du neveu. Quoiqu'il en ſoit, pour revenir à ce qui me ſemble de ce philoſophe, je ne lis jamais ſes écrits, ſans m'éloigner des ſentimens qu'il veut inſpirer à ſes lecteurs. S'il tâche de perſuader la pauvreté, on meurt d'envie de ſes richeſſes. Sa vertu fait peur, & le moins vicieux s'abandonneroit aux voluptés par la peinture qu'il en fait. Enfin il parle tant de la mort, & me laiſſe des idées ſi noires, que je fais ce qui m'eſt poſſible pour ne profiter pas de ſa lecture. Ce que je trouve de plus beau dans ſes ouvrages, ſont les exemples & les citations qu'il y mêle. Comme il vivoit dans une cour délicate, & qu'il ſavoit mille belles choſes de tous les tems, il en allegue de fort agréales, tantôt des Grecs, tantôt d'Auguſte, de Mécénas. Car après tout, il avoit de l'eſprit & de la connoiſſance infiniment : mais ſon ſtile n'a rien qui me touche, ſes opinions ont trop de dureté; & il eſt ridicule qu'un homme qui vivoit dans l'abondance, & ſe conſervoit avec tant de soin, ne prêchât que la pauvreté & la mort.

SUR PLUTARQUE.

Montagne a trouvé beaucoup de rapport entre Plutarque & Seneque, tous deux grands philosophes, grands prêcheurs de sagesse & de vertu : tous deux précepteurs d'Empereurs Romains : l'un plus riche & plus élevé ; l'autre plus heureux dans l'éducation de son disciple. Les opinions de Plutarque (comme dit le même Montagne) sont plus douces & plus accommodées à la société. Celles de Seneque plus ferme selon lui ; plus dures & plus austéres selon moi. Plutarque insinuë doucement la sagesse, & veut rendre la vertu familiere dans les plaisirs mêmes : Seneque ramene tous les plaisirs à la sagesse, & tient le seul philosophe heureux. Plutarque naturel, & persuadé le premier, persuade aisément les autres : l'esprit de Seneque se bande & s'anime à la vertu ; & comme si ce lui étoit une chose étrangere, il a besoin de se surmonter lui-même. Pour le stile de Plutarque, n'ayant aucune connoissance du grec, je n'en saurois faire un jugement assuré : mais je vous avoüerai que parmi les traités de sa morale, il y en a beaucoup où je ne puis rien comprendre, soit par la grande difference des choses & des manieres de son tems à celles du nôtre, ou que veritablement ils soient au dessus de mon peu d'intelligence. *Le démon familier de* SOCRATE, *la création de l'ame, le rond de la lune*, peuvent être admirables à qui les entend. Je vous dirai nettement que je n'en connois pas la beauté ; & s'ils sont merveilleux, c'est une merveille qui me passe. On peut juger par les bons-mots des anciens qu'il nous a laissés, par les dits, qu'il ramasse avec tant de soin, par ses longs propos de table, combien il étoit sensible à la conversation. Cependant, ou il y avoit peu de délicatesse en ces tems-là, ou son goût n'étoit pas tout-à-fait exquis. Il soutient les matieres graves & serieuses avec beaucoup de bon-sens & de raison ; aux choses qui sont purement de l'esprit, il n'a rien d'ingenieux ni de délicat.

A dire vrai, les *Vies des Hommes Illustres*, sont le chef-d'œuvre de Plutarque, & à mon jugement, un des plus beaux ouvrages du Monde. Vous-y voyez ces grands-hommes exposés en vûë, & retirés chez eux-mêmes : vous les voyez dans la pureté du naturel, & dans toute l'étenduë de l'action. On y voit la fermeté de Brutus, & cette réponse fiere au mauvais genie qui lui parla : on voit qu'il lui restoit malgré lui quelque impression de ce fantôme, que le raisonnement de Cassius eut de la peine à bien effacer. Peu de jours après, on lui voit disposer ses troupes, & donner le combat si heureux de son côté, & si funeste par l'erreur de Cassius. On lui voit retenter la fortune, perdre la bataille, faire des reproches à la vertu, & trouver plus de secours dans son desespoir, que chez une maîtresse ingrate, qu'il avoit si bien servie (1).

Il y a une force naturelle dans le discours de Plutarque, qui égale les plus grandes actions ; & c'est de lui proprement qu'on peut dire, *facta dictis exæquata sunt* : mais il n'oublie ni les médiocres, ni les communes ; il examine avec soin le train ordinaire de la vie. Pour ses comparaisons, que Montagne a trouvées si admirables, elles me paroissent véritablement fort belles : mais je pense qu'il pouvoit aller plus avant, & pénétrer davantage dans le fonds du naturel. Il y a des replis & des détours en nôtre ame qui lui sont échappez. Il a jugé de l'homme trop en gros ; il ne l'a pas cru si different qu'il est de lui-même, méchant, vertueux, équitable, injuste, humain & cruel : ce qui lui semble se démentir, il l'attribuë à des causes étrangeres. Enfin, s'il eût défini Catilina, il nous l'eût donné avare ou prodigue : ces *alieni appetens, sui profusus*, étoient au dessus de sa connoissance ; & il n'eût jamais démêlé ces contrarietés, que Saluste a si bien separées, & que Montagne a beaucoup mieux entenduës.

SUR

---

(1) *Voyez dans le* DIC-TIONAIRE *de Mr.* Bayle, *l'Article* BRUTUS.

DE SAINT-EVREMOND.
SUR PETRONE.

I. Pour juger du merite de Petrone, je ne veux que voir ce qu'en dit Tacite (1) ; & sans mentir,

(1) Illi dies per somnum, nox officiis & oblectamentis vitæ transigebatur. Utque alios industria, ita hunc ignavia ad famam protulerat, habebaturque non ganeo & profligator, ut plerique sua haurientium, sed erudito luxu. Ac dicta factaque ejus quantò solutiora, & quandam sui negligentiam præferentia, tantò gratiùs in speciem simplicitatis accipiebantur. Proconsul tamen *Bithiniæ*, & mox Consul, vigentem se ac parem negotiis ostendit: dein revolutus ad vitia, seu vitiorum imitatione, inter paucos familiarium *Neroni* assumptus est, Elegantiæ arbiter, dum nihil amœnum & molle affluentia putat, nisi quod ei *Petronius* approbavisset. Unde invidia *Tigellini*, quasi adversus æmulum, & scientia voluptatum potiorem. Ergo crudelitatem Principis, cui cæteræ libidines cedebant, agreditur, amicitiam *Scevini Petronio* objectans, corrupto ad indicium servo, ademptaque defensione, & majore parte familiæ in vincla rapta. Forte illis diebus *Campaniam* petiverat *Cæsar*, & *Cumas* usque progressus, *Petronius* illic attinebatur. Nec tulit ultra timoris aut spei moras. Neque tamen præceps vitam expulit, sed incisas venas, ut libitum obligatas, aperire rursum, & alloqui amicos, non per seria, aut quibus constantiæ gloriam peteret. Audiebatque referentes, nihil de immortalitate animæ, & sapientium placitis, sed levia carmina & faciles versus. Servorum alios largitione, quosdam verberibus affecit. Iniit &

mentir, il faut bien que ç'ait été un des plus honnêtes-hommes du monde, puisqu'il a obligé un historien si sévére de renoncer à son naturel, & de s'étendre avec plaisir sur les loüanges d'un voluptueux. Ce n'est pas qu'une volupté si exquise n'allât autant à la délicatesse de l'esprit qu'à celle du goût. Cet *erudito luxu* : cet *arbiter elegantiarum*, est le caractere d'une politesse ingenieuse, fort éloignée des sentimens grossiers d'un vicieux : aussi n'étoit-il pas si possedé de ses plaisirs, qu'il fût devenu incapable des affaires : la douceur de sa vie ne l'avoit pas rendu ennemi des occupations. Il eut le mérite d'un gouverneur dans son gouvernement de Bithynie, la vertu d'un consul dans son consulat : mais au lieu d'assujettir sa vie à sa dignité, comme font la plupart des hommes, & de rapporter là tous ses chagrins & toutes ses joyes, Petrone d'un esprit superieur à ses charges, les ramenoit lui-même ; & pour m'expliquer à la façon de Montagne, il ne renonçoit pas à l'homme en faveur

vias, somno indulsit, ut quamquam coacta mors, fortuitæ similis esset. Ne codicillis quidem (quod plerique pereuntium) *Neronem* aut *Tigellinum*, aut quem alium potentium adulatus est ; sed flagitia principis sub nominibus exoletorum, fœminarumque, & novitate cujusque stupri prescripsit, atque obsignata misit *Neroni* Fregitque annulum, ne mox usui esset ad facienda pericula. C. *Tacitus* Annal. Lib. XVI.

faveur du magistrat. Pour sa mort, après l'avoir bien examinée, ou je me trompe, ou c'est la plus belle de l'antiquité. Dans celle de Caton, je trouve du chagrin, & même de la colere. Le desespoir des affaires de la republique; la perte de la liberté; la haine de César, aiderent beaucoup sa résolution; & je ne sai si son naturel farouche n'alla point jusqu'à la fureur, quand il déchira ses entrailles.

Socrate est mort veritablement en homme sage & avec assez d'indifference: cependant il cherchoit à s'assurer de sa condition en l'autre vie, & ne s'en assuroit pas; il en raisonnoit sans cesse dans la prison avec ses amis assez foiblement: & pour tout dire, la mort lui fut un objet considérable. Pettone seul a fait venir la mollesse & la nonchalance dans la sienne. *Audiebatque referentes, nihil de immortalitate animæ, & sapientium placitis, sed levia carmina & faciles versus.* Il n'a pas seulement continué ses fonctions ordinaires, à donner la liberté à des esclaves, à en faire châtier d'autres; il s'est laissé aller aux choses qui le flattoient, & son ame au point d'une séparation si fâcheuse, étoit plus touchée de la douceur & de la facilité des vers, que de tous les sentimens des philosophes.

Petrone à sa mort ne nous laisse qu'une image de la vie; nulle action, nulle parole, nulle circonstance, qui marque l'embarras d'un

mourant.

mourant. C'est pour lui proprement, que mourir est cesser de vivre. Le VIXIT des Romains lui appartient justement.

II. Je ne suis pas de l'opinion de ceux qui croyent que Petrone a voulu reprendre les vices de son tems, & qu'il a composé une satire avec le même esprit qu'Horace écrivoit les siennes. Je me trompe, ou les bonnes mœurs ne lui ont pas tant d'obligation. C'est plutôt un courtisan délicat, qui trouve le redicule, qu'un censeur public, qui s'attache à blâmer la corruption. Et pour dire vrai, si Petrone avoit voulu nous laisser une morale ingenieuse dans la description des voluptés, il auroit tâché de nous en donner quelque dégoût : mais c'est là que paroît le vice avec toutes les graces de l'auteur ; c'est-là qu'il fait voir avec plus de soin l'agrément & la politesse de son esprit.

Davantage, s'il avoit eu dessein de nous instruire par une voye plus fine & plus cachée que celle des préceptes, pour le moins verrions-nous quelque exemple de la justice divine ou humaine sur ses débauchés. Tant s'en faut, le seul homme de bien qu'il introduit, le pauvre Licas, marchand de bonne foi, craignant bien les Dieux, périt miserablement dans la tempête au milieu de ces corrompus, qui sont conservés. Encolpe & Giton s'attachent l'un avec l'autre, pour mourir plus

étroitement

étroitement unis ensemble, & la mort n'ose toucher à leurs plaisirs. La voluptueuse Triphene se sauve dans un esquif avec toutes ses hardes. Eumolpe fut si peu ému du danger, qu'il avoit le loisir de faire quelque épigramme. Licas, le pieux Licas (1), appelle inutilement les Dieux à son secours ; & à la honte de leur providence, il paye ici pour tous les coupables. Si l'on voit quelquefois Encolpe dans les douleurs, elles ne lui viennent pas de son repentir. Il a tué son hôte, il est fugitif, il n'y a sorte de crime qu'il n'ait commis ; graces à la

---

(1) Mr. Nodot a critiqué cet endroit dans ses Notes sur Petrone; mais mal à propos. Il a cru que Mr. de St. Evremond appelloit Licas Pieux, à cause que Petrone lui donne le nom de Verecundissimus. Ce n'est point cela. Mr. de St. Evremond accuse Petrone de proteger l'Impieté & le Vice, pendant qu'il fait opprimer la Vertu & la Pieté ; & il le prouve par l'exemple de Licas, qui étant le seul dans la Tempête qui craignît la Colere des Dieux, & mit tout en usage pour l'appaiser, fut aussi le seul de la troupe qui périt miserablement. Ce n'est donc que par rapport à ces mouvemens de dévotion qu'il l'appelle Pieux Licas. C'est à cause de l'empressement qu'il a de faire rendre le voile & le sistre d'Isis, & des instances réiterées qu'il fait à Entolpe sur ce sujet. Tu, inquit, Encolpi, succurre periclitantibus ; id est, vestem illam divinam, sistrumque redde navigio. Per fidem, miserere, quemadmodum quidem soles. Et illum quidem vociferantem in mare ventus excussit, repetitumque infesto gurgite Procella circumegit, atque hausit.

la bonté de sa conscience, il vit sans remors : ses larmes, ses regrets ont une cause bien differente : il se plaint de l'infidelité de Giton, qui l'abandonne : son desespoir est de se l'imaginer dans les bras d'un autre, qui se moque de la solitude où il est réduit. *Jacent nunc amatores obligati noctibus totis, & forsitan mutuis lubidinibus attriti, derident solitudinem meam.*

Tous les crimes lui ont succedé heureusement, à la reserve d'un seul, qui lui a veritablement attiré une punition fâcheuse ; mais c'est un peché, pour qui les loix divines & humaines n'ont point ordonné de châtiment. Il avoit mal répondu aux caresses de Circé, & à la verité, son impuissance est la seule faute qui lui a fait de la peine. Il avouë qu'il a failli plusieurs fois ; mais qu'il n'a jamais merité la mort qu'en cette occasion. Enfin, sans m'attacher au détail de toute l'histoire, il retombe dans le même crime, & reçoit le supplice merité avec une parfaite résignation. Alors il rentre en lui-même, & connoît la colere des Dieux :

Hellespontiaci sequitur gravis ira Priapi.

Il se lamente du pitoyable état où il se trouve, *Funerata est pars illa corporis, quâ quodam Achilles eram* ; & pour recouvrer sa vigueur, il se met entre les mains d'une prêtresse de ce

Dieu avec de très-bons sentimens de religion, mais en effet les seuls qu'il paroisse avoir dans toutes ses avantures. Je pourrois dire encore que le bon Eumolpe est couru des petits enfans, quand il recite ses vers: mais quand il corromt son disciple, la mere le regarde comme un philosophe; & couchés dans une même chambre, le pere ne s'éveille pas, tant le ridicule est sévérement puni chez Petrone, & le vice heureusement protegé. Jugez par-là si la vertu n'a pas besoin d'un autre orateur pour être persuadée. Je pense qu'il étoit du sentiment de Bautru: ›› Qu'honnête-homme ›› & bonnes mœurs ne s'accordent pas ensem- ›› ble. *Si ergo Petronium adimus, adimus virum ingenio verè aulico, elegantia arbitrum, non sapientiæ.*

III. On ne sauroit douter que Petrone n'ait voulu décrire les débauches de Neron, & que ce Prince ne soit le principal objet de son ridicule: mais de savoir si les personnes qu'il introduit, sont veritables ou feintes; s'il nous donne des caracteres à sa fantaisie, ou le propre naturel de certaines gens, la chose est fort difficile, & on ne peut raisonnablement s'en asseurer. Je pense, pour moi, qu'il n'y a aucun personnage dans Petrone, qui ne puisse convenir à Neron. Sous Trimalcion, il se moque apparemment de sa magnificence ridicule, & de l'extravagance de ses plaisirs. Eumolpe

molpe nous repréſente la folle paſſion qu'il avoit pour le théatre : *Sub nominibus exoletorum, fœminarumque, & novitate cujuſque ſtupri, flagitia Principis preſcripſit* ; & par une agréable diſpoſition de differentes perſonnes imaginées, il touche diverſes impertinences de l'Empereur, & le déſordre ordinaire de ſa vie.

On pourra dire que Petrone eſt bien contraire à ſoi-même, d'en blâmer les vices, la molleſſe & les plaiſirs, lui qui fut ſi ingenieux dans la recherche des voluptés : *Dum nihil amœnum, & molle affluentia putat, niſi quod ei Petronius approbaviſſet.* Car, à dire vrai, quoique le Prince fût aſſez corrompu de ſon naturel, au jugement de Plutarque, la complaiſance de ce courtiſan a contribué beaucoup à le jetter dans toute ſorte de luxe & de profuſion. En cela, comme en la plupart des choſes de l'hiſtoire, il faut regarder la difference des tems. Avant que Neron ſe fût laiſſé aller à cet étrange abandonnement, perſonne ne lui étoit ſi agréable que Petrone ; juſques-là, qu'une choſe paſſoit pour groſſiere, quand elle n'avoit pas ſon approbation. Cette cour-là étoit comme une école de voluptés recherchées, où tout ſe rapportoit à la délicateſſe d'un goût ſi exquis. Je croi même que la politeſſe de nôtre auteur devint pernicieuſe au public, & qu'il fut un des principaux à ruiner des gens conſiderables, qui faiſoient une pro-
ſeſſion

fession particuliere de sagesse & de vertu. Il ne prêchoit que la libéralité à un Empereur déja prodigue, la mollesse à un voluptueux. Tout ce qui avoit une apparence d'austérité, avoit pour lui un air ridicule.

Selon mes conjectures, Traséas eut son tour, Helvidius le sien ; & quiconque avoit du mérite, sans l'art de plaire, n'étoit pas fâcheux impunément. Dans cette sorte de vie, Neron se corrompoit de plus en plus ; & comme la délicatesse des plaisirs vint à ceder au desordre de la débauche, il tomba dans l'extravagance de tous les goûts. Alors Tigellin, jaloux des agrémens de Petrone, & des avantages qu'il avoit sur lui dans la science des voluptés, entreprit de le ruiner, *quasi adversus æmulum & scientia voluptatum potiorem*. Ce ne lui fut pas une chose mal-aisée ; car l'Empereur, abandonné comme il étoit, ne pouvoit plus souffrir un témoin si délicat de ses infamies. Il étoit moins gêné par le remors de ses crimes, que par une honte secrette qu'il sentoit de ses voluptés grossieres, quand il se souvenoit de la délicatesse des passées. Petrone de son côté, n'avoit pas de moindres dégoûts ; & je pense que dans le tems de ses mécontentemens cachés, il composa cette satire ingenieuse, que nous n'avons malheureusement que défigurée.

Nous voyons dans Tacite l'éclat de sa disgrace, & qu'ensuite de la conspiration de Pison,

Pison, l'amitié de Scevinus fut le prétexte de sa perte.

IV. PETRONE est admirable par tout, dans la pureté de son stile, dans la délicatesse de ses sentimens : mais ce qui me surprend davantage, est cette grande facilité à nous donner ingenieusement toute sorte de caracteres. Terence est peut-être l'auteur de l'antiquité qui entre le mieux dans le naturel des personnes. J'y trouve cela à redire, qu'il a peu d'étenduë ; & tout son talent est borné à faire bien parler des valets & des vieillards, un pere avare, un fils débauché, une esclave, une espece de Briguelle (1). Voilà où s'étend la capacité de Terence. N'attendez de lui ni galanterie, ni passion, ni les sentimens, ni les discours d'un honnête-homme. Petrone, d'un esprit universel, trouve le genie de toutes les professions, & se forme comme il lui plaît à mille naturels differens. S'il introduit un declamateur, il en prend si bien l'air & le stile, qu'on diroit qu'il a déclamé toute sa vie. Rien n'exprime plus naturellement le desordre d'une vie débauchée, que les querelles d'Encolpe & d'Asclyte, sur le sujet de Giton. Quartilla

---

(1) Le premier qui fit les intrigues de la Comedie Italienne, étoit Provençal, & s'appelloit Briguelle. Il y réussit si bien, qu'on a donné depuis le nom de Briguelle au Valet fourbe, qui conduit les intrigues.

Quartilla ne représente-t-elle pas admirablement ces femmes prostituées, *quarum sic accensa libido, ut sæpius peterent viros, quàm peterentur?* Les nôces du petit Giton & de l'innocente Pannychis, ne nous donnent-elles pas l'image d'une impudicité accomplie?

Tout ce que peut faire un sot ridiculement magnifique dans un repas, un faux délicat, un impertinent, vous l'avez sans doute au festin de Trimalcion.

Eumolpe nous fait voir la folie qu'avoit Neron pour le théatre, & sa vanité à reciter ses ouvrages; & vous remarquerez en passant par tant de beaux vers, dont il fait un méchant usage, qu'un excellent poëte peut être un mal-honnête-homme. Cependant comme Encolpe, pour représenter Eumolpe un faiseur de vers fantasque, ne laisse pas de trouver en sa physionomie quelque chose de grand, il observe judicieusement de ne pas ruiner les idées qu'il nous en donne. Cette maladie qu'il a de composer hors de propos, même *in vicinia mortis*; sa volubilité à dire ses compositions en tous lieux & en tous tems, répond à son début ridicule: *Et ego, inquit, poëta sum, & ut spero, non humillimi spiritus, si modo aliquid coronis credendum est, quas etiam ad imperitos gratia deferre solet.* Sa connoissance assez générale, ses actions extraordinaires, ses expédiens en de malheureuses rencontres, sa fermeté à soutenir ses compagnons dans le vaisseau de Licas, cette cour plaisante de chercheurs de successions, qu'il s'attire dans Crotone, ont toujours du rapport avec les choses qu'Encolpe s'en étoit promises : *Senex canus, exercitati vultus, & qui videbatur nescio quid magnum promittere.*

Il n'y a rien de si naturel que le personnage de Crisis : toutes nos confidentes n'en approchent pas ; & sans parler de sa premiere conversation avec Polienos, ce qu'elle lui dit de sa maîtresse sur l'affront qu'elle a reçu, est d'une naïveté inimitable : *Verum enim fatendum est, ex qua hora accepit injuriam, apud se non est.* Quiconque a lu Juvenal, connoît assez *impotentiam matronarum*, & leur méchante humeur, *si quando vir aut familiaris infeliciùs cum ipsis rem habuerat.* Mais il n'y a que Petrone qui eût pu nous décrire Circé si belle, si voluptueuse, & si galante.

Enothea, la prêtresse de Priape, me ravit avec les miracles qu'elle promet ; avec ses enchantemens, ses sacrifices, sa désolation sur la mort de l'oye sacrée, & la maniere dont elle s'appaise, quand Polienos lui fait un present dont elle peut acheter une oye & des dieux, si bon lui semble.

Philumene, cette honnête dame, n'est pas moins bonne, qui après avoir escroqué plusieurs heritages dans la fleur de sa jeunesse & de sa beauté, devenuë vieille, & par consequent inutile à tout plaisir, tâchoit de continuer

DE SAINT-EVREMOND. 19

nuer ce bel art par le moyen de ses enfans, qu'avec mille beaux discours elle introduisoit auprès des vieillards qui n'en avoient point. Enfin, il n'y a profession, dont Petrone ne suive admirablement le genie. Il est poëte, il est orateur, il est philosophe, quand il lui plaît.

Pour ses vers, j'y trouve une force agréable, une beauté naturelle, *naturali pulchritudine carmen exurgit* : en sorte que Douza ne sauroit plus souffrir la fougue & l'impétuosité de Lucain, quand il a lu la prise de Troye, ou ce petit Essai de la guerre Civille, qu'il assure aimer beaucoup mieux :

Quam vel trecenta Cordubensis illius
Pharsalicorum Versuum Volumina (1).

Je ne sai si je me trompe ; mais il me semble que Lucrece n'a pas traité si agréablement la matiere des Songes, que Petrone.

Somnia, quæ mentes ludunt, volitantibus umbris,
Non delubra Deûm, nec ab æthere numina mittunt :
Sed sibi quisque facit. Nam cum prostrata sopore
Urget membra quies, & mens sine pondere ludit,
Quidque luce fuit, tenebris agit. oppida bello
Qui quatit, & flammis miserandas saevit in urbes,
Tela videt, &c.

Et

(1) Jan. Dousa Pat. | Lib. VI. Cap. 12.
Præcidanœrum Petron.

Et que peut-on comparer à cette nuit voluptueuse, dont l'image remplit l'ame de telle sorte, qu'on a besoin d'un peu de vertu pour s'en tenir aux simples impressions qu'elle fait sur l'esprit?

Qualis nox fuit illa, Dii, Deæque!
Quàm mollis torus! Hæsimus calentes,
Et transfudimus hinc, & hinc labellis
Errantes animas. Valete Curæ.
Mortalis ego sic perire cœpi.

"Quelle nuit, ô bons Dieux! quelle chaleur! quels baisers! quelle haleine! quel mélange d'Ames en chaudes & amoureuses respirations!

Quoique le stile de declamateur semble ridicule à Petrone, il ne laisse pas de montrer beaucoup d'éloquence en ses declamations; & pour faire voir que les plus débauchés ne sont pas incapables de méditation & de retour, la morale n'a rien de plus serieux, ni de mieux touché que les reflexions d'Encolpe sur l'inconstance des choses humaines, & sur l'incertitude de la mort.

Quelque sujet qui se présente, on ne peut ni penser plus délicatement, ni s'exprimer avec plus de netteté. Souvent en ses narrations, il se laisse aller au simple naturel, & se contente des graces de la naïveté: quelquefois il met la derniere main à son ouvrage; & il n'y a rien de si poli. Catulle & Martial traitent

tent les mêmes choses grossierement ; & si quelqu'un pouvoit trouver le secret d'envelopper les ordures avec un langage pareil au sien, je répons pour les dames, qu'elles donneroient des loüanges à sa discretion.

Mais ce que Petrone a de plus particulier, c'est qu'à la réserve d'Horace en quelques Odes, il est peut-être le seul de l'antiquité qui ait sû parler de galanterie. Virgile est touchant dans les passions : les amours de Didon, les amours d'Orphée & d'Euridice ont du charme & de la tendresse : toutefois il n'a rien de galant ; & la pauvre Didon, tant elle avoit l'ame pitoyable, devint amoureuse du pieux Enée au recit de ses malheurs. Ovide est spirituel & facile; Tibulle délicat: cependant il falloit que leurs maîtresses fussent plus savantes que mademoiselle de Scuderi. Comme ils alleguent les dieux, les fables, & des exemples tirés de l'antiquité la plus éloignée, ils promettent toûjours des sacrifices ; & je pense que Mr. Chapelain a pris d'eux la maniere de brûler les Cœurs en Holocauste (1). Lucien, tout ingenieux

---

(1) *Chapelain fait parler le Comte de Dunois (amoureux de la Pucelle d'Orléans) en ces termes :*

Pour ces celestes yeux, &
  ce front magnanime,
Je sens un feu subtil, qui
surpasse l'estime :
Je n'en souhaite rien, &
  si j'en suis amant,
D'un amour sans desir je
  le suis seulement.
De ce feu toutefois que
  me sert l'innocence,
Si tout sage qu'il est, il

nieux qu'il est, devient grossier si-tôt qu'il parle d'amour. Ses courtisanes ont plutôt le langage des lieux publics, que les discours des ruelles. Pour moi, qui suis grand admirateur des anciens, je ne laisse pas de rendre justice à nôtre nation, & de croire que nous avons sur eux en ce point un grand avantage. Et sans mentir, après avoir bien examiné cette matiere, je ne sache aucun de ces grands genies, qui eût pu faire parler d'amour Massinisse & Sophonisbe, César & Cléopatre, aussi galamment que nous les avons oüi parler en nôtre langue (1). Autant que les autres nous le cedent, autant Petrone l'emporte sur nous. Nous n'avons point de roman qui nous fournisse une histoire si agréable que la MATRONE d'EPHESE. Rien de si galant que les poulets de Circé & de Polienos. Toute leur avanture, soit dans l'entretien, soit dans les descriptions, a un caractere fort au dessus de la politesse de nôtre siecle. Jugez cependant
s'il

me fait violence ?
Helas ! il me devore, &
 mon cœur embrasé
Déja par sa chaleur est
 de force épuisé.
Et soit, consumons-nous
 d'une flamme si belle,
Brûlons en holocauste
 au feu de la Pucelle :
Laissons-nous pour sa gloire en cendres convertir,
Et tenons à bonheur d'en être le martyr.
LA PUCELLE Liv. II.

(1) *Voyez la* SOPHONISBE *& la* MORT DE POMPE'E *de* Corneille.

s'il eût traité délicatement une belle paſſion,
Puiſque c'étoit ici une affaire de deux perſonnes, qui à leur premiere vûë, devoient goûter le dernier plaiſir.

LA MATRONE
D'EPHESE.

IL y avoit une Dame à *Epheſe* en ſi grande
réputation de chaſteté, que les femmes
mêmes des païs voiſins, venoient la voir par
curioſité comme une merveille. Cette prude
ayant perdu ſon mari, ne ſe contenta pas,
ſelon la coutume, d'aſſiſter au convoi toute
échevelée, & de ſe battre la poitrine devant
le peuple, elle voulut ſuivre le défunt juſ-
qu'au monument, & après l'avoir mis dans un
ſepulchre à la maniere des Grecs, garder le
corps, & pleurer nuit & jour auprès de lui.
Se deſolant de la ſorte, & reſoluë à ſe laiſſer
mourir de faim, les parens, les amis ne l'en
ſurens détourner. Les magiſtrats rebutés les
derniers, l'abandonnerent; & une femme ſi
illuſtre, pleurée de tous, comme une perſonne morte, paſſoit déja le cinquiéme jour ſans
mager. Une ſuivante fidelle & affectionnée
étoit toûjours auprès de la miſerable, mêlant
ſes larmes aux ſiennes, & renouvellant la lumiere

miere toutes les fois qu'elle venoit à s'éteindre. On ne parloit d'autre chose dans la Ville, & tout le monde demeuroit d'accord que c'étoit le premier exemple d'amour & de chasteté qu'on eût jamais vu.

Il arriva qu'en ce même tems le Gouverneur de la Province fit attacher en croix quelques voleurs tout proche de cette même cave où la vertueuse Dame se desoloit sur le corps de son cher époux. La nuit suivante, comme un soldat qui gardoit les croix, de peur que les corps ne fussent enlevés, eut apperçu de la lumiere dans le monument, & entendu les plaintes d'une pessonne affligée, par un esprit de curiosité, commun à tous les hommes, il voulut savoir ce que ce pouvoit être, & ce qu'on y faisoit. Il descend donc au sepulchre; & surpris à la vûë d'une fort belle femme, il demeure d'abord épouvanté, comme si ç'eût été quelque fantôme: puis ayant vu un corps mort étendu devant ses yeux, consideré les larmes, un visage déchiré avec les ongles, & toutes les autres marques de désolation, il s'imagina à la fin ce que c'étoit; qu'une pauvre affligée s'abandonnoit aux regrets, & ne pouvoit souffrir sans desespoir la mort de celui qu'elle avoit perdu. Il apporte ensuite son petit souper au monument, & commence à l'exhorter de ne perseverer pas davantage dans une douleur inutile, & des gémissemens superflus: que la sortie de ce monde étoit la

même

même pour tous les hommes : qu'il falloit aller tous en même lieu, n'oubliant rien de toutes ces raisons dont on a coutume de guérir les esprits les plus malades. Mais elle irritée encore par une consolation si peu attenduë, redouble son deüil, se déchire l'estomac avec plus de violence, & s'arrache des cheveux, qu'elle jette sur ce miserable corps.

Le soldat ne se rebute point pour cela, & avec les mêmes exhortations il essaye de lui faire prendre quelque nourriture ; jusqu'à ce que la suivante, gagnée sans doute par l'odeur du vin, autant que par son discours, tendit la main à celui qui les invitoit si obligeamment : & comme elle eut repris quelque vigueur par le boire & le manger, elle vint à combattre elle-même l'opiniâtreté de sa maîtresse. « Et que vous servira cela, dit-elle, de vous laisser mourir de faim, de vous ensevelir toute vive, & rendre à la destinée une ame qu'elle ne demande pas encore ?

Pensez-vous que des morts les insensibles cendres «
Vous demandent des pleurs & des regrets si tendres «

» Quoi ! vous voulez ressusciter un mort contre l'ordre de la nature ? Croyez-moi, « défaites-vous d'une foiblesse dont les seules « femmes sont capables : joüissez des avanta- « ges de la lumiere tant qu'il vous sera permis. « Ce corps que vous voyez devant vous, «

» montre assez le prix de la vie, & vous aver-
» tit que vous devez mieux la ménager.

Personne n'écoute à regret quand on la presse de manger en de pareilles occasions : on se laisse persuader aisément de vivre. Ainsi cette femme, exténuée par une si longue abstinence, laissa vaincre son obstination, & se remplit de viande avec la même avidité que la suivante, qui s'étoit renduë auparvant. Au reste, vous savez que les tentations viennent d'ordinaire après le repas. Avec les mêmes armes qu'employa le soldat pour combattre son desespoir, avec les mêmes il attaque sa pudicité. Le jeune homme ne paroissoit à la prude ni désagréable, ni sans esprit, & la suivante n'oublioit rien pour lui rendre de bons offices, disant ensuite à sa maîtresse.

» Songez, songez à vous, voyez vôtre interêt,
» Et ne combattez pas un amour qui vous plaît.

Enfin, pour ne vous plus tenir en suspens, la bonne dame eut la même abstinence en ce qui regarde cette partie de son corps ; & le soldat pleinement victorieux, vint à bout de l'une & de l'autre. Ils demeurerent ensemble non seulement la premiere nuit de leur joüissance, mais encore le lendemain, & le jour d'après, les portes si bien fermées, que quiconque fut venu au monument, soit connu, soit inconnu, auroit cru sans doute que la plus
honnête

honnête femme du monde avoit expiré sur le corps de son mari.

Le soldat charmé de la beauté de sa dame, & du secret de sa bonne fortune, achetoit tout ce que son peu de bien lui pouvoit permettre, & à peine la nuit étoit-elle venuë, qu'il l'apportoit dans le monument. Cependant comme les parens d'un de ces pendus s'apperçurent qu'il n'y avoit plus de garde, ils enleverent le corps une nuit, & lui rendirent les derniers devoirs. Mais le pauvre soldat, qui s'étoit laissé abuser, pour demeurer trop long-tems attaché à son plaisir, voyant le lendemain une de ces croix sans cadavre, alla trouver sa maîtresse dans la crainte du supplice, & lui conta tout ce qui étoit arrivé : qu'au reste, il étoit resolu de ne point attendre sa condamnation ; & que se faisant justice lui-même, il alloit punir sa negligence de sa propre main. Pour toute grace, qu'il la supplioit d'avoir soin de sa sepulture, & de lui préparer ce même tombeau fatal à son époux & à son galant. Cette femme aussi charitable que prude : *Et aux dieux ne plaise*, dit-elle, *que je voye en même tems les funerailles de deux personnes si cheres : j'aime mieux pendre le mort que de faire perir le vivant.* Selon ce beau discours, elle tire le corps du cercüeil, pour l'attacher à cette croix où il n'y avoit plus rien. Le soldat profita du conseil ingenieux, d'une femme si avisée, & le lendemain tout le peuple s'étonna de quelle maniere un homme mort avoit pû aller au gibet.

III.
CONVERSATION
DU MARECHAL
D'HOQUINCOURT
AVEC
LE PERE CANAYE.

COMME je dînois un jour chez Monsieur le Maréchal d'Hoquincourt (1), le Pere Canaye qui y dînoit aussi, fit tomber le discours insensiblement sur la soumission d'esprit que la religion exige de nous ; & après nous avoir conté plusieurs miracles nouveaux & quelques révélations modernes, il conclut qu'il falloit éviter plus que la peste ces esprits-forts, qui veulent examiner toutes choses par la raison.

» A qui parlez-vous des esprits-forts, dit
» le Maréchal, & qui les a connus mieux que
» moi ?

---

(1) Le Maréchal d'Hoquincourt étoit alors (1654.) à Perone, dont le Roi lui avoit donné le Gouvernement.

moi ? Bardouville & Saint-Ibal ont été les «
meilleurs de mes amis. Ce furent eux qui «
m'engagerent dans le parti de Monsieur le «
Comte (1) contre le cardinal de Richelieu. «
Si j'ai connu les esprits-forts ? Je ferois un «
livre de tout ce qu'ils ont dit. Bardouville «
mort, & Saint-Ibal retiré en Hollande, je «
fis amitié avec la Frette & Sauvebœuf. Ce «
n'étoient pas des esprits, mais de braves «
gens. La Frette étoit un brave homme, & «
fort mon ami. Je pense avoir assez témoigné «
que j'étois le sien dans la maladie dont il «
mourut. Je le voyois mourir d'une petite «
fiévre, comme auroit pu faire une femme, «
& j'enrageois de voir la Frette, ce la Fret- «
te, qui s'étoit battu contre Bouteville, s'é- «
teindre ni plus ni moins qu'une chandelle. «
Nous étions en peine Sauvebœuf & moi de «
sauver l'honneur à nôtre ami ; ce qui me fit «
prendre la résolution de le tuer d'un coup «
de pistolet, pour le faire périr en homme- «
de-cœur. Je lui appuyois le pistolet à la tê- «
te, quand un B..... de Jesuite, qui étoit «
dans la chambre, me poussa le bras, & dé- «
tourna le coup. Cela me mit en si grande «
colere contre lui, que je me fis Janséniste. «

Remarquez-vous, Monseigneur, dit le Pere
Canaye, *remarquez-vous comme satan est toû-*

---

(1) *Le Comte de Sois-* | *sons.*

jours aux aguêts : circuit quærens quem devoret. Vous concevez un petit dépit contre nos peres : il se sert de l'occasion pour vous surprendre, pour vous dévorer ; pis que dévorer, pour vous faire Jansséniste. Vigilate, Vigilate, on ne sauroit être trop sur ses gardes contre l'ennemi du genre humain.

» Le Pere a raison, dit le Maréchal. J'ai oüi
» dire que le diable ne dort jamais. Il faut
» faire de même ; bonne garde, bon pied, bon
» œil. Mais quittons le diable, & parlons de
» mes amitiés. J'ai aimé la guerre devant
» toutes choses, Madame de Montbazon
» après la guerre, & tel que vous me voyez,
» la philosophie après Madame de Montba-
» zon. Vous avez raison, reprit le Pere, d'aimer la guerre, Monseigneur : la guerre vous aime bien aussi ; elle vous a comblé d'honneurs. Savez-vous que je suis homme de guerre aussi moi ? Le Roi m'a donné la direction de l'Hôpital de son armée de Flandres : n'est ce pas être homme de guerre ? Qui eût jamais crû que le Pere Canaye eût dû devenir soldat ? Je le suis, Monseigneur, & ne rens pas moins de service à Dieu dans le camp, que je lui en rendrois au College de Clermont. Vous pouvez donc aimer la guerre innocemment. Aller à la guerre, est servir son Prince ; & servir son Prince, est servir Dieu. Mais pour ce qui regarde Madame de Montbazon, si vous l'avez convoitée, vous me permettrez de vous dire que vos désirs étoient criminels. Vous

ne

ne la convoitiez pas, Monseigneur, vous l'aimiez d'une amitié innocente.

Quoi, mon Pere, vous voudriez que j'ai- « masse comme un sot? Le Maréchal d'Ho- « quincourt n'a pas appris dans les ruelles à ne « faire que soupirer. Je voulois, mon Pere, je « voulois, vous m'entendez bien. JE VOU- « LOIS! *Quels* JE VOULOIS! *En verité, Monseigneur, vous raillez de bonne grace. Nos Peres de Saint-Loüis seroient bien étonnés de ces* JE VOULOIS. *Quand on a été long-tems dans les armées, on a appris à tout écouter. Passons, passons; vous dites cela, Monseigneur, pour vous divertir.*

Il n'y a point là de divertissement, mon « Pere; savez-vous à quel point je l'aimois? « *Usque ad aras*, MONSEIGNEUR. Point « d'*aras*, mon Pere. Voyez-vous, *dit le Ma-* « *réchal, en prenant un couteau, dont il se servoit* « *le manche;* voyez-vous, si elle m'avoit com- « mandé de vous tuer, je vous aurois enfoncé « le couteau dans le cœur. Le Pere surpris du « discours, & plus effrayé du transport, eut recours à l'oraison mentale, & pria Dieu secrettement qu'il le délivrât du danger où il se trouvoit: mais ne se fiant pas tout-à-fait à la priere, il s'éloignoit insensiblement du Maréchal par un mouvement de fesse imperceptible. Le Maréchal le suivoit par un autre tout semblable; & à lui voir le couteau toûjours levé, on eût dit qu'il alloit mettre son ordre en exé-

La malignité de la nature me fit prendre plaisir quelque tems aux frayeurs de la révérence : mais craignant à la fin que le Maréchal dans son transport ne rendît funeste ce qui n'avoit été que plaisant, je le fis souvenir que Madame de Montbazon étoit morte (1), & lui dit qu'heureusement le Pere Canaye n'avoit rien à craindre d'une personne qui n'étoit plus.

» Dieu fait tout pour le mieux, reprit le
» Maréchal : la plus belle du monde (2) com-
» mençoit à me lanterner, lors qu'elle mou-
» rut. Il y avoit toûjours auprès d'elle un cer-
» tain abbé de Rancé (3), un petit Jansséniste,
» qui

---

(1) Madame la Duchesse de Montbazon, fille du Comte de Vertus, étoit encore en vie : elle ne mourut qu'en 1657. Mr. de St. Evremond ne l'ignoroit pas ; mais il a cru qu'on lui pardonneroit aisément cet anachronisme, si on pensoit qu'il étoit difficile de tirer autrement le P. Canaye de la frayeur qui l'avoit saisi. Il y a long-tems que Mr. Boyle a fait cette Remarque. Voyez les NOUVELLES DE LA REPUBLIQUE DES LETTRES, Décembre 1686. Article IV.

(2) C'est ainsi que le Maréchal d'Hoquincourt appelloit Madame de Montbazon.

(3) Armand Jean le Bouthillier de Rancé, si connu depuis sous le nom d'Abbé de la Trappe, étoit un des amans de la Duchesse de Montbazon, & quoi qu'en disent ses panegyristes, il est sûr que la mort prompte & inopinée de cette dame fut un des principaux motifs de sa conversion & de sa retraite. Voici comment cela arriva. Madame de Montbazon mourut de la petite

qui lui parloit de la GRACE devant le «
monde, & l'entretenoit de toute autre «
chose en particulier. Cela me fit quitter le «
parti des Jansſénistes. Auparavant je ne per- «
dois pas un sermon du Pere Desmâres, & je «
ne jurois que par Messieurs de Port-Royal. «
J'ai toûjours été à confesse aux Jesuites de- «
puis ce tems-là ; & si mon fils a jamais des «
enfans, je veux qu'ils étudient au College «
de Clermont, sur peine d'être déshérités. «

Oh! que les voyes de Dieu sont admirables! s'écria le Pere Canaye : Que le secret de sa justice est profond! Un petit coquet de Jansséniste poursuit une dame, à qui Monseigneur vouloit du bien : le Seigneur misericordieux se sert de la jalousie, pour mettre la conscience de Monseigneur entre nos mains. Mirabilia judicia tua, Domine !

Après que le bon Pere eut fini ses pieuses reflexions, je crus qu'il m'étoit permis d'entrer

verole dans une maison de campagne. L'Abbé qui étoit parti de Paris sur la premiere nouvelle de sa maladie, arrive dans cette maison. Ne trouvant personne à l'entrée, il monte dans l'appartement de la Duchesse par un degré dérobé qu'il connoissoit, & le premier objet qui se présenta à sa vûë, fut le cadavre de Madame de Montbazon, défiguré de la maniere du monde la plus horrible, & prêt à être mis dans le cercüeil. Cela fit une impression si vive sur lui, qu'il renonça au monde, & établit dans son Abbaye de la Trappe une réforme très-austére. Il mourut le 26. d'Octobre 1700.

trer en discours ; & je demandai à Monsieur le Maréchal, si l'amour de la philosophie n'avoit pas succedé à la passion qu'il avoit euë pour Madame de Montbazon.

» Je ne l'ai que trop aimée la philosophie, » dit le Maréchal, je ne l'ai que trop aimée ; » mais j'en suis revenu, & je n'y retourne pas. » Un diable de philosophe m'avoit tellement » embroüillé la cervelle de premiers parens, » de pomme, de serpent, de paradis terrestre » & de cherubins, que j'étois sur le point de » ne rien croire. Le diable m'emporte si je » croiois rien. Depuis ce tems-là, je me fe- » rois crucifier pour la religion. Ce n'est pas » que j'y voye plus de raison ; au contraire » moins que jamais : mais je ne saurois que » vous dire, je me ferois crucifier sans savoir » pourquoi.

Tant mieux, Monseigneur, reprit le Pere d'un ton de nez fort dévot, tant mieux ; ce ne sont point mouvemens humains, cela vient de Dieu. POINT DE RAISON ! c'est la vraye religion cela ; POINT DE RAISON ! Que Dieu vous a fait, Monseigneur, une belle grace ! Estote sicut infantes : Soyez comme des enfans. (Les enfans ont encore leur innocence ; & pourquoi ? parce qu'ils n'ont point de raison. Beati pauperes spiritu. Bienheureux les pauvres d'esprit ; ils ne pechent point : la raison ? c'est qu'ils n'ont point de raison. POINT DE RAISON ; JE NE SAUROIS QUE VOUS DIRE ;

DIRE ; JE NE SAI POURQUOI : *les beaux mots ! Ils devroient être écrits en lettres d'or.* CE N'EST PAS QUE J'Y VOYE PLUS DE RAISON ; AU CONTRAIRE MOINS QUE JAMAIS. *En verité cela est divin pour ceux qui ont le goût des choses du Ciel.* POINT DE RAISON ! *Que Dieu vous a fait, Monseigneur, une belle grace!* (1)

Le Pere eût poussé plus loin la sainte haine qu'il avoit contre la raison : mais on apporta des lettres de la cour à Monsieur le Maréchal ; ce qui rompit un si pieux entretien. Le Maréchal les lut tout bas, & après les avoir luës, il voulut bien dire à la compagnie ce qu'elles contenoient. » Si je voulois faire le politique, comme les autres, je me retirerois dans mon cabinet, pour lire les dépêches de la cour : mais j'agis, & je parle toûjours à cœur ouvert. Monsieur le Cardinal me mande que Stenay est pris (2), que la cour sera ici dans huit jours, & qu'on me donne le commandement de l'armée qui a fait le siege, pour aller secourir Arras avec Turenne & la Ferté. Je me souviens bien que Turenne me laissa battre par Monsieur le Prince «

---

(1) *Voyez le jugement que Mr. Bayle a fait de ce passage dans le* III. E-CLAIRCISSEMENT *mis à la fin de son Dictionnaire.*

(2) *Stenay fut pris le* 6 *d'Août* 1654.

» Prince (1), lors que la cour étoit à Gien : » peut-être que je trouverai l'occasion de lui » rendre la pareille. Si Arras étoit sauvé, & » Turenne battu, je serois content : j'y ferai » ce que je pourrai : je n'en dis pas davanta- » ge (2).

Il nous eût conté toutes les particularités de son combat, & le sujet de plainte qu'il pensoit avoir contre Monsieur de Turenne; mais on nous avertit que le convoi étoit déja assez loin de la ville. Ce qui nous fit prendre congé plûtôt que nous n'aurions fait.

Le Pere Canaye, qui se trouvoit sans monture, en demanda une qui le pût porter au Camp. » Et quel cheval voulez-vous, mon » Pere ? dit le Maréchal. *Je vous répondrai, Monseigneur, ce que répondit le bon Pere Suarez au Duc de Medina Sidonia dans une pareille rencontre:* Qualem me decet esse, mansuetum : *Tel qu'il faut que je sois, doux, paisible.* » Qua- » lem me decet esse, mansuetum ! J'entens un peu » le latin, dit le Maréchal ; *mansuetum* seroit » meilleur pour des brebis, que pour des » chevaux. Qu'on donne mon cheval au Pe- » re, j'aime son ordre, je suis son ami ; » qu'on

---

(1) *A Bleneau le 7. d'Avril 1652.*

(2) *Ces trois Maréchaux ayant forcé les lignes en trois endroits, battirent les Espagnols, entrerent dans Arras, & obligerent Mr. le Prince à se retirer.*

qu'on lui donne mon bon cheval. J'allai dépêcher mes petites affaires, & ne demeurai pas long-tems sans rejoindre le convoi. Nous passâmes heureusement ; mais ce ne fut pas sans fatigue pour le pauvre Pere Canaye. Je le rencontrai dans la marche sur le bon cheval de Monsieur d'Hoquincourt. C'étoit un cheval entier, ardent, inquiet, toûjours en action. Il mâchoit éternellement son mords, alloit toûjours de côté, hennissoit de moment en moment ; & ce qui choquoit fort la modestie du Pere, il prenoit indécemment tous les chevaux qui approchoient de lui pour des cavales. » Et que voi-je, mon Pere, lui dis-je en l'abordant ; quel cheval vous a-t-on donné-là ? Où est la monture du bon Pere Suarez, que vous avez tant demandée ? *Ah ! Monsieur, je n'en puis plus, je suis roüé.....* Il alloit continuer ses plaintes, lors qu'il part un liévre. Cent cavaliers se débandent pour courir après, & on entend plus de coups de pistolet qu'à une escarmouche. Le cheval du Pere, accoutumé au feu sous le Maréchal, emporte son homme, & lui fait passer en moins de rien tous ces débandés. C'étoit une chose plaisante de voir le Jesuite à la tête de tous malgré lui. Heureusement le liévre fut tué, & je trouvai le Pere au milieu de trente cavaliers, qui lui donnoient l'honneur d'une chasse, qu'on eût pu nommer une occasion. Le Pere recevoit la loüange avec une modestie apparente ;

apparente ; mais en son ame il méprisoit fort le *mansuetum* du bon Pere *Suarez*, & se savoit le meilleur gré du monde des merveilles qu'il pensoit avoir faites sur le barbe de Monsieur le Maréchal. Il ne fut pas long-tems sans se souvenir du beau dit de SALOMON : *Vanitas vanitatum, & omnia vanitas*. A mesure qu'il se réfroidissoit, il sentoit un mal que la chaleur lui avoit rendu insensible ; & la fausse gloire cedant à de veritables douleurs, il regrettoit le repos de la société, & la douceur de la vie paisible qu'il avoit quittée. Mais toutes ses reflexions ne servoient de rien. Il falloit aller au camp, & il étoit si fatigué du cheval, que je le vis tout prêt d'abandonner Bucéphale, pour marcher à pied à la tête des fantassins.

Je le consolai de sa premiere peine, & l'exemtai de la seconde, en lui donnant la monture la plus douce qu'il auroit pu souhaiter. Il me remercia mille fois, & fut si sensible à ma courtoisie, qu'oubliant tous les égards de sa profession, il me parla moins en Jesuite réservé, qu'en homme libre & sincere (1). Je lui demandai quel sentiment il avoit de Monsieur d'Hoquincourt. *C'est un bon Seigneur*, me dit-il,

---

(1) *Mr. de St. Evremond avoit fait sa Rhétorique sous le P. Canaye au Collège de Clermont, & c'est par-là qu'il le connoissoit fort particulierement.*

dit-il, c'est une bonne ame : il a quitté les Janssénistes : nos peres lui sont fort obligés : mais pour mon particulier, je ne me trouverai jamais à table auprès de lui, & ne lui emprunterai jamais de cheval.

Content de cette premiere franchise, je voulus m'en attirer encore une autre. D'où « vient, *continuai-je*, la grande animosité « qu'on voit entre les Jansénistes & vos Peres?« Vient-elle de la diversité des sentimens sur « la doctrine de la GRACE ? *Quelle folie*, « *quelle folie*, me dit-il, *de croire que nous nous haïssons, pour ne penser pas la même chose sur la* GRACE! *Ce n'est ni la* GRACE, *ni les* CINQ PROPOSITIONS *qui nous ont mis mal ensemble. La jalousie de gouverner les consciences a tout fait. Les Jansénistes nous ont trouvé en possession du gouvernement, & ils ont voulu nous en tirer. Pour parvenir à leurs fins, ils se sont servis de moyens tout contraires aux nôtres. Nous employons la douceur & l'indulgence ; ils affectent l'austérité & la rigueur : nous consolons les ames par des exemples de la misericoricorde de Dieu ; ils les effrayent par ceux de sa Justice. Ils portent la crainte où nous portons l'esperance, & veulent s'assujettir ceux que nous voulons nous attirer. Ce n'est pas que les uns & les autres n'ayent dessein de sauver les hommes : mais chacun se veut donner du crédit en les sauvant ; & à vous parler franchement, l'interêt du directeur va presque toûjours devant le salut de celui qui*

est

est sous la direction. Je vous parle tout autrement que je ne parlois à Monsieur le Maréchal. J'étois purement Jesuite avec lui, & j'ay la franchise d'un homme de guerre avec vous. Je le loüai fort du nouvel esprit que sa derniere profession lui avoit fait prendre, & il me sembloit que la loüange lui plaisoit assez. Je l'eusse continuée plus long-tems : mais comme la nuit approchoit, il fallut nous séparer l'un de l'autre, le Pere aussi content de mon procédé, que j'étois satisfait de sa confidence.

CON-

CONVERSATION IV.

DE Mr. D'AUBIGNY (1).

AVEC

Mr. DE St. EVREMOND.

AYANT raconté un jour à Monsieur d'Aubigny la conversation que j'avois euë avec le Pere Canaye : « Il n'est pas raisonnable, me dit-il, que vous rencontriez plus de franchise parmi les Jesuites, que parmi nous. Prenez la peine de m'écouter, & je m'assure que vous ne me trouverez pas moins d'honneur qu'au révérend Pere dont vous me parlez. »

Je

---

(1) Louis Stuart d'Aubigny, Oncle du dernier Duc de Richemond & de Lenox, fut envoyé en France à l'âge de cinq ans, & élevé à Port-Royal. Ayant pris les Ordres fort jeune, on le fit Chanoine de Nôtre-Dame de Paris. Il vint en Angleterre au Rétablissement de Charles II. & ce Prince ayant épousé Catherine, Infante de Portugal, Mr. d'Aubigny fut fait grand Aumônier de la Reine. Il fut nommé au Cardinalat ; mais il mourut à Paris quelques heures avant l'arrivée du Courrier, qui lui apportoit le Bonnet. Voyez la Vie de M. de St. Evremond, sur l'année 1665.

» Je vous dirai que nous avons de fort
» beaux esprit, qui font valoir le Jansénisme
» par leurs ouvrages ; de vains discoureurs,
» qui pour se faire honneur d'être Jansénistes,
» entretiennent une dispute continuelle dans
» les maisons ; des gens sages & habiles, qui
» gouvernent prudemment les uns & les au-
» tres. Vous trouverez dans les premiers de
» grandes lumieres, assez de bonne-foi, sou-
» vent trop de chaleur, quelquefois un peu
» d'animosité. Il y a dans les seconds beau-
» coup d'entêtement & de fantaisie. Les
» moins utiles fortifient le parti par le nom-
» bre : les plus considérables lui donnent de
» l'éclat par leur qualité. Pour les politiques,
» ils s'employent, chacun selon son talent, &
» gouvernent la machine par des moyens in-
» connus aux personnes qu'ils font agir.

» Ceux qui prêchent ou qui écrivent sur la
» GRACE, qui traitent cette question si cé-
» lébre, & si souvent agitée ; ceux qui met-
» tent le Concile au dessus du Pape ; qui s'op-
» posent à son infaillibité ; qui choquent les
» grandes prétentions de la Cour de Rome,
» sont persuadés de ce qu'ils disent : capables
» toutefois de changer de sentiment, s'il ar-
» rive un jour que les Jésuites trouvent à pro-
» pos de changer d'opinion. Nos directeurs
» se mettent peu en peine de la doctrine. Leur
» but est d'opposer societé à societé, de se
» faire un parti dans l'Eglise, & du parti dans
             » l'Eglise

l'Eglise une cabale dans la cour. Ils font «
mettre la réforme dans un Convent, sans «
se réformer : ils exaltent la pénitence, sans «
la faire : ils font manger des herbes à des «
gens, qui cherchent à se distinguer par des «
singularités, tandis qu'on leur voit manger «
tout ce que mangent les personnes de bon «
goût. Cependant nos directeurs, tels que «
je les dépeins, servent mieux le Jansénisme «
par leur direction, que ne font nos meil- «
leurs écrivains par leurs beaux livres. «

C'est une conduite sage & prudente qui «
nous maintient ; & si jamais Mr. de Belié- «
vre, Mr. de Légue, & Mr. du Gué Bagnole «
viennent à nous manquer, je me trompe, «
ou l'on verra un grand changement dans le «
Jansénisme. La raison en est, que nos opi- «
nions auront de la peine à subsister d'elles- «
mêmes. Elles font une violence éternelle à «
la nature, elles ôtent de la religion ce qui «
nous console, elles y mettent la crainte, la «
douleur, le désespoir. Les Jansénistes vou- «
lant faire des Saints de tous les hommes, «
n'en trouvent pas dix dans un Royaume «
pour faire des Chrétiens tels qu'ils les veu- «
lent. Le Christianisme est divin : mais ce «
sont des hommes qui le reçoivent ; & quoi- «
qu'on fasse, il faut s'accommoder à l'huma- «
nité. Une philosophie trop austère fait peu «
de sages ; une politique trop rigoureuse peu «
de bons sujets ; une religion trop dure peu «

» d'ames religieuses qui le soient long-tems.
» Rien n'est durable, qui ne s'accommode à
» la nature. La GRACE, dont nous parlons
» tant, s'y accommode elle-même. Dieu se
» sert de la docilité de nôtre esprit, & de la
» tendresse de nôtre cœur, pour se faire ai-
» mer. Il est certain que les docteurs trop ri-
» gides donnent plus d'aversion pour eux que
» pour les péchés. La pénitence qu'ils prê-
» chent, fait préférer la facilité qu'il y a de de-
» meurer dans le vice, aux difficultés qu'il y a
» d'en sortir.

» L'autre extrémité me paroît également
» vicieuse. Si je hai les esprits chagrins qui
» mettent du péché en toutes choses, je ne
» hai pas moins les docteurs faciles & com-
» plaisans, qui n'en mettent à rien, qui favo-
» risent le déréglement de la nature, & se
» rendent partisans secrets des méchantes
» mœurs. L'Evangile entre leurs mains a plus
» d'indulgence que la morale : la religion mé-
» nagée par eux, s'oppose plus foiblement
» au crime que la raison. J'aime les gens
» bien éclairés, qui jugent sainement de nos
» actions, qui nous exhortent sérieusement
» aux bonnes, & nous détournent, autant
» qu'il leur est possible, des mauvaises. Je
» veux qu'un discernement juste & délicat
» leur fasse connoître la véritable différence
» des choses ; qu'ils distinguent l'effet d'une
» passion, & l'exécution d'un dessein ; qu'ils
» distinguent

distinguent le vice du crime, les plaisirs du «
vice ; qu'ils excusent nos foiblesses, & «
condamnent nos désordres ; qu'ils ne con- «
fondent pas des appétits legers, simples & «
naturels, avec de méchantes & perverses «
inclinations. Je veux, en un mot, une mo- «
rale chrétienne, ni austére, ni relâchée. «

SIR POLITICK WOULD·BE.

COMEDIE

A la maniere des Anglois.

ACTEURS.

Sir Politick Would-be, *Chevalier Anglois, Politique ridicule.*

Mr. de Riche-Source, *Homme d'Affaires François, Chimérique en Projets.*

La Femme de Sir Politick, *grave & sottement capable.*

Ml. de Riche-Source, *Coquette & Bourgeoise.*

Le Marquis de Bousignac, *Gascon brillant, avec un faux air de la Cour de France.*

Un Voyageur Allemand, *exact & régulier, qui voit jusqu'aux dernieres épitaphes des Villes où il passe.*

Mylord Tangrede, *homme d'esprit, qui connoit le ridicule de tous les autres.*

Une Entremeteuse *faisant la* Dogesse, *& ses* Demoiselles *faisant les* Femmes de Senateurs.

Dominico, *Venitien Mystericux, faisant l'Espion.*

Le Signor Antonio, *Diseur de Concetti, Ami de* Tangrede.

Quatre Senateurs.
- Agostino, *faux Caton, & ridiculement grave.*
- Azaro, *beau Discoureur.*
- Amelino, *du même esprit.*
- Pamfilino, *Homme de bon-sens.*

Un Valet *du Signor Antonio.*
Un Valet *de Sir Politick.*
Un Huissier.

La Scene est à VENISE.

SIR POLITICK WOULD-BE,
COMEDIE. (1)

ACTE PREMIER.

SCENE PREMIERE.

Mr. DE RICHE-SOURCE, SIR POLITICK WOULD-BE.

Mr. DE RICHE-SOURCE.

Monsieur, le bruit de vôtre réputation en général, & les graces que ma maison a reçûës de vous en particulier, m'obligent à vous affurer du respect que j'ai pour vôtre personne, & de la reconnoissance que j'ai de vos faveurs.

SIR

(1) *Le Duc de Buckingham, & Mr. d'Aubigny ont eu beaucoup de part à la composition de cette piece.*

OEUVRES DE Mr.

SIR POLITICK.

Permettez que je sache vôtre nom.

Mr. DE RICHE-SOURCE.

Je suis ce François, dont la femme a reçu chez vous tant de courtoisie.

SIR POLITICK.

Beaucoup d'honneur à vôtre bien humble serviteur de lui avoir rendu quelque service. Le pouvoir est petit, mais la bonne volonté est grande.

Mr. DE RICHE-SOURCE.

Nous connoissons par nôtre propre expérience la bonne volonté & le crédit : trop heureux d'avoir rencontré l'une & l'autre dans nôtre mauvaise fortune.

SIR POLITICK.

J'ai bien cru qu'à vôtre âge, & en famille, vous ne voyagiez pas sans cause. Possible quelque stratagême de cour vous a obligé d'en sortir.

Mr. DE RICHE-SOURCE.

J'ai toûjours eu assez de prudence pour me garantir des stratagêmes de cour : mais on se trouve enveloppé dans des malheurs publics, que la prudence ne peut éviter.

DE SAINT-EVREMOND.
SIR POLITICK.

La France est la grande mer, où s'élevent les tempêtes.

Mr. DE RICHE-SOURCE.

Chaque pays a ses tempêtes : la vertu a des envieux par tout ; & la vôtre assurément n'en a pas été exemte.

SIR POLITICK.

J'ai vu quelques orages en ma vie ; mais j'ai sû m'accommoder aux vents, & me servir assez bien des voiles. Graces à la politique, je pense être arrivé au port présentement.

Mr. DE RICHE-SOURCE.

Vous devez compte au public de vos talens : & à Dieu ne plaise que vous appellassiez être au port, de vous tenir en repos.

SIR POLITICK.

Ma vie n'est pas tout-à-fait oisive : nous avons de quoi nous donner toûjours un peu d'occupation.

Mr. DE RICHE-SOURCE.

Vôtre capacité vous attire tous ceux qui ont besoin de conseil : & quoi que vous n'ayiez point de poste ici, je m'assure que vous ne laissez pas d'avoir grande part aux affaires de la république.

SIR POLITICK.

On m'a toûjours dit que j'avois quelque talent pour les affaires Les années du moins ont dû me donner de l'expérience : mais la république est bonne & sage : elle n'a pas besoin d'autre conseil que du sien.

Mr. DE RICHE-SOURCE.

C'est en quoi paroît sa sagesse, de consulter une personne aussi éclairée & aussi capable que vous.

SIR POLITICK.

J'avouë qu'on se trompe dans la bonne opinion qu'on a de moi. A la verité, beaucoup de Sénateurs viennent ici chercher des lumieres que je n'ai pas.

Mr. DE RICHE-SOURCE.

Je croi qu'ils rendront justice à la fin à vôtre mérite ; & le Senat vous mettant dans son corps, fera par interêt ce qu'il fait quelquefois à des étrangers par honneur.

SIR POLITICK.

Vous n'êtes pas le premier qui m'en a voulu flater. Si la république nous en juge dignes, nous tâcherons de répondre le mieux qu'il sera possible à son choix. Mais vous, Monsieur, vous avez quitté le pays orageux, pour chercher celui où regne le calme.

Mr. DE RICHE-SOURCE.

Ha! Monsieur, je ne hai rien tant que le repos, & tiens à grand malheur pour moi, d'avoir quitté la France. C'est le pays des affaires & de la fortune. Néanmoins on ne s'abandonne pas ; il faut agir selon l'état où l'on se trouve, & voir ce qu'il y a à faire en ce pays-ci.

SIR POLITICK.

Monsieur, si le peu de talent que Dieu m'a donné, vous peut être utile à quelque chose, comme je vous l'offre avec franchise, vous pouvez en disposer sans cérémonie.

Mr. DE RICHE-SOURCE.

On est trop heureux de rencontrer à Venise un secours si necessaire : & en quelque lieu que ce soit, l'honneur de vôtre connoissance peut être compté entre les meilleures fortunes. Mais, Monsieur......

SIR POLITICK.

Permettez-vous qu'on en use avec liberté ? Je vais dire un mot à un sénateur, qui m'avoit chargé de quelque projet politique.

Mr. DE RICHE-SOURCE.

C'est à moi de vous demander pardon d'en avoir usé incivilement. Je saurai prendre mon tems, si vous le trouvez bon, pour joüir quelquefois d'une conversation si profitable.

SIR POLITICK.

Vous en serez toûjours le maître, & pouvez commander à toute heure à un serviteur particulier. Si toutefois vos affaires vous permettoient de demeurer ici un momen, je reviendrois vous trouver.

Mr. DE RICHE-SOURCE.

Vous pouvez demeurer tant qu'il vous plaira ; j'attendrai avec plaisir vôtre retour.

SCENE II.

Mr. DE RICHE-SOURCE, Me. DE RICHE-SOURCE.

Mr. DE RICHE-SOURCE.

AH ! ma femme, que je viens d'entendre un habile-homme !

Me. DE RICHE-SOURCE.

Ne vous l'avois-je pas bien dit ? C'est le premier homme que j'aye vu de ma vie.

Mr. DE RICHE-SOURCE.

Je ne m'entête pas facilement ; mais je ne m'y connois point, ou Sir Politick est une personne bien capable.

Me.

Me. DE RICHE-SOURCE.

Capable! au-delà de tout ce que vous pouvez penser, & le meilleur ami qu'on vit jamais. Si nous en avions eu un en France fait comme lui, nous ne serions pas à Venise.

Mr. DE RICHE-SOURCE.

Il faut regarder les choses comme elles sont. Sir Politick étoit à Venise quand nous étions à Paris : présentement nous sommes tous deux en même lieu, & j'entrevois des choses qui pourroient bien nous consoler de la disgrace où nous sommes.

Me. DE RICHE-SOURCE.

Vous ne sauriez vous imaginer le secours que vous en pouvez tirer : & ne craignez point de lui communiquer vos lumieres, (en cas qu'il vous communique les siennes, cela s'entend ;) il est homme-d'honneur, & aussi sûr qu'il est habile. C'est un trésor que d'avoir Sir Politick pour ami.

Mr. DE RICHE-SOURCE.

C'est bien mon dessein de faire une bonne liaison avec lui : mais me conseilleriez-vous de lui découvrir nôtre grande affaire ?

Me. DE RICHE-SOURCE.

Quoi ? la circulation ?

Mr. DE RICHE-SOURCE.

Oui, la circulation, qui est, comme vous savez, le plus beau projet du monde.

Me. DE RICHE-SOURCE.

Vous ne sauriez mieux faire : aussi-bien est-il impossible de le conduire seul.

Mr. DE RICHE-SOURCE.

Vous avez raison, & je le ferai. Je veux néanmoins avoir encore une conversation avec lui auparavant ; non pas que je m'en défie, de la sorte que vous m'en parlez : mais un si bon politique pourroit prendre quelque méchante impression de moi, si je lui communiquois d'abord une si grande pensée.

Me. DE RICHE-SOURCE.

Ce n'est pas à nous autres femmes d'entrer en de telles affaires : vous en userez comme il vous plaira.

Mr. DE RICHE-SOURCE.

Le voici déja de retour. Allez-vous-en ; je me trompe, ou nous allons entamer bien des choses.

SCENE III.

Mr. DE RICHE-SOURCE, SIR POLITICK, DOMINICO, *qui les écoute.*

Mr. DE RICHE-SOURCE.

Monsieur, nous nous sommes assez observés. Il est de la prudence d'un homme sage de ne se fier pas légérement aux inconnus : mais puis que les hommes ne font pas les affaires seuls, & qu'il est impossible de rien executer de beau, sans entrer en confiance, je vous supplie, Monsieur, de ne me refuser pas la vôtre, & vous ne vous repentirez jamais de me l'avoir donnée.

SIR POLITICK.

Vous êtes tombé dans ma pensée : mais il n'étoit pas, ce me semble, de la dignité de ma politique de m'ouvrir le premier.

Mr. DE RICHE-SOURCE.

La France est assez considerable dans l'Europe, pour ne pas négliger un homme qui en connoît parfaitement les interêts.

SIR POLITICK.

Madame vôtre femme m'en a averti plus d'une fois ; & je ne suis pas à apprendre vôtre mérite & vos qualités : mais puis que vous êtes étranger ici, trouvez bon que je vous fasse part de quelques observations que j'ai faites. Chaque pays a ses usages ; c'est pourquoi je vous recommande ces choses: Premierement, le pas grave, & la contenance composée; cela sent son personnage. Pour vos discours, ne dites jamais rien que vous croyiez ; & ne croyez jamais rien de ce qu'on vous dira : Que toutes vos actions soient reglées par les loix, dont je porte un *Compendium* sur moi. De Religion, vous vous accommoderez à celle du pays en apparence, & pourrez en effet en avoir une autre, si vous n'aimez mieux n'en avoir point du tout ; ce que je laisse purement à vôtre choix (1).

Mr. DE RICHE-SOURCE.

Il faudroit que je fusse mal-habile-homme, si assisté comme je suis de vos conseils, je ne pouvois me conduire. Mais je vous supplie, Monsieur, de me donner quelques lumieres de la constitution de cet Etat.

SIR POLITICK.

Vous pouvez juger de la bonté de ses loix par sa durée. Vous savez néanmoins que rien

n'est

---

(1) Cela est imité de la Comedie de Ben. Johnson intitulée: VOLPONE OR THE FOX, (c'est-à-dire, le RENARD) Act. IV. Sc. I.

n'est parfait en ce monde, & je pense que le gouvernement pourroit être encore plus accompli. Je vous dirai en dernier secret, que les législateurs ont manqué lourdement à l'interêt de la république, quand ils n'ont fait qu'un seul DOGE.

DOMINICO, qui vient sur le Théatre, les écoute à ces mots de république & de Doge, & dit à part:

Qu'entens-je de secret, de république, de Doge! Il y a quelque mystére ici dessous: écoutons.

SIR POLITICK.

Le Doge est une espece de consul. Les Romains en avoient deux: moi, j'en voudrois quatre: en voici la raison. Un Doge a toûjours soixante & dix ans, & quelquefois plus: ce qui lui reste de vie, n'est qu'infirmité: tantôt il garde le lit, tantôt la chambre. S'il y en avoit quatre, quand un seroit couché, trois seroient debout ; si deux malades, deux en santé ; si trois, il en resteroit toûjours un pour vaquer aux affaires, & se trouver à tous les conseils.

DOMINICO, *tout bas.*

Voici des gens mal-intentionnés, qui cherchent à profiter des défauts du gouvernement.

OEUVRES DE Mr.
SIR POLITICK.

Autre raison, tiré de la politique. C'est une maxime fondamentale d'état, que toutes les parties du gouvernement doivent avoir de la convenance. Or, à Venise, unité de Doge est absurde, comme chose qui sent son air monarchique.

Mr. DE RICHE-SOURCE.

Je n'ai jamais rien entendu de si juste. La derniere raison est d'un vrai homme d'état. La premiere est de ces choses que l'on croit naturelles, & que tout le monde pense, aussitôt qu'elles sont trouvées.

SIR POLITICK.

Naturelles tant qu'il vous plaira : mais il y a douze cens ans que dure la république, sans que personne s'en soit jamais avisé. J'avouë bien qu'il y a des projets plus profonds ; & vous en allez entendre un qui est bien d'une autre spéculation. Il regarde les affaires étrangéres. Vous devez savoir que la république a de grands interêts à la Porte, & qu'il lui est necessaire d'être bien informée de cette cour-là : mais si nôtre Ambassadeur en donne la moindre connoissance, il y va de sa tête pour le moins. J'ai trouvé le moyen de lui faire tenir des nouvelles en deux jours, & de recevoir des siennes en aussi peu de tems, sans aucun danger.

Mr.

DE SAINT-EVREMOND.
Mr. DE RICHE-SOURCE.

Comment, Monsieur ; il faut être Magicien pour cela !

SIR POLITICK.

Si vous appellez magie ce qui n'est pas dans le cours ordinaire des choses, je l'avouë, il n'y a pourtant rien de surnaturel ; écoutez seulement. J'ai des relais de pigeons chez mes correspondans....

Mr. DE RICHE-SOURCE.

De pigeons !

SIR POLITICK.

Cela vous surprend ? Oui, de pigeons. Je voi bien que vous n'êtes pas profond dans les affaires du Levant ; écoutez. J'ai à Venise des pigeons de l'Istrie, à qui j'attache une lettre pour l'Ambassadeur : mon correspondant de l'Istrie la prend, & l'attache au pigeon de Dalmatie : celui de Dalmatie l'attache au pigeon de la Bossine : un autre Venitien dépêche ce dernier, qui porte ma lettre à l'Ambassadeur. Voilà des nouvelles de Venise à Constantinople en deux jours : cela est-il extraordinaire & utile ?

Mr. DE RICHE-SOURCE.

Rien au monde ne le sauroit être plus.

SIR

SIR POLITICK.

Je pourrois vous dire beaucoup d'autres choses de cette nature ; mais j'ai quitté les projets politiques, pour travailler en spéculation militaire ; & je vous dirai, comme à mon ami, que j'ai trouvé de beaux secrets pour la guerre. Beaucoup de gens en ont pour les siéges ; ce qui fait que je m'y applique moins : j'en ai plusieurs pour les batailles, qu'un Empereur ne sauroit trop acheter.

DOMINICO, *bas*.

Je ne doute point qu'il n'ait vendu ce dernier au *GRAND-SEIGNEUR*, & il sera peut-être employé contre la république.

SIR POLITICK.

Dites-moi, Monsieur, n'avez-vous pas cru que pour devenir grand homme de guerre, il falloit être aux armées ?

Mr. DE RICHE-SOURCE.

Je l'ai cru jusqu'ici ; & je vous avoue que je le crois encore.

SIR POLITICK.

Erreur populaire : il n'y a rien de si opposé au grand capitaine, que de se trouver aux occasions ; & je vais vous le faire toucher au doigt & à l'œuil.

Mr. DE RICHE-SOURCE.

Cependant, c'est contre une opinion générale, & reçûë de toute éternité.

SIR POLITICK.

Il faut avoir de la révérence pour nos peres; mais ils étoient hommes comme nous. Si en toutes choses on s'en étoit tenu à ce qu'ils ont trouvé, on feroit la guerre encore avec des flêches, & il n'y auroit aujourd'hui non plus d'antipodes, qu'il y en avoit de leur tems. Monsieur, dépoüillez-vous de toute prévention pour eux, & pour moi.

Mr. DE RICHE-SOURCE.

Puis que vous le trouvez bon, je vais examiner la chose avec une pleine liberté d'esprit.

SIR POLITICK.

Vous me ferez plaisir : ç'a m'avouërez-vous pas qu'à l'approche d'une armée ennemie, il n'y a point d'homme qui ne soit retenu par la peur, ou emporté par le courage?

Mr. DE RICHE-SOURCE.

C'est très-bien raisonné.

SIR POLITICK.

Si vôtre général est sujet à la crainte, il laissera perdre l'occasion de défaire les ennemis.

Mr. DE RICHE-SOURCE.

Il est vrai.

SIR POLITICK.

S'il ne craint rien, il combat mal-à-propos, & se fait défaire lui-même.

Mr. DE RICHE-SOURCE.

Il n'y a rien à repliquer là-dessus.

SIR POLITICK.

Dans le cabinet, on conduit une guerre de sang froid : on fait la supputation des deux armées, on considere quelques autres circonstances.

Mr. DE RICHE-SOURCE.

Mais il me semble qu'on prendroit des mesures bien plus justes, en voyant les troupes ?

SIR POLITICK.

Point du tout : à un homme d'esprit, voyez-les, ne les voyez pas, c'est la même chose. C'est toûjours une armée, des gens de pied, & des gens de cheval, des canons, des mousquets, des piques, des pistolets. La spéculation militaire fait tout.

Mr. DE RICHE-SOURCE.

J'avouë qu'elle y fait beaucoup.

SIR POLITICK.

Or ma supputation faite, j'envoye ordre à un lieutenant de donner bataille, je défais les ennemis, & voilà un pays que j'ai conquis. Si je me trouve foible, je donne ordre de demeurer dans les retranchemens ; l'armée ennemie se dissipe, & voilà un pays que j'ai sauvé.

Mr. DE RICHE-SOURCE.

Je commence à voir clair présentement, & vous ne me laissez pas le moindre doute dans l'esprit.

SIR POLITICK.

Philippe II. Prince militaire au dernier point, connut de bonne heure ces maximes, & s'en est toûjours fort bien servi.

Mr. DE RICHE-SOURCE.

Philippe II : Vous m'étonnez. Il a toûjours passé pour un grand politique, & jamais pour un guerrier.

SIR POLITICK.

Autre erreur populaire. Il a toûjours eu dans la tête d'être plus grand capitaine que son pere; & voyant l'erreur où Charles-Quint étoit tombé, de se trouver aux occasions, il prit le parti de faire la guerre du cabinet. Qu'en arrive-t-il ? Philippe II. projette une bataille ; le duc d'Albe la donne : à vôtre avis, qui la gagne ? Philippe II. assurément, & n'en doutez pas. On peut dire la même chose sur le duc de Parme. Le duc assiege Anvers, & Philippe prend la Ville. Oui, je tiens Philippe le plus grand capitaine de nos jours, & peut-être de l'antiquité, si vous en exceptez Périclès.

Mr. DE RICHE-SOURCE.

Monsieur, tous les hommes que j'ai vus jusques ici ; je dis les plus habiles, n'ont que de la superficie : vous seul approfondissez les matieres ; l'esprit demeure convaincu de vos raisons.

SIR POLITICK.

On a peut-être un peu plus de méditation qu'un autre, & on digere les choses.

Mr. DE RICHE-SOURCE.

Oserois-je esperer une grace ?

SIR POLITICK.

Vous avez tout pouvoir.

Mr. DE RICHE-SOURCE.

C'est être bien incivil ; mais je ne saurois m'en empêcher. Auriez-vous la bonté de me donner quelqu'un de vos secrets pour la guerre ? Il n'y a rien que je ne donne pour faire étudier mon fils en spéculation militaire. Le plaisir que j'aurois de le voir plus capitaine que ces petits messieurs, qui font les entendus, pour avoir fait cinq ou six campagnes! Monsieur, je ne suis pas importun; mais je vous demande en grace quelqu'un de vos secrets pour la guerre.

SIR POLITICK.

Quant à cela, vous m'en dispenserez, s'il vous plaît. Vous êtes François, & je suis Anglois. Nos nations ont eu autrefois de grands différens ; ils peuvent recommencer, & je ne vous donnerai pas des armes pour nous battre.

Mr. DE RICHE-SOURCE.

Nos deux nations sont en bonne intelligence.

SIR POLITICK.

Peut-être ne durera-t-elle pas long-tems. Un politique doit tout prévoir.

Mr. DE RICHE-SOURCE.

Je vous assure qu'il ne me reste aucune amitié pour un pays, où mon mérite a été si mal reconnu.

SIR POLITICK.

Le chagrin passe, & l'amitié peut revenir. Bref, Monsieur, n'esperez pas que je vous donne rien, qui puisse aller un jour contre le

bien

bien de ma patrie. En toute autre chose, faites état que personne n'est plus à vous que Sir Politick. *Ils sortent.*

DOMINICO, *seul*

Gens dangereux à la république ! Attaquer les législateurs ! Se prendre à la constitution de l'état ! Multiplier jusques à quatre un magistrat unique ! Mutation de gouvernement appuyée sur l'exemple de deux consuls, & rafinée par la méditation d'un spéculatif ! Comme j'ai voüé beaucoup de service au Doge, il n'y a rien que je ne fasse pour ruiner un projet, qui va à lui donner trois compagnons. Je veux l'en avertir lui-même ; & si je ne puis lui parler (car il est souvent indisposé,) je dirai tout à un sénateur de mes amis, qui en informera le sénat.

SCENE IV.

LE SIGNOR ANTONIO, MYLORD TANCREDE, *qu'il avoit connu à Londres.*

ANTONIO.

QUE vois-je ! bon Dieu ! Le ciel favorable à Venise, envoye ici l'étoile du nord briller parmi nous.

TAN-

TANCREDE.

Je ne suis ni astre, ni étoile, & je viens d'un pays où vous savez qu'on ne brille pas. Je suis de vos amis il y a long-tems, ravi de me trouver dans un lieu où nous puissions renouveller nôtre connoissance.

ANTONIO.

Vous venez donc faire rougir nos jasmins du vermeil de vos roses.

TANCREDE, *bas*.

Ce n'est plus le même homme que j'ai connu autrefois ; & quel langage est ceci? Voyons pourtant jusqu'au bout. *Haut*. Il est vrai que nous avons des roses en abondance ; & puis, ce sont les armes d'Angleterre.

ANTONIO.

Les armes d'Angleterre sont des roses en peinture ; mais en effet des tonnerres si redoutables sur les ondes, que les foudres de terre-ferme en comparaison à peine sont des éclairs.

TANCREDE.

Monsieur, je ne sai que répondre là dessus.

ANTONIO.

Les rivieres les plus profondes font le moins de bruit, & les petits torrens nous étourdissent : De même les esprits vains & legers

gers ont plus de langage ; les solides moins de paroles & de discours.

TANCREDE.

Vous êtes obligeant pour ma nation & pour moi.

ANTONIO.

Excusez, si l'humilité de mes pensées, & la bassesse de mes termes ne peuvent s'élever à la grandeur de mon zele ; & agréez, je vous prie, la dévotion de mes services, dont vous pouvez disposer uniquement.

TANCREDE.

Je me suis toûjours attendu que vous me conserveriez quelque part dans l'honneur de vos bonnes graces.

ANTONIO.

La même difference que je trouve dans les arts, entre la théorie & la pratique, la même se rencontre en fait de services, entre l'offre & l'execution. Venons donc à la réalité des effets. Les dames ont-elles le même ascendant sur vos inclinations, que vous avez sur leurs ames ?

TANCREDE.

Je les ai toûjours fort aimées.

ANTONIO.

Si vous aimez ces grandes beautés fatales au
repos

repos des humains, nous avons des Helenes & des Cléopatres.

TANCREDE.

Laiſſons-les pour les Rois & les Empereurs : j'en veux qui bien loin de troubler l'univers, ne puiſſent pas me troubler moi-même.

ANTONIO.

Vous n'en voulez donc pas qui faſſent les tourmens des cœurs, comme les délices des yeux ?

TANCREDE.

Je veux trouver du plaiſir ſans peine.

ANTONIO.

Ah ! je le comprens. Il vous faut de ces beautés innocentes, dont les traits ſont doux, & de qui les charmes n'ont rien de cuiſant : ſemblables à ces beaux jours, où le ſoleil adoucit ſes regards, & déſarmé de ſes brulantes ardeurs, laiſſe joüir les hommes d'un tems agréable & ſerain.

TANCREDE, *bas.*

Quelque impertinent que ſoit devenu mon ami, je veux voir s'il m'eſt bon à quelque choſe. *Haut.* Vous m'entendrez mieux, ſi vous comprenez que je veux de belles putains.

ANTONIO, *bas.*

Expression du nord ! *Haut.* Vous voulez dire des courtisanes : personnes officieuses, qui rappellant une image des premieres loix de la nature, s'affranchissent de la tyrannie des nôtres, pour le plaisir commun des deux sexes.

TANCREDE.

Voilà justement mon fait.

ANTONIO.

Nous vous conduirons quand il vous plaira chez des Flores & des Laïs. Vous ne désagréerez pas que j'y fasse trouver un concert, où les sirénes, d'enchanteresses qu'elles sont, pourroient devenir enchantées.

TANCREDE.

Vous ne sauriez m'obliger davantage.

ANTONIO.

Je ne prétens pas que si peu de chose m'aquitte envers vôtre seigneurie de toutes les obligations que je lui ai ; & peut-être aurons-nous le bonheur de lui donner un repas assez curieux.

TANCREDE.

Je recevrai avec joye tout le plaisir que vous me voudrez faire.

ANTONIO.

Je n'ose pas tout-à-fait vous le promettre ; car c'est un repas d'invention, & j'ai besoin d'officiers ingénieux, qui puissent bien représenter la gentillesse de l'artifice.

TANCREDE.

De quoi me parlez-vous-là, de gentillesse & d'artifice dans un repas. Les viandes les plus naturelles sont les meilleures.

ANTONIO.

Vôtre seigneurie parle encore selon la coutume grossiere de France & d'Angleterre, où l'on convie ses amis à un repas pour boire & manger. Nôtre nation a des manieres plus épurées. Vous mangerez chez vous auparavant, ou à vôtre retour, comme vous le jugerez à propos. Nos festins se font ici pour le charme de la vûë.

TANCREDE.

Et pour le goût, rien ?

ANTONIO.

Le goût n'est que pour les repas vulgaires : ce sont ici des illusions agréables.

TANCREDE.

Je commence à vous entendre ; il faut venir là comme curieux, & sans appetit.

OEUVRES DE Mr.

ANTONIO.

Si, si ; vous comprenez.

TANCREDE.

Vous me donnez une grande curiosité. Quand puis-je esperer cette fête ?

ANTONIO.

Je ne puis pas répondre du tems. J'ai bien un homme admirable pour plier le linge, qui représente toutes sortes de poissons, & divers oiseaux.

TANCREDE.

C'est déja une assez grande merveille.

ANTONIO.

Ah ! j'ai plus. J'ai un pâtissier, qui peut faire un service de pâtés, à l'ouverture desquels sortiront mille oiseaux, qui voltigeront dans la sale, au grand contentement des curieux, ravis d'une chose si surprenante.

TANCREDE.

Quels officiers vous manquent donc, après tout cela ?

ANTONIO.

Un homme bien nécessaire ; un certain sculpteur, rare & exquis, qui sait travailler une raye en sirène, d'un artifice sans égal.

C'est

C'est un ouvrage excellent, dont nous faisons l'ornement de nos salades.

TANCREDE.
Ce seroit un assez grand inconvénient que de ne l'avoir pas.

ANTONIO.
Il m'en faut encore un autre, plus important mille fois.

TANCREDE.
Qui peut être ce rare officier ?

ANTONIO.
C'est un ingénieur, qui travaille miraculeusement en sucre.

TANCREDE.
Un confiturier, voulez-vous dire ?

ANTONIO.
Un ingénieur, qui fait un château de sucre avec des tours & d'autres fortifications si bien entenduës, que la régularité des meilleures places n'en approche pas.

TANCREDE.
Cela vaut une leçon de mathématique.

ANTONIO.
Mieux sans doute. C'est-là particulierement que j'ai appris l'art militaire.

Je suis charmé de toutes vos raretés. Voilà dîner délicatement ; non comme nos brutaux, qui ne trouvent au repas que le plaisir de manger.

ANTONIO.

En ce pays, tout est esprit, gentillesse, invention. S'il faut manger, par une necessité naturelle que nous avons commune avec les bêtes, on mange chacun chez soi, pour cacher les imperfections où la nature nous assujettit : mais en public, ce ne sont que subtiles apparences, figures ingénieuses, & délicates représentations ; car vous devez savoir que tout dépend du bel art, & de la belle cérémonie.

TANCREDE.

Je ne suis déja plus si grossier que j'étois, & j'espere de me rendre digne un jour de vôtre table. En attendant ce repas, que vous me promettez, vous trouverez bon que suivant vôtre conseil, j'aille cacher mes imperfections naturelles à mon logis.

ANTONIO, *seul*.

Quelque effort que fasse nôtre bon Anglois, il a de la peine à s'élever aux choses sublimes. Quand j'étois en Angleterre, j'accommodois mes pensées & mes discours au génie de son peuple. J'ai voulu faire ici l'honneur de ma nation, & régaler ce Mylord de concetti très-beaux, & très-relevés ; mais je me suis apperçu par des reponses vulgaires, que j'allois au-delà de sa portée. Je hai les esprits bas & rampans, je ferois bien de n'avoir plus de commerce avec un homme si commun.

Fin du premier Acte.

ACTE II.

SCENE PREMIERE.

LE VOYAGEUR ALLEMAND,
LE MARQUIS DE BOUSIGNAC,
MYLORD TANCREDE.

L'ALLEMAND.

NE perdons point de tems, je vous prie, & voyons aujourd'hui quelque chose de curieux.

LE MARQUIS.

Et moi, promenons-nous, je vous prie, nous n'aurons que trop de loisir à Venise pour voir ce qu'il y a de curieux. Un peu de conversation.

L'ALLEMAND.

Qu'appellez-vous conversation ? s'amuser à discourir ! Je ne suis pas venu d'Allemagne pour ne faire que parler.

LE MARQUIS.

Toutes vos curiosités ne valent pas un quart-d'heure d'entretien. Mais qui est cet étranger qui vient vers nous ?

L'AL-

L'ALLEMAND.

C'est un Mylord avec qui je loge, cousin du duc de Buckingham : voulez-vous faire connoissance avec lui ?

LE MARQUIS.

Cousin, dites-vous, du duc de Buckingham ; & si je veux faire connoissance ?

L'ALLEMAND.

Je ne sai pas si vous le voulez connoître : nous autres ne recherchons la connoissance de personne.

LE MARQUIS.

Après les obligations que j'ai au Mylord-duc, je négligerois la connoissance de son parent ! Tout mon déplaisir est de l'aborder par rencontre : mais puis que l'occasion s'offre à nous, il ne la faut pas perdre. Présentez-moi, je vous prie.

L'ALLEMAND.

Mylord, voici un gentilhomme François, qui desire de vous connoître.

LE MARQUIS.

Monsieur, ce n'est pas ici un lieu propre à vous rendre mes respects : j'irai chez vous, si vous l'avez agréable, pour vous dire que je dois tout au parent de Monsieur le duc de Buckingham.

L'honneur que j'ai d'appartenir à Monsieur de Buckingham m'est avantageux en tout, & particuliérement à me donner celui de vôtre amitié.

LE MARQUIS.

C'est peu de chose, Monsieur, que mon amitié : mais j'ai tant d'obligation au Mylord-duc, qu'assurément vous pouvez disposer de mon bien & de ma vie.

TANCREDE.

On est heureux, Monsieur, de pouvoir obliger un homme de mérite, & vous êtes trop reconnoissant de quelque plaisir médiocre.

LE MARQUIS.

Appellez-vous un plaisir médiocre l'honneur que j'ai reçu de lui ? Je vous dirai la chose comme elle est, sans manquer d'un mot. Monsieur de Montmorency, l'honneur de nôtre nation, (cela se peut dire,) ayant su que j'allois en Angleterre, me donna une lettre pour Mylord-duc, vôtre parent, & me chargea de lui témoigner la joye qu'il avoit de l'heureux accouchement de Madame sa femme, & de la naissance de Monsieur son fils. C'étoit une pure civilité. Monsieur de Montmorency étoit amiral de France, Monsieur de Buckingham amiral d'Angleterre : d'amiral à amiral

amiral il n'y a que la main. Le royaume de France est plus grand que celui d'Angleterre, la flote Angloise plus considérable que la nôtre ; tous deux ducs, grands-seigneurs, bienfaits, libéraux, généreux. Ce n'est pas à moi de décider ; & il me semble que toutes choses étoient assez égales entr'eux. Enfin, Monsieur de Montmorency me chargea de ce compliment, dont je vous ai parlé. Je prens la poste aussi-tôt. J'arrive à Calais, & m'embarque avec le vent & la marée : mais la mer étoit si grosse, & la tempête si furieuse, qu'à la damnation de mon ame les vagues venoient quelquefois à un pied du bord du bateau. Nous fûmes cinq grosses heures à passer, qui furent cinq années pour moi. Mon nom n'est pas inconnu dans les armées. J'ai vu quelques batailles en ma vie, & me suis trouvé à quelques logemens C'est-là qu'on connoît les braves. J'ai oüi dire à Monsieur de Vignoles (1) qu'il n'y avoit pas une action plus périlleuse dans la guerre. Ce n'est pas trop ma coutume de parler de moi ; mais je puis dire sans vanité, que j'ai fait d'assez beaux combats, & de toutes sortes. Avec cela, Monsieur, mon passage a été la plus grande, & peut-être la seule peur que j'aye jamais euë.

TAN-

---

(1) *Vieux maréchal de camp sous le regne de Louis XIII. à qui on se remettoit ordinairement du soin de l'infanterie.*

TANCREDE.

Cela ne se doit pas appeller peur ; c'est manque d'habitude. Vos yeux n'étoient pas accoutumez à ce danger-là.

LE MARQUIS.

Je me suis mépris aux termes : ce n'étoit pas peur, Mylord, vous avez raison ; cependant j'aimerois mieux cent perils de terre qu'un de mer. J'admirois la brutalité de quelques Anglois, de ces marauts sans doute, qui tirent au billet pour un teston à qui sera pendu. Monsieur ! ils fumoient nonchalamment dans un si grand danger, tandis que je me recommandois à Dieu, & songeois tout de bon à ma conscience. Fumer dans une tempête ! vous m'avouërez que ce n'est pas courage : car comment se défendre contre des vagues ? Cela ne laisse pas de choquer un homme de cûr, qui n'est pas accoutumé à ces sortes de dangers, de voir des couquins faire les intrépides mal-à-propos. J'aurois donné la moitié de mon bien, pour tenir ces brutaux à une sortie, ou à quelque assaût. Nous eussions vu, morbleu...... Mais, Monsieur, je crains de vous ennuyer.

TANCREDE.

Ah ! Monsieur, il faudroit être de méchante humeur, pour ne prendre pas plaisir à un récit si agréable.

LE MARQUIS.

Enfin, me voilà passé. Je compte la poste pour rien, excepté que les maîtres des postes rançonnent les François. J'arrive à Londres, où le soir je fais mettre un habit à l'air, pour lui ôter les méchans plis, que la male lui avoit donné, & pour y attacher une garniture. Le lendemain je me mis le mieux que je pus; non pas magnifiquement: mais les gans, le collet, les plumes, les rubans, avoient ce je ne sai quoi, qu'il ne faut pas disputer aux François. Les autres nations nous veulent imiter: mauvais singes, ou Dieu me damne. En cet état, je m'en vais chez Mylord-duc. Ah, Monsieur, quel visage! quel air! quelle mine! Il n'avoit rien d'étranger, & jamais François n'a eu la mine plus françoise que lui. Voici le compliment, que je lui fis le plus court qu'il me fut possible. On est assez de la cour, pour sçavoir que les longues harangues y sont mal reçuës. *Monsieur*, lui dis-je, *Monsieur de Montmorency m'a chargé de vous assurer de la part qu'il prend à la naissance de Monsieur vôtre fils.* Je ne parlai point des couches de la femme, de peur d'allonger le compliment: je crus que la naissance du fils comprenoit tout. *Mais*, continuai-je, *de tous ceux, Monsieur, qui s'interessent à ce qui vous touche, il n'y en a point qui soit plus vôtre serviteur que lui.* J'ajoutai cela de moi, pour montrer qu'on n'est pas un miserable. Cela fait effet. Tant que je parlai, Mylord-duc eut toûjours son chapeau hors de la tête; & après que j'eus fini, il me répondit en ces termes, que je n'oublierai jamais : *Je suis bien obligé à Monsieur de Montmorency de sa civilité : je me tiendrois heureux de lui en pouvoir témoigner mon ressentiment, & en vôtre particulier, Monsieur, de vous servir.* Voilà qui est bien civil !

TANCREDE.

Monsieur de Buckingham n'avoit garde de vous traiter moins civilement; & je m'assure qu'il ne fut pas long-tems sans vous faire ces petits plaisirs, dont vous nous avez parlé.

LE MARQUIS.

C'est-là le plaisir dont je vous parlois : un homme d'honneur, bien gentilhomme, en peut-il recevoir d'autres ? Je ne puis comprendre comment la plupart des gens ont le cûr fait : je sai bien pour moi que ces choses-là sont les seules qui me touchent. Peut-être auroit-il voulu m'obliger d'une autre maniere, si j'avois demeuré plus long-tems à Londres. Je n'y fus rien que trois jours.

TANCREDE.

Quelque affaire importante vous rappella sans doute à Paris ?

DE SAINT-EVREMOND.
LE MARQUIS.

Nulle affaire : nous étions alors dans la paix.

TANCREDE.

Les dames ne laissent pas un homme de vôtre humeur en repos, quand la guerre ne l'occupe pas.

LE MARQUIS.

Je ne pensois pas avoir l'honneur d'être connu de vous, Mylord. Il est vrai que je n'ai guére été sans quelque amourette en ma vie. En ce tems-là j'aimois une dame, aussi-bien faite qu'il y en eût à la cour, & je n'étois pas seul à la trouver aimable. Ces Messieurs, qui font un métier de la galanterie, les faiseurs de siéges, attaquerent cette place, & furent repoussez. Un des plus renommez parmi les galans, ne put souffrir sans chagrin d'être chassé de chez elle, & fit à la Reine quelque conte d'elle & de moi. Je ne sai, il y eut une affaire entre nous, où il ne fut pas heureux. Voilà de l'éclat, comme vous pouvez penser, & aussi-tôt martel en tête au mari, qui sous prétexte d'affaires domestiques, l'emmena à la campagne. Ne pouvant me consoler de ce fracas, je pris le tems de son absence pour voyager, & j'allay en Angleterre, dans le dessein d'y faire quelque séjour : mais......

TANCREDE.

Mais ces résolutions-là ne se tiennent point. Quand on a goûté une fois des plaisirs de France, on s'accommode aux nôtres malaisément.

LE MARQUIS.

Point du tout, vôtre pays me paroît agréable; outre que la guerre tantôt deçà, tantôt delà, m'a appris à vivre par tout. Voulez-vous que je vous parle franchement : les Anglois n'aiment pas nôtre nation : nos bons vins de Grave les font toûjours souvenir de la perte de la Guienne ; ils ne sauroient nous le pardonner.

TANCREDE.

Nous garderions long-tems nôtre ressentiment. Je vous assure qu'on a beaucoup de civilité en Angleterre pour les François, quand ils sont honnêtes-gens ; & je suis fâché qu'un plus long séjour ne vous ait donné moyen de l'éprouver.

LE MARQUIS.

Vous me parlez des gens de qualité ! il n'y a rien de si civil : mais le peuple, qu'en dites-vous ? Avoüez qu'il est furieux. Comment ! je ne pouvois faire deux pas dans la ruë, sans entendre à mes oreilles : Francheman : c'est un Francheman. Ah ! Monsieur, qu'on nous haït !

TANCREDE.

Monsieur, je me rens, puis que cela vous est arrivé à vous-même : jusques-là, je n'avois pas remarqué une animosité si extraordinaire.

LE MARQUIS.

Si j'avois l'honneur d'être connu de vous, vous croiriez que je ne suis pas menteur. Sur la perte de mon salut, j'entendois Francheman à droit, Francheman à gauche, Francheman par tout. En quelque lieu que j'aye été, Dieu merci, on ne m'a dit guére d'injures. Aussi, de se fâcher sottement, & de se commettre avec un peuple, il faut être fou. Je pris le parti de repasser la mer, & ensuite de voir l'Italie.

TANCREDE.

Je vous trouve un homme fort avisé. Il y a grande différence de l'Angleterre à l'Italie, pour contenter la curiosité d'un voyageur. Mais je ne m'apperçois pas que j'empêche ici vôtre conversation : je me retire, & rens graces à Monsieur, de m'avoir donné l'honneur de vôtre connoissance.

LE MARQUIS.

C'est à moi de le remercier, Mylord. Il aura, s'il lui plaît, la bonté de me mener chez vous, où je prétens vous rendre mes respects, & vous assurer de mon obéïssance. Parlant à
l'Al-

l'Allemand. Ami, je vous remercie de m'avoir donné la connoissance de ce Mylord. Il est par Dieu fort honnête-homme, & il se connoît en gens. On ne peut pas en user plus civilement qu'il a fait avec moi. Il a été long-tems en France assurément.

L'ALLEMAND.

Et à Strasbourg, à Francfort, à Nuremberg. Il a fort voyagé.

LE MARQUIS.

Quand me menerez-vous chez lui?

L'ALLEMAND.

Quand vous voudrez. Mais retirons-nous d'ici. Voilà deux Venitiens qui approchent de nous, avec lesquels vous feriez peut-être connoissance, & je n'ai pas de tems à perdre.

SCENE II.

DOMINICO, LE SENATEUR AGOSTINO.

DOMINICO.

Votre excellence ne pouvoit pas arriver plus heureusement. Je m'en allois chez elle, pour l'avertir d'une chose, que la bonne fortune

fortune de la république m'a fait entendre sans y penser.

AGOSTINO.

J'ai impatience d'entendre une chose qui doit regarder le salut public.

DOMINICO.

Me promenant tantôt dans la place, j'ai entendu deux étrangers parler de la république. Leur qualité d'étrangers ; leur mine sérieuse ; leur mystére m'a donné envie de les écouter ; & heureusement j'ai oüi ce que je m'en vais dire à vôtre excellence.

AGOSTINO.

On m'a déja donné quelques avis sur ces deux étrangers, & on me les a dépeints comme des gens capables de remuer bien des choses. Poursuivez.

DOMINICO.

Il se passoit entr'eux divers discours tendant à former une grande liaison, quand tout d'un coup ils ont baissé le ton de la voix.

AGOSTINO.

N'avez-vous point eu la curiosité de vous informer de leurs noms ?

DOMINICO.

Je ne les ai point quittés de vûë qu'ils ne soient

soient entrés dans leur maison, & m'étant informé autant que j'ai pu, de la qualité de ces personnages, j'ai su qu'il y a un chevalier Anglois, nommé Sir Politick, par sa capacité en politique; & un François, dont on n'a su me dire le nom, grand faiseur de projets pour les affaires d'argent.

AGOSTINO.

Voilà mes deux hommes. Le premier consommé dans la politique, n'est-ce pas ?

DOMINICO.

Le même.

AGOSTINO.

Je sai quels ils sont, & de quoi ils sont capables. Qu'avez-vous ouï ?

DOMINICO.

Tout d'un coup Sir Politick a baissé le ton de la voix; mais le bon génie de la république a rendu sa précaution inutile, & rien n'a empêché que je n'aye entendu distinctement ce qu'il disoit. *Les législateurs ont manqué lourdement à l'intérêt de la république, quand ils n'ont fait qu'un seul Doge. Le Doge est une espece de consul. Les Romains en avoient deux; moi j'en voudrois quatre.*

AGOSTINO.

De quel déréglement n'est point capable l'esprit

l'esprit de l'homme, puis qu'on ose trouver des défauts dans la constitution de nôtre gouvernement ! Mais, dites-moi, n'avez-vous rien oüi, qui vous fasse soupçonner quelque conspiration ?

DOMINICO.

J'ai bien connu par leurs discours que ce sont des gens tout propres à conspirer...... Dans la verité, je n'ai rien entendu par où l'on puisse voir une conspiration formée.

AGOSTINO.

On m'a dit plus que cela. Songez un peu, & rappellez dans vôtre esprit ce que vous pourrez de leur conversation.

DOMINICO.

Ils ont parlé de grands capitaines.

AGOSTINO.

Mes avis portent qu'ils ont intelligence avec certains généraux. Vous souvient-ils point du nom de ces capitaines ?

DOMINICO.

Charles-Quint, Philippe II. le duc d'Albe, le duc de Parme.

AGOSTING.

Ce sont noms empruntés, qui sont leur chifre.

DOMINICO.

Cela pourroit bien être.

AGOSTINO.

Dites hardiment que cela est : il n'y a pas à douter.

DOMINICO.

Il est vrai qu'ensuite de ces capitaines, ils ont discouru long-tems de troupes, de gens de pied, de gens de cheval, de canons, de mousquets, de piques, de pistolets : ce qui n'avoit point de rapport à Philippe II. car il me paroissoit qu'ils parloient de choses présentes ; ajoûtant une particularité qui me surprit fort : » Que pour devenir grand capitaine, on » n'avoit pas besoin d'aller à l'armée ; que la » guerre se conduisoit mieux du cabinet ; & » que la spéculation militaire faisoit tout.

AGOSTINO.

Ils ont raison. Je voi bien que ce sont gens profonds dans l'algebre. Avec l'algebre on fait tout : ils ont raison. Je n'étois pas mal averti, & vous aviez oublié justement ce qu'il y a de plus important. C'en est assez pour ce qui regarde la guerre. N'avez-vous point découvert quelque intelligence dans les cours étrangeres ?

DOMINICO.

Vous en jugerez vous-même par leur conversation,

versation, que sur ce point je pense avoir fort bien retenuë. *J'ai un projet, dit* Sir Politick, *qui est bien d'un autre spéculation : il regarde les affaires étrangeres.*

AGOSTINO.

C'est-là qu'il falloit bien écouter.

DOMINICO.

Je puis assurer vôtre excellence que je n'en ai pas perdu un mot. *J'ai trouvé un moyen*, poursuivit Sir Politick, *de faire tenir des nouvelles de Venise à Constantinople en deux jours, & d'en recevoir en deux autres.*

AGOSTINO.

Malheur à la chrétienté, & particulierement à la république.

DOMINICO.

Il a parlé de certains relais de pigeons établis chez des correspondans en Istrie & en Dalmatie, dans la Bossine, &c.

AGOSTINO.

Cela est extraordinaire : mais il n'est pas impossible ; & j'ai oüi parler autrefois de quelque chose d'approchant. Ce seroit un coup d'état de savoir leurs correspondans : n'en ont-ils nommé aucun ?

DO-

Vôtre excellence peut bien juger qu'ils n'avoient garde d'en nommer. Je n'ai rien entendu de plus, excepté qu'il se vantoit d'avoir de merveilleux secrets pour la guerre. Voilà tout.

AGOSTINO.

L'aiffaire est plus importante encore que vous ne pensez. Je vais en informer le sénat, & je n'oublierai pas de faire valoir le service que vous rendez. La république vous est obligée : elle n'en sera pas ingrate. DOMINICO *sort*.

AGOSTINO *seul*.

Cet homme est bien intentionné : mais si je ne m'étois aidé de quelque industrie, j'en aurois tiré fort peu de lumiere. Je lui ai fait accroire que j'avois déja eu les mêmes avis ; ce qui l'a rendu plus docile à répondre à mes questions. Sans cela, il m'alloit débiter des choses mal disposées, & qu'assurément il n'avoit pas bien entendues. C'est ainsi que je suis parvenu à la connoissance de la verité. Je voi nettement où l'affaire va : ces gens sont gagnés du Turc, qui se prépare à une grande guerre contre nous : il a choisi déja ses capitaines, que Sir Politick nous cache sous de faux noms : il a fait ses troupes, tant de pied, que de cheval, & tiré de ses magazins toutes les armes, & les machines nécessaires pour son dessein.

deſſein. La guerre ſe fera par les avis de ces mêmes gens, qui la conduiront du cabinet avec beaucoup de prévoyance & de ſecret. C'eſt ainſi qu'ils prétendent faire de ſi grandes choſes, ſans être à l'armée. Voilà, ſi je ne me trompe, l'explication de tous leurs diſcours. Au reſte, il ne faut pas s'endormir dans une choſe qui regarde le ſalut de l'état. Je vais employer tous mes ſoins, pour en avoir l'éclairciſſement entier; & ſi la bonne conduite peut aſſurer du ſuccès, j'oſe eſperer de garantir la république d'un ſi grand danger.

SCENE III.

DOMINICO, AGOSTINO.

DOMINICO.

JE reviens trouver vôtre excellence, pour lui dire, que ces deux étrangers, dont je lui ai parlé, vont à la rencontre l'un de l'autre. Il ſera facile de les écouter.

AGOSTINO.

Menez-moi où ils ſont, & trouvons quelque endroit commode, où nous puiſſions nous cacher.

DO.

Les voici tout proche de nous, mettons-nous ici derriere.

SCENE IV.

Mr. DE RICHE-SOURCE, SIR POLITICK : AGOSTINO, & DOMINICO, *qui les écoutent.*

Mr. DE RICHE-SOURCE.

Monsieur, jamais homme n'a porté la politique au point où vous l'avez mise. La spéculation militaire, & les secrets pour la guerre, seroient des choses inconnuës sans vous : mais, Monsieur, à quoi bon vôtre politique, toute excellente qu'elle est, si vous n'avez de l'argent pour en faire mouvoir les ressorts, & exécuter les projets ? Que vous servira la spéculation militaire, & comment pouvoir conduire une armée du cabinet, si vous n'avez de l'argent pour composer cette armée, & la faire subsister ? Vos secrets pour la guerre demeurent inutiles faute d'argent : car, comme vous le savez, l'argent est le nerf de la guerre.

SIR POLITICK.

Monsieur, si les états où je me trouve, veulent

lent m'employer, c'est à eux de faire la dépense qu'il conviendra. S'ils ne la font pas, il y va plus de leur interêt que du mien.

Mr. DE RICHE-SOURCE.

Je l'avoüe, & il n'y a rien de si certain : mais outre le service du public, qui touche les gens de bien, un homme d'honneur est bien aise de voir ses talens mis en usage. Or, Monsieur, faites les plus belles propositions du monde, si elles doivent coûter de l'argent, on vous traite de chimerique, ou d'imposteur.

SIR POLITICK.

Vôtre discours est solide, & j'en suis persuadé : mais je vous dirai librement ce que dit nôtre Plutarque de Cheronée :

Onc ne furent à tous toutes graces données.

Tous les dons sont départis diversement. Comme je vous ai fait voir avec confiance ceux que je puis avoir, je vous confesserai avec franchise, que je n'ai pas grand mérite pour les affaires d'argent.

Mr. DE RICHE-SOURCE.

Et moi, Monsieur, (vous ne me soupçonnerez pas de vanité,) je suis peut-être en cela le plus extraordinaire homme qu'ait produit ma nation. Je ne borne pas ma science à un métier

métier méchanique d'augmenter les revenus, de retrancher des dépenses superfluës, de mettre un ordre exact en toutes choses, de bien regler les affaires du Prince, & celles de la nation en même tems ; j'ai un projet qui va au bien général de tous les peuples.

SIR POLITICK.

Vous me donnez l'idée d'une grande affaire ; & si vous la conduisez avec une bonne politique, il en réussira quelque chose de merveilleux : je dis merveilleux pour les hommes du commun ; car rien ne surprend les génies extraordinaires.

Mr. DE RICHE-SOURCE.

Le projet est grand ; mais un homme comme vous le concevra aisément. Je l'ai découvert quelquefois à des esprits médiocres, qui ne le pouvoient comprendre.

SIR POLITICK.

C'est le malheur des grands personnages. Leurs conceptions passent la portée presque de tout le monde. Achevez.

Mr. DE RICHE-SOURCE.

Il y a des endroits où la politique me sera besoin ; & là vos talens seront employez. Ecoutez, je vous prie ; car il faut quelque explication de mon côté, & de l'attention du vôtre.

SIR POLITICK.

Je suis tout préparé ; & j'espere que je ne perdrai rien de vôtre discours.

Mr. DE RICHE-SOURCE.

Mon dessein est d'établir la circulation ; tout mon projet aboutit à cela ; & voici ce que c'est. Vous connoissez le prix de l'or, communicable entre les hommes, qui doit couler par des canaux libres, &, suivant un mouvement qui ne soit jamais interrompu, maintenir son cours, jusqu'à ce qu'il ait accompli sa circulation. Je n'aurai pas de peine à vous persuader qu'il enrichira tous les pays par où il passe ; qu'il n'y a rien d'ingrat, rien de sterile chez les nations où l'on en connoît l'usage. L'affaire est que cet or si necessaire au monde, n'a plus son passage libre. Ma circulation est empêchée ; trouvons le moyen de déboucher les canaux, & je verrai bientôt la fin de mon ouvrage. C'est en ceci, Monsieur, que j'ai besoin de vôtre politique.

SIR POLITICK.

Vous pouvez croire qu'elle ne vous manquera pas : faites-en état comme d'un secours assuré.

Mr. DE RICHE-SOURCE.

Les Princes de l'orient, le Grand-Seigneur, le Roi de Perse, le Mogol, sont ceux qui par un interêt particulier, préjudiciable au bien général ont bouché les canaux dont je vous parle. Mais il faut reprendre la chose de plus loin.

SIR POLITICK.

J'appellerois ceci la science de la circulation, & la doctrine des canaux.

Mr. DE RICHE-SOURCE.

Je l'ai prise sur la considération du corps humain; & à vous dire le vrai, la circulation du sang nouvellement découverte m'a beaucoup servi à former l'idée de mon projet.

SIR POLITICK.

Reprenez vôtre matiere.

Mr. DE RICHE-SOURCE.

Autrefois les Orientaux trafiquoient avec nous par échange de denrées, & souvent nous tirions d'eux des choses rares & précieuses pour des bagatelles. Détrompés à la fin, ils ont pris plus d'avantage sur nous que nous n'en avions sur eux; car ils ont établi le trafic de l'or: & comme leurs marchandises sont inépuisables, & nôtre luxe infini, il arrive que le fond de nôtre métail ne l'étant pas, c'est une nécessité que tout l'or de l'Occident passe en Orient, & que l'Asie soit maîtresse un jour de toutes les richesses du monde.

SIR POLITICK.

Elle l'étoit autrefois sous Darius : mais Alexandre sut vanger la pauvreté de l'Europe ; & nôtre fer ; c'est-à-dire, la guerre, pourra nous en faire raison.

Mr. DE RICHE-SOURCE.

Je vous ai fait voir clairement en quel état sont les choses ; c'est à vous maintenant de déboucher nos canaux. Si cela se fait par négociation, voilà un beau champ ouvert à vôtre politique. Si les traités ne servent de rien, alors vous pourrez mettre en usage la spéculation militaire, & employer quelqu'un de vos secrets pour la guerre. Celui des batailles, à mon avis, suffira, ces peuples-là commettant tout au hazard d'une journée.

SIR POLITICK.

L'affaire n'est pas aisée : elle est grande de mon côté, & plus que du vôtre : je l'entreprens néanmoins, & j'espere d'en venir à bout. Voulez-vous que je rende l'Europe maîtresse de l'Asie ?

Mr. DE RICHE-SOURCE.

Vous en ferez ce qu'il vous plaira.

SIR POLITICK.

Hé bien donc ! je ferai mon plan sur l'expédition d'Alexandre. Les romains n'ont été qu'aux bords de l'Asie. Quand ils ont voulu aller plus avant, ils n'ont eu que de la mauvaise fortune, & j'en sai les raisons. Je veux d'abord, voyez-vous, je veux........ Mais si nous nous contentions de lever les obstacles de la circulation?

Mr. DE RICHE-SOURCE.

Je pense que ce seroit le mieux.

SIR POLITICK.

En ce cas, il faut unir quelques cités principales. Faisons un triumvirat de Paris, de Londres, & de Venise.

Mr. DE RICHE-SOURCE.

Avec qui pourrions-nous traiter cela?

SIR POLITICK.

Il doit se traiter avec le maire de Londres, avec le prevôt des marchands de Paris, & avec les procurateurs de St. Marc.

Mr. DE RICHE-SOURCE.

J'admire comme sur le champ, & si à propos, vous savez trouver les veritables gens avec qui vous avez à négotier.

Mr. DE RICHE-SOURCE.

Un politique, j'entens un politique consommé, doit avoir la connoissance de tous les états, & savoir les differens ministres ausquels

quels il faut s'adresser. Mais un si grand dessein que le nôtre ne souffre pas une longue digression. Voilà donc mon triumvirat établi. Aussi-tôt je dépêche une ambassade solemnelle, qui représente à ces Rois que la circulation est du droit des gens; que vouloir l'empêcher, c'est interesser les nations, & aller contre la liberté naturelle de tous les peuples.

Mr. DE RICHE-SOURCE.

Apparemment ils vous donneront satisfaction.

SIR POLITICK.

Ou ils me la donnent, ou ils ne me la donnent pas. S'ils me font justice, je me remets dans le plein & libre exercice de la circulation. S'ils reçoivent mes ambassadeurs avec l'orgueil des Princes de l'Orient, & que mesdits ambassadeurs reviennent sans rien faire, alors Paris, Londres, & Venise joignent leurs forces, & ces trois puissances unies envoyent une armée navale brûler tous les vaisseaux de l'Orient, pour réduire ces peuples injustes à la raison. J'ai fait ce qui étoit de moi : vos canaux sont débouchés ; c'est à vous de faire le reste.

Mr. DE RICHE-SOURCE.

Les canaux étant ouverts, mon or à l'instant reprend son cours, & repassant d'Orient en Occident, ma circulation se fait sans empêchement pour le bien de l'univers. Voyez comment la chose ira. Tout l'argent qui va de Marseille dans les coffres du Grand-Seigneur, passera dans ceux du Roi de Perse ; de la Perse dans ceux du Mogol, où ne s'arrêtant plus comme il avoit accoutumé, il repassera en Europe par le moyen des Anglois & des Hollandois qui trafiquent aux Indes : d'Angleterre & de Hollande il retournera en France, où après une petite circulation particuliere, il reviendra à Marseille, d'où il est parti, par le moyen du canal qui joint les deux Mers. Chaque nation a ses canaux ; & il suffit de savoir que les obstacles étant levés, l'or & l'argent auront un tour & un rétour éternel.

SIR POLITICK.

Je n'ôte jamais l'honneur à personne, & j'avouë sans envie que le projet est grand & beau : mais sans moi vos canaux seroient encore à déboucher ; & partant ce grand ouvrage de la circulation seroit demeuré long-tems une belle idée.

Mr. DE RICHE-SOURCE.

Je vous ai déclaré d'abord que j'aurois besoin de vous ; & il est certain que nous nous sommes necessaires l'un à l'autre.

SIR POLITICK.

De cela j'en demeure d'accord volontiers;

& si nous allons tous deux de bon pied, nous sommes les maîtres de nôtre affaire.

Mr. DE RICHE-SOURCE.

On ne sauroit commencer trop tôt. Voulez-vous que j'écrive au prevôt des marchands de Paris ?

SIR POLITICK.

Nous avons à faire ici à des gens soupçonneux & jaloux, qu'il faut ménager délicatement. Laissez-moi un peu sonder les procurateurs de St. Marc. Pour le maire de Londres, j'en répons.

Mr. DE RICHE-SOURCE.

Et moi, du prevôt des marchands de Paris.

SIR POLITICK.

Voilà une partie de ce que nous pouvons souhaiter. Gardons seulement le secret.

Mr. DE RICHE-SOURCE.

Permettez que je vous accompagne à vôtre logis.

SIR POLITICK.

Les gens qui ont d'aussi grandes affaires que nous dans la tête, ne doivent pas s'amuser aux cérémonies. Trouvez-vous, s'il vous plaît, à mon logis sur le soir.

SCENE V.

AGOSTINO, & DOMINICO, *qui les écoutoient.*

AGOSTINO.

JE rends graces au bon génie de la république, de m'avoir conduit ici à propos. J'ai entendu tout ce que je pouvois desirer. Je ne vous demande plus qu'une chose : En quel quartier de la ville est leur maison ?

DOMINICO.

Tout proche d'ici. C'est celle que vous voyez au bout de la ruë, un peu plus petite que les autres.

Fin du second Acte.

ACTE III.

SCENE PREMIERE.

L'ALLEMAND, LE MARQUIS.

L'ALLEMAND.

Vous avez dit tantôt bien des paroles oisives avec le cousin du duc de Buckingham : n'étoit-ce pas assez de le saluer : Si vous vouliez faire plus de connoissance, il falloit boire les uns avec les autres. C'est ainsi qu'on fait des amitiés, & non pas dans les places publiques à babiller. Sans vous, j'aurois vu plus de quatre Eglises, & plus de vingt tombeaux avec les épitaphes.

LE MARQUIS.

Vous m'en contez bien ; & n'aimai-je pas mieux avoir eu commerce avec un honnête-homme, que d'avoir vu tout l'arsenal de Venise : je dis l'arsenal ; car si je puis avoir quelque curiosité, c'est pour les choses qui regardent la guerre. A vous voir, vous autres Messieurs les Allemands, graves & sérieux comme vous êtes, on vous prendroit

pour

pour des Catons ; & vous êtes cent fois plus fous que nous, ou Dieu me damne. Venir de deux cens lieuës charger un registre d'inscriptions & d'épitaphes ! belle curiosité ! Je ne vous en ai rien dit ; mais il y a long-tems que vous m'importunez avec vos horloges. Je me moque, Messieurs, de vos petits chefs-d'œuvre, & tiens même au dessous d'un galant-homme toutes les raretés d'Italie. Il m'importe bien de savoir l'original, la copie, l'antique, le moderne, & cent autres fadaises de cette nature-là ? Serai-je mieux à la cour, quand je saurai quel est le plus grand maître de Michaël, ou d'Angelo, de Raphaël, ou d'Urbin ? Si je revenois à Paris avec une science de pareilles couyonneries, Dieu n'ait jamais pitié de moi, si les dames ne me chassoient des ruelles, & les courtisans des cabinets. C'est un pays délicat que le nôtre : on n'y sauroit être savant en quoi que ce soit, sans passer pour un pédant ; je dis parmi les honnêtes-gens.

L'ALLEMAND.

Je vous dirai, moi, que vous êtes plus entêté de vos cabinets, que je ne le suis de mes horloges. Ce n'est pas que je prenne en mauvaise part la correction, pour ce qui me regarde en particulier : mais pour les Allemands,

rands, mort non sang-Dieu (1), taisez-vous, & ne parlez pas de ma nation.

LE MARQUIS.

Et moi, je vous abandonne la mienne. Parlez des François tant qu'il vous plaira, pourvu que vous me teniez honnête-homme, & vôtre serviteur.

L'ALLEMAND.

J'en croirai ce que je voudrai : mais ne pensez pas être de mes amis, quand vous médirez de mon pays. Dire que les Allemands sont des fous, qui viennent de deux cens lieuës charger un regiftre d'inscription & d'épitaphes ! S'il ne me souvenoit d'avoir bu avec vous.....

LE MARQUIS.

Touchez-là : nous boirons encore ensemble ; & je vous prie de croire que si vôtre maniere de voyager ne me plaît pas, j'ai du moins en vénération la gloire des armes, qui est commune à nos deux nations. La conduite que vous tenez dans vos voyages me déplaît, je l'avouë ; aussi ne faites-vous pas grand cas de la mienne. Remettons nôtre different au jugement de quelque personne spirituelle. La femme de Sir Politick, femme de grand esprit,

---

(1) Serment ordinaire du Maréchal de Rantzau, qui étoit Allemand.

prit, comme vous savez, l'on voulez-vous croire ?

L'ALLEMAND.

Je ne demande pas mieux.

LE MARQUIS.

La voilà, ce me semble.

L'ALLEMAND.

C'est elle sans point douter.

SCENE II.

LE MARQUIS, LA FEMME DE SIR POLITICK, L'ALLEMAND.

LE MARQUIS.

Madame, vos deux bons amis ont failli à se broüiller. La colere est passée présentement ; mais le sujet de la dispute ne l'est pas : nous allons vous l'exposer, & décidez, je vous prie ; car nous sommes convenus l'un & l'autre d'acquiescer à vôtre jugement.

LA FEMME DE SIR POLITICK.

Sans doute qu'un bon ange a conduit ici mes pas, pour finir le different qu'un démon, auteur de la discorde, a fait naître. Mon zele, Messieurs, pourra suppléer au défaut de la prudence ; car pour le métier de bien juger,

c'est

DE SAINT-EVREMOND.

c'est une chose fort difficile. Il faut qu'un bon juge possede necessairement la jurisprudence. En second lieu, il faut...... il faut enfin bien des choses. C'est un métier très-difficile que de bien juger!

LE MARQUIS.

Tout un parlement ensemble ne sait pas ce que vous demandez à un juge seul ; & puis il n'y va ni du bien, ni de la vie.

LA FEMME DE SIR POLITICK.

Ah ! Monsieur, il y va de plus que vous ne pensez : il y va de la concorde & de l'amitié, deux choses bien précieuses. Mais puis que vous avez honoré vôtre humble servante de ce choix, elle n'oubliera rien pour vous rendre une sentence équitable.

LE MARQUIS.

La question est de savoir quelle est la meilleure maniere de voyager, de celle de Monsieur, ou de la mienne ?

LA FEMME DE SIR POLITICK.

Question fort épineuse ! où la connoissance de la géographie me servira bien.

LE MARQUIS.

Ecoutez, s'il vous plaît, il ne faut qu'un peu de sens commun pour nôtre affaire ; & la femme de Sir Politick sait toutes choses.

LA

LA FEMME DE SIR POLITICK.

Nous avons un peu voyagé ; peut-être savons-nous mieux que beaucoup d'autres, le devoir d'un voyageur. Il faut premierement savoir les loix & les coutumes des pays où l'on passe : je l'entens toûjours dire à Sir Politick.

LE MARQUIS.

Laissons cela à Sir Politick : nous sommes de simples voyageurs, qui ne voulons pas nous embarrasser l'esprit de choses fort difficiles.

LA FEMME DE SIR POLITICK.

Difficiles ! Si vous aviez trois conversations avec Sir Politick, il oseroit bien se vanter de vous apprendre plus d'affaires d'état en ce peu de tems, que n'en sait le plus vieux sénateur de la république.

LE MARQUIS.

Pour moi, je ne veux d'affaires d'état, ni à Venise, ni à Paris, quand j'y serai de retour. Je me verrois bien étonné parmi des sacs, & dans les papiers jusqu'aux oreilles, sans plumes, sans rubans, n'osant faire galanterie, ni me trouver à une belle action.

L'ALLEMAND.

Si vous vous amusez à l'écouter, nous perdrons

drons le reste de la journée. Voulez-vous m'entendre.

LA FEMME DE SIR POLITICK.

Je vous donne une oreille, & garde l'autre pour Monsieur.

L'ALLEMAND.

C'est une coutume générale en Allemagne que de voyager : nous voyageons de pere en fils, sans qu'aucune affaire nous en empêche jamais. Si-tôt que nous avons appris la langue latine, nous nous préparons au voyage. La premiere chose dont on se fournit, c'est d'un ITINERAIRE, qui enseigne les voyes. La seconde, d'un petit livre, qui apprend ce qu'il y a de curieux en chaque païs. Lors que nos voyageurs sont gens de lettres, ils se munissent en partant de chez eux d'un livre blanc, bien relié, qu'on nomme ALBUM AMICORUM, & ne manquent pas d'aller visiter les savans de tous les lieux où ils passent, & de le leur présenter, afin qu'ils y mettent leur nom : ce qu'ils font ordinairement en y joignant quelques propos sentencieux, & quelque témoignage de bienveillance en toutes sortes de langues. Il n'y a rien que nous ne fassions pour nous procurer cet honneur, estimant que c'est une chose autant curieuse qu'instructive, d'avoir connu de vûe ces gens doctes, qui font tant de bruit dans le monde, & d'avoir un spécimen de leur écriture.

LA FEMME DE SIR POLITICK.

Est-ce là tout l'usage que vous faites de cet ingénieux livre ?

L'ALLEMAND.

Il nous est aussi d'un très-grand secours dans nos débauches : car lors que toutes les santés ordinaires ont été bûës, on prend l'Album Amicorum, & faisant la revûë de ces grands hommes, qui ont eu la bonté d'y mettre leurs noms, on boit leur santé copieusement. Nous avons aussi un journal, où nous écrivons nos remarques, à l'instant même que nous les faisons. Rarement nous attendons jusqu'au soir ; mais jamais voyageur Allemand ne s'est couché, sans avoir mis sur le papier ce qu'il a vu durant la journée. Il n'y a point de montagne renommée qu'il ne nous soit necessaire de voir. Qu'il y ait de la neige ou non ; il n'importe ; il faut aller au haut, s'il est possible. Pour les rivieres, nous en devons savoir la source, la largeur, la longueur du cours, combien elles ont de ponts, de passages, & particulierement où elles se déchargent dans la mer. S'il reste quelque chose de l'antiquité, un morceau d'un ouvrage des Romains, la ruine d'un amphithéatre, le débris d'un temple, quelques

arches

arches d'un pont, de simples pilliers ; il faut tout voir. Je n'aurois pas fait d'ici à demain, si je voulois vous compter tout ce que nous remarquons en chaque ville. Il n'y a point d'édifice, point de monument......

LE MARQUIS.

Qu'appellez-vous édifice & monument ?

L'ALLEMAND.

Ce sont les ouvrages publics.

LE MARQUIS.

Y comprenez-vous les églises ?

L'ALLEMAND.

Les églises, les abbayes, les convents. Il y a bien d'autres choses ; les places publiques, les hôtels-de-ville, les acqueducs, les citadelles, les arsenaux.

LE MARQUIS.

Eh ! dites moi, Monsieur, quel tems avez-vous pour dîner, vous autres qui aimez les longs repas ?

L'ALLEMAND.

Dans nos voyages, nous ne dînons point. La nuit est faite pour la débauche : mais dîner ou non, il n'y a point de belle maison, de beau bois, de belles fontaines, de beaux jardins, que nous ne soyons obligés de voir.

Beau devoir, à ma fantaisie ! belle obligation !

L'ALLEMAND.

La plus belle que sauroit avoir un voyageur. Je ne dis rien des tombeaux, & des épitaphes : on sait bien que c'est par-là qu'il faut commencer. Je n'oublierai pas les clochers & leurs carillons, ni les horloges, qui font passer les douze apôtres avant que de sonner ; non plus que le paradis terrestre, & l'arche de Noé, où tous les animaux se remuënt comme par magie. Mais c'est en Allemagne qu'il faut venir voir ces chefs-d'œuvres-là ; & je n'avois que faire d'en sortir pour de pareilles inventions. Il ne sera pas hors de propos de vous apprendre certaines coutumes que les voyageurs observent sans manquer. Par exemple, nous sommes fort curieux des maisons royales, & pourtant nous ne les voyons jamais quand les Rois y sont. Dans mon voyage de France, je vis le Louvre l'été, quand le Roi étoit à Fontainebleau, & Fontainebleau l'hiver, quand la cour fut revenuë à Paris.

LE MARQUIS.

Voilà une coutume fort bizarre, ce me semble : les maisons des Rois ne paroissent jamais si belles, que lors que la cour y est.

L'AL-

L'ALLEMAND.

Chaque chose a sa raison ; & celle-ci est très-considerable. Nous ne sortons pas de nôtre pays pour faire la cour. Si un Allemand vouloit être courtisan, il le seroit de son souverain, ou de ses magistrats. Nous cherchons chez les étrangers les raretés que nous n'avons pas chez nous ; & vous jugez bien qu'il seroit impossible de les considerer dans les maisons royales parmi les gardes du Prince.

LA FEMME DE SIR POLITICK.

Cette raison est profonde. Les Allemands n'ont pas le brillant des François ; mais ils sont judicieux & solides. Monsieur, avez-vous vû l'Angleterre ?

L'ALLEMAND.

J'y ai demeuré long-tems.

LA FEMME DE SIR POLITICK.

Et qui y avez-vous connu-là ?

L'ALLEMAND.

Personne. Ce n'est pas nôtre coûtume de connoître les gens du pays où nous sommes, hors un maître, qui nous apprend la langue par les regles de la grammaire ; & en voici la raison. Les naturels méprisent les voyageurs. Tout au contraire les étrangers se cherchent,

&

& font amitié enfemble ; car ils ont un même interêt, & il y a plaifir d'être avec des gens qui peuvent parler des pays les uns des autres. Ainfi nous voyons les François en Angleterre, les Anglois en France, les Flamands en Italie, & les Italiens à Bruxelles, ou ailleurs.

LA FEMME DE SIR POLITICK.

Mais, Monfieur, au moins, vous avez bien vu les raretés de nôtre Royaume ?

L'ALLEMAND.

Je les ai toutes vûës, & elles font fort belles à voir. Vous avez les tombeaux de Weftminfter, & fur tout l'épitaphe de Talbot (1), le portrait de Henri VIII. à White-hall avec la proceffion entrant dans Boulogne. Vous avez les lions de la tour, & le combat des ours & des taureaux contre les dogues, qui font pieces fort curieufes.

LA FEMME DE SIR POLITICK.

Ce font des chofes de très-grande curiofité : vous pouviez héanmoins y ajoûter beaucoup d'autres merveilles.

L'AL-

---

(1) Jean Talbot premier Comte de Shrewsbury, la terreur des François. Il fut emporté d'un coup de Canon devant Châtillon près de Bourdeaux, en 1453.

L'ALLEMAND.

J'estime fort le combat des coqs, la course des hommes, celle des chevaux, les harangues des pendus, & la cérémonie de Mylord Maire. Je ne dois pas oublier les enseignes des cabarets, & autres, dont j'ai cent fois admiré la magnificence. Il y a pourtant une chose que je n'approuve pas : c'est la coutume que vous avez en Angleterre de n'y point mettre d'inscriptions, comme on fait à Paris & ailleurs : *AU LION NOIR, A L'OURS*, &c. au grand détriment de nos compatriotes amateurs de vôtre langue, qui en considerant les enseignes, pourroient apprendre plusieurs mots necessaires.

LA FEMME DE SIR POLITICK.

Cet inconvenient est certainement fâcheux, & je ne doute point que le Parlement n'y remediât, si vous vouliez bien le petitionner.

L'ALLEMAND.

Il y a encore bien des choses curieuses en Angleterre ; les rochers que le diable a assemblés en pleine campagne, les fossés faits par le diable pareillement à New-Market. Oxford & Cambrige sont pleins de raretés. J'ai remarqué sur tout à Oxford la lanterne du déloyal Gui Faux, qui devoit mettre le feu aux poudres, & qu'on garde soigneusement.

On

On peut voir encore les Eglises de Cantorbery & de Salisbury.

LA FEMME DE SIR POLITICK.

Je suis pleinement satisfaite. Il ne se peut rien désirer de plus. C'est un beau métier que celui d'un voyageur, quand on le fait comme vous. Il est vrai qu'il est pénible.

L'ALLEMAND.

Nul bien sans peine. Ce n'est pourtant pas là nôtre plus grand travail. Les choses qui arrivent extraordinairement, & où nous sommes obligés de nous trouver, sont les plus rudes. Par exemple, je suis à Turin, je suis à Genes, je suis prêt d'entrer à Rome ; si j'entens parler de l'élection de l'Empereur, du sacre du Roi de France, du couronnement d'un Roi d'Angleterre, d'un mariage, d'un traité de paix, d'une entrée ; il faut prendre la poste où l'on se trouve, & arriver à tems pour voir la cérémonie.

LA FEMME DE SIR POLITICK.

Vous m'apprenez-là de grands mystères. De toutes les manieres de voyager, il n'y en a point de si admirable, après celle de Sir Politick, qui travaille à réformer le gouvernement des pays par où il passe.

LE MARQUIS.

Suspendez vôtre jugement, Madame, &
vous

vous souvenez que vous m'avez promis une oreille : peut-être changerez-vous de sentiment.

LA FEMME DE SIR POLITICK.

Dites vos raisons.

LE MARQUIS.

Les voici, mes raisons. Je ne sai si vous aurez la bonté de les écouter : j'ai vu que les honnêtes-gens se donnoient la peine de m'entendre.

L'ALLEMAND.

A quoi bon tant de babil ?

LE MARQUIS.

Je ne fais pas le métier de voyageur ; mais il me prend quelquefois envie de l'être, dans l'inutilité de la paix, dans l'absence d'une maîtresse, dans une disgrace qui arrive à la cour pour une belle action. La curiosité de voir des marbres, des tombeaux, des statuës, ne fut jamais le sujet de mes voyages. On cherche à connoître les cours étrangeres, pour voir si on y peut faire quelque chose ; on cherche à pratiquer les honnêtes-gens, & les Dames. Vous êtes Angloise, Madame ; & vous, Monsieur, vous avez vu l'Angleterre ?

Je l'ai vûë.

LE MARQUIS.

Posons le cas que j'y veüille demeurer quelque tems ; voici la maniere que j'y tiendrois.

LA FEMME DE SIR POLITICK.

Vous avez choisi l'Angleterre avantageusement pour nous, qui la connoissons. C'est proceder avec franchise.

LE MARQUIS.

Je vais d'abord chez nôtre ambassadeur, que je connois, s'il est homme de cour ; & aussi-tôt mille amitiés. *Comment avez-vous pu vous résoudre à quitter la cour ? il faut bien qu'une affaire d'importance vous amene ici ?* & cent autres choses que sait dire un galant-homme à son ami. Vous pouvez croire que je ne demeure pas en arriere de complimens : & après mille civilités, je lui dis quelque chose de mes avantures ; ni trop, ni trop peu. Remarquez : car il me souvient toûjours qu'il est ambassadeur, & qu'il faut ménager mon secret avec lui.

LA FEMME DE SIR POLITICK.

Quand vous auriez étudié sous Sir Politick, vous n'en sauriez guere davantage.

LE MARQUIS.

La cour n'est pas une mauvaise école : on y apprend quelque chose. Si l'ambassadeur est un vieux politique, qu'on ait vû rarement chez le Roy, je lui apporte des lettres de recommandation de ses amis ; & à peine les a-t'il lûës, que j'en reçois beaucoup de civilité. Après l'avoir assuré de mon très-humble service, je répons à diverses questions qu'il me fait, assurément bien : puis quittant les affaires générales, je lui dis des particularités de ses connoissances, ajoûtant adroitement quelque chose de la satisfaction qu'ont les ministres de son ambassade. Enfin, je n'oublie rien pour m'insinuer dans ses bonnes graces, & m'acquerir une grande liberté dans sa maison. La table d'un ambassadeur est bonne ; c'est une retraite, s'il vous arrive une affaire, un combat, l'enlevement d'une fille de qualité qu'on aime, ou quelque autre action d'honneur. Cela fait, je cherche un anglois, qui me présente au Roi.

LA FEMME DE SIR POLITICK.

N'y auroit-il pas plus de convenance de vous faire présenter par vôtre ambassadeur ?

LE MARQUIS.

Qui en doute, s'il est homme de cour ? Il diroit galamment au Roi : *SIRE, voici Monsieur le Marquis de Bousignac, qui sera bien* connu de *VOTRE MAJESTÉ* par sa réputation, s'il n'a l'honneur de l'être par sa personne ; & le Roi répondroit : Je ne suis pas si peu informé des affaires des pays étrangers, que je ne sache la qualité & le mérite du Marquis de Bonsignac.

LA FEMME DE SIR POLITICK.

Mais si vôtre ministre est seulement homme d'état ?

LE MARQUIS.

Quoi ? de ces formalités ! qui croyent toûjours représenter le Roi leur maître : je ne m'accommode pas de ces gens-là. Vous creveriez plûtôt que de leur arracher le mot de *MARQUIS*, à moins qu'ils ne soient assurés du Marquisat.

LA FEMME DE SIR POLITICK.

Vous n'avez donc point de Marquisat ?

LE MARQUIS.

Vous venez de l'autre monde. Apprenez que les Marquisats ne sont bons que pour les vieux seigneurs de Province, qu'on ne voit pas dans les cabinets. Pour nous autres Marquis de cour, (BEAU PRIVILEGE DE LA NOBLESSE FRANÇOISE !) nous faisons nous-mêmes nôtre qualité, sans avoir besoin du Roi pour cela, comme en ont vos Anglois pour être *MYLORDS*. Mais pour éviter tout embarras avec les ambassadeurs, j'ai recours à l'industrie, & voici mes machines. Je regarde l'ordinaire le plus proche de White-Hal, qui soit bon, & où viennent les plus honnêtes-gens : j'y vais dîner trois ou quatre fois, pour en rencontrer quelques-uns, & lier avec eux un peu d'amitié.

L'ALLEMAND.

Comment un étranger liera-t'il avec eux ce peu d'amitié aux ordinaires ? On dîne, on paye, & on s'en va.

LE MARQUIS.

Il y a mille choses à faire, que vous n'entendez pas.

L'ALLEMAND.

Je voudrois bien les savoir, ces choses.

LE MARQUIS.

Je boi durant le repas à leur santé, sans oublier la civilité angloise, après avoir bu. Si on parle de la bonté des viandes, je tranche tout net pour le bœuf d'Angleterre contre celui de Paris, les viandes rôties au beurre me semblent meilleures que les lardées, je me creve de Poudin, contre mon cœur, pour gagner celui des autres ; & s'il est question de fumer au sortir de table, je suis le premier à faire apporter les pipes. A la fin, on se sépare. Les uns cherchent à joüer ; les autres vont à White-Hall :

Hall: je suis les derniers, & quand le Roi passe, je m'approche le plus que je puis de sa personne. Ecoutez ma maniere, Madame, elle est assurément fort noble. Si-tôt que sa Majesté parle à quelqu'un, je me mets de la conversation : cela n'a-t'il point d'effet ? j'éleve le ton de la voix. Tout le monde me regarde. J'entens qu'on se demande à l'oreille : *Qui est ce François-là ? Le Marquis de Bousignac*, dis-je assez haut pour être entendu. Ce beau procedé les étonne ; & je me rens maître genereusement de la conversation.

LA FEMME DE SIR POLITICK.

On a bien raison de dire que la noblesse françoise a quelque chose que celle des autres pays n'a pas.

LE MARQUIS.

Le même soir je vais chez la Reine, où j'en fais autant. On ne parle pas la langue ; mais on fait une réverence de certain air, qui attire les yeux des belles : & sans vanité, on a je ne sai quoi de galant, qui ne leur déplaît pas. Familier en moins de rien avec tous les grands Seigneurs : *Mylord, Mylord, Mylord-Duc*. Je ne sai que dire après ; mais il n'importe : la familiarité s'établit toûjours. Je rens visite à toutes les Dames qui parlent françois, & dis en passant quelque méchant mot anglois aux autres. La Mylédy soûrit pour le moins : &

quelquefois il se fait de petites conversations, où l'on ne s'entend point, fort agréables. Voilà, Monsieur, ce qu'il nous faut de l'Angleterre pour nos courtisans, & pour nos Dames : non pas des tombeaux de Westminster ; non pas Oxford & Cambrige. Cela est-il bien pensé, Madame ? décidez présentement en faveur des merveilles que Monsieur vous a fait entendre.

LA FEMME DE SIR POLITICK.

Certes, je suis confuse de ces differentes merveilles, & mon esprit embarrassé ne sait où se prendre pour former le jugement que vous attendez. Quand je songe à cette curiosité infinie, qui ne néglige pas la moindre chose de toute une nation, je suis prête à décider en faveur de l'Allemand. Si je pense au gentil François, l'Alcibiade de nos jours, je suspens mon jugement, & dis en moi-même : O ! la chose arduë, que de bien juger ! D'autre part, c'est une pensée judicieuse à l'Allemand de ne point voir les naturels du pays où il se trouve, pour en éviter le mépris ; & il n'y a rien de si sage que de remettre à les pratiquer en d'autres lieux, où le nom commun d'étrangers fait leur amitié. Mais qui n'admirera la civilité du François à l'ordinaire proche de White-Hall ; sur tout, quand il se creve de Poudin contre son cœur, pour gagner celui des autres. Cette pensée des ordinaires me sur-

prend,

prend, & je ne fai comment elle a pu tomber dans l'efprit d'un étranger. Celá eft d'un homme confommé dans les affaires de nôtre pays : c'eft ce que Sir Politick entendoit admirablement, & là où il faifoit fes plus beaux projets.

LE MARQUIS.

On a des vûës comme un autre, & on penfe quelquefois ce que penfent les gens d'efprit : non pas que je veüille me comparer à Sir Politick. Je n'ay pas cette vanité-là !

LA FEMME DE SIR POLITICK.

Affurément mon mari a quelque chofe d'extraordinaire ; je le puis dire fans vous offenfer : mais finiffons la digreffion, & reprenons nôtre fujet. Voir le Louvre en été, quand le Roi eft à Fontainebleau, & Fontainebleau en hiver, quand la cour eft revenuë à Paris, c'eft une prudence Allemande, qui ne peut venir que d'un très-grand fens ; car l'Allemand cherche la maifon du Roi, & non pas le Roi dans la maifon. Le François, au contraire, cherche les Rois, & ne fe foucie pas de leurs maifons. Or après avoir employé tous les moyens que l'efprit humain peut fournir, il a recours à cette hardieffe Françoife, qui le fait parler au Roi, fans que le Roi lui parle, & qui *le rend maître genereufement de la converfation*, au grand étonnement de nos Anglois. Plus je confidere la chofe, plus je fuis irréfoluë, & ne fai qui des deux je dois couronner. Bien dirai-je que dans la maniere Allemande, vous êtes, Monfieur, le premier homme de vôtre nation ; & que nul des François n'eft comparable à celui-ci dans la fienne.

LE MARQUIS.

Je fuis content, Madame, & les autres nations ne me donnent point de jaloufie.

L'ALLEMAND.

Je vous fuis trop obligé de vos loüanges.

LA FEMME DE SIR POLITICK.

J'ai fait feulement mon devoir.

SCENE III.

Me. DE RICHE-SOURCE, LA FEMME DE SIR POLITICK.

Me. DE RICHE-SOURCE.

TAndis que nos maris fongent au bien des états, il m'eft venu une chofe dans la penfée, où il n'y auroit pas moins de mérite qu'à ce qu'ils font, fi on en pouvoit venir à bout : mais en cela, Madame, j'aurois befoin de vôtre fecours.

LA FEMME DE SIR POLITICK.

Madame, sans savoir ce que vous voulez me communiquer, j'oserois affirmer que la pensée est considerable ; & si pour l'execution de quelque projet, vous avez besoin de mon assistance, vous en pouvez disposer entierement.

Me. DE RICHE-SOURCE.

Helas ! Madame, n'avez-vous point pitié de ces pauvres esclaves, que la jalousie des maris tient si cruellement enfermées ? Le cœur me saigne toutes les fois que je songe à la misere de leur condition.

LA FEMME DE SIR POLITICK.

Les esclaves de Tunis & d'Alger sont libres, si on compare leur captivité aux fers de ces miserables femmes ; & depuis que je réside à Venise, c'est la seule chose qui ait donné à mon ame des atteintes douloureuses.

Me. DE RICHE-SOURCE.

J'admire la cruauté de ces méchans hommes, qui tyrannisent de pauvres Dames sans aucun fruit : car j'ai assez bonne opinion de nôtre sexe, pour croire qu'elles ne laissent pas de faire l'amour, tant bien gardées qu'elles puissent être.

LA FEMME DE SIR POLITICK.

L'amour, comme dit à propos un ancien, a les clefs de toutes les portes: non pas que ce soit de veritables clefs. L'auteur mystérieux a voulu nous faire entendre sous un langage figuré, que l'esprit subtil des amoureux trouvoit l'invention d'entrer par tout.

Me. DE RICHE-SOURCE.

A ce compte, voir & joüir n'est qu'une même chose. Dieu me garde de blâmer la joüissance ; j'estime que c'est le vrai but de toutes sortes d'amitiés : mais c'est toûjours un grand malheur à des personnes bien nées de se passer du beau-procedé & de la belle-galanterie.

LA FEMME DE SIR POLITICK.

En ce point, Madame, mon opinion n'a pas de conformité avec la vôtre. A quoi bon toutes ces cérémonies amoureuses ? Je suis d'avis en fait d'amour, qu'on retranche les choses superfluës, & que sans s'amuser à l'inutilité des prémisses, on vienne solidement à la conclusion.

Me. DE RICHE-SOURCE.

Cependant, il est bien rude de n'avoir ni jeu, ni promenades, ni collations, ni assemblées : j'aimerois autant mourir pour moi, que de ne joüir pas de tous les divertissemens que peut donner un honnête-homme.

LA FEMME DE SIR POLITICK.

Frivoles amusemens de personnes oisives ! Je ne plaindrois pas, moi, celles qui pourroient employer solidement certaines heures sans danger : mais j'ai horreur des accidens déplorables que nous voyons arriver ici journellement ; & il n'y a rien que je n'entreprenne pour sauver des fureurs de la jalousie ces innocentes victimes.

Me. DE RICHE-SOURCE.

Madame, sans nous effrayer des difficultés que nous trouverons, n'y a-t'il point moyen de les mettre dans le commerce du beau monde ? Comme elles n'ont jamais rien vû, elles ont assurément un fort méchant air, & ce seroit un grand plaisir de leur pouvoir apprendre la belle maniere.

LA FEMME DE SIR POLITICK.

Tout beau, Madame ; changeons de discours : voilà Mylord Tancrede avec un homme qui me paroît être Venitien.

Me. DE RICHE-SOURCE.

Laissez-moi faire : je vais les engager dans une conversation où ils ne s'attendent pas, & qui nous éclaircira de bien des choses.

LA FEMME DE SIR POLITICK.

Mais prenez garde de vous découvrir.

Me.

Me. DE RICHE-SOURCE.

Ne vous en mettez pas en peine : je ferai la chose si délicatement qu'ils n'en auront pas le moindre soupçon.

SCENE IV.

TANCREDE, LA FEMME DE SIR POLITICK, ANTONIO, Me. DE RICHE-SOURCE.

TANCREDE.

Mes Dames, je vous amene un honnête-homme de mes amis, qui souhaite d'avoir l'honneur d'être connu de vous.

LA FEMME DE SIR POLITICK.

Nous sommes trop obligées à sa civile curiosité, & à sa civilité curieuse : bien fâchées de ne pouvoir répondre par mérite condigne à la courtoise envie qu'il a euë de nous voir.

ANTONIO.

Madame, la modestie sied bien aux personnes, dont les bonnes qualités sont aussi connuës que les vôtres.

Me. DE RICHE-SOURCE.

Je suis d'un pays où l'on parle avec franchise :

chife : j'ose dire que vous nous trouverez certain air, & des manieres qu'il ne faut pas chercher à vos Dames Venitiennes : mais où les auroient-elles prises, les pauvres femmes ? C'est le beau monde qui les donne, & elles ne voyent que des maris. Helas ! elles sont bien à plaindre !

ANTONIO.

Je vous assure, Madame, que j'en ai plus de compassion que vous : jusques-là que je n'ai pas voulu me marier, pour n'être pas obligé, selon la coutume du pays, à rendre une femme malheureuse.

Me. DE RICHE-SOURCE.

Paris est le paradis des femmes. Quand un honnête-homme se marie, il fait bien que sa femme ne peut pas vivre sans quelque petite inclination, & qu'autre chose est un époux, autre chose un galant. S'il y a un bal, un balet, quelque assemblée, où il faille paroître & se faire des amans, le mari va chercher par tout les pierreries, connoissant bien que ce n'est pas pour lui qu'on se pare : mais comme je viens de dire, il est honnête-homme. Dame aussi, les femmes vivent à peindre avec leurs maris. Elles les caressent, elles les flatent, elles les baisent, elles leur témoignent tant d'amitié; ce n'est que douceur d'un côté, & complaisance de l'autre. C'est un si bon ménage !

ANTONIO.

L'heureuse vie dont vous me parlez! Tous les maris joüissent-ils de ce bonheur-là?

Me. DE RICHE-SOURCE.

Quasi tous. Il en faut excepter quelques malheureux qui ont épousé des prudes.

ANTONIO.

Qu'appellez-vous des prudes?

Me. DE RICHE-SOURCE.

Ces femmes incommodes, fâcheuses, de méchante humeur.

ANTONIO.

Cela est trop général : je ne connois point encore les prudes.

Me. DE RICHE-SOURCE.

Des personnes sauvages, retirées, qu'on nomme fort ridiculement femmes de bien: des vertueuses de profession, que les honnêtes-gens n'abordent pas, & qu'on laisse dans les familles pour faire enrager les maris.

TANCREDE.

Ces accidens-là sont heureusement fort extraordinaires : car c'est une vraye damnation d'épouser de ces femmes qui croyent qu'on leur doit tout, parce qu'elles ne font point l'amour.

ANTONIO.

Voyez le méchant goût de nos sénateurs : ils n'estiment que ces femmes-là dans les maisons.

Me. DE RICHE-SOURCE.

Grand abus : c'est de-là que viennent tous les désordres de vos familles.

ANTONIO.

J'en demeure d'accord avec vous.

Me. DE RICHE-SOURCE, à la FEMME DE SIR POLITICK, *bas*.

Madame, je le tiens homme-d'honneur.

LA FEMME DE SIR POLITICK, *bas*.

Et moi pareillement.

Me. DE RICHE-SOURCE, *bas*.

J'en répons. *Haut.* Monsieur, je ne me suis jamais trompée en physionomie : je jurerois que vous êtes un homme sûr, un homme à qui on se peut fier de toutes choses.

ANTONIO.

Jusques ici on ne m'a pas reproché d'avoir trompé personne.

TANCREDE.

Il a plus d'honneur qu'homme du monde.

Me. DE RICHE-SOURCE.

Eh! bien; c'en est assez : nous vous recommandons le secret. Sachez que nous avons fait le dessein, Madame & moi, de soulager la pitoyable condition de vos pauvres Dames.

ANTONIO.

Voilà justement mon projet.

Me. DE RICHE-SOURCE.

Quel bonheur de nous rencontrer dans la même pensée ! Après cela, je ne désespererai jamais de ma bonne fortune.

TANCREDE.

Mais encore où aboutit ce projet ?

ANTONIO.

D'établir à Venise la douceur des bons ménages.

Me. DE RICHE-SOURCE.

Et pour y parvenir de mettre ces pauvres femmes dans le commerce du beau monde.

TANCREDE.

Voyons un peu par où il faut commencer.

Me. DE RICHE-SOURCE.

Je n'y voudrois pas tant de finesse : prions-les à un bal dès ce soir. Un impromptu réussit mieux quelquefois qu'une chose préméditée.

LA FEMME DE SIR POLITICK.

Il faut pourpenser les choses avec loisir & méditation : & puis, les Dames de Venise ne vont pas au bal chez les étrangers.

Me. DE RICHE-SOURCE.

Je l'ai pensé d'abord comme vous : mais j'ai cru que la consideration qu'on a pour Sir Politick en pouvoit ôter toute la difficulté.

TANCREDE.

Ne cherchez plus rien après cela : c'est la seule chose qu'il y avoit à trouver.

LA FEMME DE SIR POLITICK.

Il faut avoüer que la grande opinion qu'on a de mon mari, peut applanir bien des choses.

Me. DE RICHE-SOURCE.

Nous ne sommes plus en peine que de l'expédient qu'il faut prendre pour les faire prier.

TANCREDE.

Il faut s'en remettre à Monsieur : personne au monde n'y peut réussir si bien que lui.

ANTONIO.

Je m'en charge volontiers, & vous répons de vous en amener cinq ou six des principales.

LA FEMME DE SIR POLITICK.

Ce seroit un grand coup d'y pouvoir faire
venir

DE SAINT-EVREMOND.

venir la Dogeſſe : telle gravité que la ſienne autoriſeroit fort l'aſſemblée.

TANCREDE.

Il gouverne tout dans ſa maiſon.

ANTONIO.

C'eſt celle qui me donnera le moins de peine. Mais voulez-vous que cela ſe faſſe bientôt ?

TANCREDE.

Le plûtôt, eſt le mieux.

Me. DE RICHE-SOURCE.

Dès ce ſoir : pourquoi differer ?

LA FEMME DE SIR POLITICK.

Sans en parler à nos maris ?

Me. DE RICHE-SOURCE.

On ne les conſulte jamais ſur les affaires de cette nature-là. Trop d'honneur pour eux d'avoir ſi bonne compagnie.

LA FEMME DE SIR POLITICK.

Ce ſera donc pour ce ſoir, puis que Madame l'a réſolu.

Me. DE RICHE-SOURCE.

Songeons à diſpoſer toutes choſes pour le bal.

Fort bien : de mon côté je m'en vais difpofer les Dames à venir honorer vôtre fête.

SCENE V.

Mr. DE RICHE-SOURCE, LA FEMME DE SIR POLITICK, TANCREDE, LE MARQUIS, L'ALLEMAND.

Mr. DE RICHE-SOURCE.

Allons, Madame, travaillons un peu à nôtre affaire : ces Meffieurs auront la bonté de nous y aider.

LE MARQUIS.

Nous ferions peu civils aux Dames de leur refufer nos fervices dans une chofe galante comme celle-ci.

TANCREDE.

Commandez feulement, vos ordres feront executés.

L'ALLEMAND.

Je fuis prêt à tout.

Me. DE RICHE-SOURCE.

Voici de quelle maniere il faut difpofer les fiéges : Un grand fauteüil pour la Dogeffe fur une eftrade ; des chaifes à dos pour les femmes de fenateurs ; puis des fiéges plians pour les étrangers & pour nous, comme on a coutume de les ranger.

LA FEMME DE SIR POLITICK.

Madame, il faut excufer une françoife, qui ne connoît que les ufages de fon pays : j'ofe vous dire néanmoins que vôtre ordonnance n'a pas la gravité requife pour un telle occafion.

Me. DE RICHE-SOURCE.

Madame, en toute autre chofe je vous cederai volontiers ; mais je puis vous dire que depuis l'âge de huit ans que j'étois la petite Suzon, il ne s'eft fait bal, ni affemblée à la ville, où je n'aye été. J'en ai vu même au Louvre affez fouvent ; car mon mari étoit comme de la cour, par les amis que nous y avions. J'en ai vu chez Madame la Comteffe, chez Madame la Princeffe de Conti, où j'ai fort bien obfervé comme les chofes devoient aller ; & il n'y a point d'année que je n'aye donné moi-même quelques fêtes fort jolies, qui valoient bien les grandes affemblées.

Quand on parle des choses qu'on a vûës, & de celles qu'on a faites, on mérite d'être écouté.

LA FEMME DE SIR POLITICK.

Achevez, Madame, ce que vous avez à représenter.

Me. DE RICHE-SOURCE.

Le dernier carnaval (nous avions le cœur bien en joye) je donnai les violons aux Dames de ma cotterie, d'une maniere aussi galante que chose qui se fût passée de tout l'hiver. Je commençai par un souper-collation, qui étoit un ambigu, où il n'y avoit pas l'abondance des cadeaux ; mais tout y étoit excellent : des viandes prises si à propos, qu'un quart-d'heure plutôt elles eussent été un peu dures, un quart-d'heure plus tard, elles auroient commencé à se passer. On n'en trouve point de même ailleurs ; & mon mari & moi les avions fait apprêter devant nous. La sale étoit éclairée comme en plein jour, pas un siége qui passât l'autre, & la place pour danser à ravir. Des suisses à la porte, qui ne laissoient entrer que les gens priés ; l'élite de la cour & de la ville, avec la parenté, cela s'entend, & les amis particuliers de la maison. Au milieu du bal, je me dérobai finement,

ment, pour me déguiser, & faire une mascarade entre nous, rien que de la famille. Nous la dansâmes sans que personne nous reconnut, & si-tôt que je fus deshabillée, je pris une place froidement, comme si de rien n'eût été. Chacun se tuoit à deviner, sans en approcher de mille lieuës: c'est le plus grand plaisir d'une mascarade; & je vous avouë que ç'a été le plus heureux soir de toute ma vie.

LA FEMME DE SIR POLITICK.

Madame, pour ce qui se fait à vôtre cour, je n'en parle pas: mais sachez qu'un bal de république demande un peu plus de mesure; & quand vous songerez qu'une Dogesse & des femmes de sénateurs seront tantôt ici, vous changerez, à ce que j'estime vôtˈ ordonnance.

Mr. DE RICHE-SOURCE.

Dites vôtre sentiment.

LA FEMME DE SIR POLITICK.

Mon sentiment est qu'on place la Dogesse & les sénatrices en telle sorte, qu'elles représentent un petit senat: la Dogesse comme dans un trône, & les sénatrices aux deux côtés sur des bancs. Ce leur sera une chose agréable de tenir la place de leurs Maris, & courtoise à nous de leur faire avoir cet honneur-là.

L'AL-

Je suis de l'opinion de Madame ; mais je voudrois qu'il y eût au trône de petites figures en bosse fort bien taillées, & de beaux feüillages au dos des bancs.

TANCREDE.

Que peut-on dire contre la proposition de Madame ? Y a-t'il rien de mieux pensé ?

LE MARQUIS.

Qui doute que pour le sérieux elle n'ait plus de sens que toutes les femmes ensemble ? La pensée est judicieuse, je l'avouë ; mais je ne me dédis pas : nôtre maniere françoise est plus galante ; & il est fort suffisant à Madame la république de ne prendre pas les modes de Paris, quand tout le monde court après. Je ne suis, morbieu, point homme de république : d'un pays où il n'y a point de cour, ne m'en parlez pas.

Me. DE RICHE-SOURCE.

Je sai fort bien que tout ce qu'a dit Madame seroit ridicule à Paris ; & personne ne m'apprendra rien en fait de bal & d'assemblée : mais s'il faut observer de telles cérémonies dans une république, Dame, je m'en rapporte ; elle connoît cela mieux que moi.

LA FEMME DE SIR POLITICK.

Dans la suite de la fréquentation, vous pourrez leur inspirer vos galantises : pour la premiere fois, il faut de la gravité.

Me. DE RICHE-SOURCE.

Je sai me rendre à la raison, ne me plût-elle pas. Allons, Madame, disposer toutes choses comme vous le jugez à propos.

SCENE VI.

TANCREDE, ANTONIO.

TANCREDE.

Nous avons donné bien des affaires à nos folles : elles ont été je ne sai combien de tems à disputer sur la maniere dont il faut recevoir la Dogesse ; quelle place, quels siéges il faut avoir ; & à la fin elles sont convenuës d'un appareil le plus ridicule du monde.

ANTONIO.

Je me suis bien douté que nôtre conversation auroit produit quelque chose de fort extravagant.

TANCREDE.

Mais, dites-moi, que ferons-nous de ceci, & comment finir la comédie ?

J'irai leur faire les excuses de la Dogesse, sur quelque indisposition imaginaire.

TANCREDE.

Cela ne me contente pas.

ANTONIO.

Que voudriez vous davantage ?

TANCREDE.

Je voudrois que vous leur menassiez une entremetteuse, & quelques filles, qui représentassent la Dogesse, & des femmes de sénateurs.

ANTONIO.

Vous m'inspirez-là une pensée fort plaisante, & fort aisée à executer ; car je viens de laisser à cent pas d'ici justement la compagnie qu'il nous faut. Allez préparer toutes choses pour nous recevoir, & laissez-moi le soin du reste.

SCENE VII.

ANTONIO, LE SENATEUR PAMFILINO.

ANTONIO.

JE suis fort en peine de ce que pensera vôtre excellence d'un dessein de divertissement que nous avons fait le Mylord & moi ; ce Mylord qui a eu l'honneur de vous voir, & que vous estimez assez.

PAMFILINO.

Quand vous m'aurez dit quel est ce divertissement, je vous dirai ce qui m'en semblera. Parlez.

ANTONIO.

Ayez donc la patience de m'écouter, s'il vous plaît. Il y a ici deux étrangeres assez accommodées, à ce qu'il me paroît, mais assurément les plus ridicules personnes que j'aie jamais vûës. La premiere est une angloise, grave, composée, fausse en discours, en politique, en prudence sottement mystérieuse. L'autre est une petite françoise, d'un esprit tout opposé. Elle n'aime que le beau monde, ne parle que du bel air, de la belle maniere, se croit délicate, galante, polie ; & veritablement elle est plus bourgeoise que ne sont les femmes de marchands les plus grossières.

PAMFILINO.

Que voulez-vous faire de ces deux femmes ? Il est tems de les mettre à quelque usage, achevez.

ANTONIO.

C'étoit une necessité de vous en faire la peinture. Ces deux femmes, plus ridicules encore que je ne vous les dépeins, se sont mis dans la tête de tirer les Dames venitiennes de la déplorable captivité où l'on les retient, & de leur inspirer les coutumes, l'air, la maniere, le procedé des femmes les plus galantes.

PAMFILINO.

Je ne voudrois pas jurer que cela n'arrivât quelque jour ; mais j'espere que le dessein de vos Dames ne réussira pas aujourd'hui.

ANTONIO.

Ce n'est rien encore. Apprenez jusqu'où va leur extravagance. La petite françoise veut donner le bal ce soir à vos femmes, & l'angloise voudroit que la Dogesse y fût, disant gravement que telle gravité autoriseroit son assemblée. Le Mylord, pour s'en divertir, a juré que j'avois tout pouvoir dans leurs maisons, & qu'il n'y avoit rien de si facile pour moi que de les amener. J'y ai consenti ; & me voilà

voilà chargé de faire venir la Dogesse, & cinq ou six femmes de senatours chez nos deux folles.

PAMFILINO.

Comment vous acquitterez-vous de cette commission-là ?

ANTONIO.

Le Mylord voudroit que je leur menasse.... Oserois-je dire le mot devant vôtre excellence ?

PAMFILINO.

Dites hardiment.

ANTONIO.

Une entremetteuse & des filles, pour représenter la compagnie qu'elles demandent ; mais......

PAMFILINO.

Mais que rien ne vous en empêche : cela se peut faire avec des étrangers. Il me souvient qu'étant à Paris fort jeune, on me faisoit essuyer souvent de ces tours-là : on me produisoit des princesses, qui se trouvoient des filles de la même nature que celles-ci. Ne quittez pas une entreprise si heureusement commencée ; je prens la chose sur moi.

Avec un si bon garant que vôtre excellence, nous travaillerons sans scrupule à nous donner ce divertissement-là.

Fin du troisième Acte.

ACTE IV.

SCENE PREMIERE.

Toutes choses sont préparées pour le bal.

SIR POLITICK, Mr. DE RICHE-SOURCE, LA FEMME DE SIR POLITICK, Me. DE RICHE-SOURCE, TANCREDE, LE MARQUIS, L'ALLEMAND, UN VALET DU SIGNOR ANTONIO.

SIR POLITICK.

MA femme, que voi-je ? Le Senat doit-il se tenir ceans aujourd'hui ?

LA FEMME DE SIR POLITICK.

Monsieur, vous verrez quelque chose d'assez extraordinaire, dont vous ne serez pas fâché.

Me. DE RICHE-SOURCE à Sir POLITICK.

Vous parlez mieux que vous ne pensez. Oui, le Senat doit se tenir ceans aujourd'hui. Remerciez vos femmes, Messieurs, remerciez-les de l'honneur que vous allez recevoir.

Mais encore, quel peut être cet honneur-là?

Me. DE RICHE-SOURCE.

On ne gagne jamais rien à être curieux. Tu fais que je ne m'informe pas de tes actions, ne t'informe pas des miennes. C'est le moyen d'être toujours bien ensemble.

SIR POLITICK.

Dans les familles, comme dans les états, il importe à celui qui gouverne de savoir tout ce qui s'y passe.

Me. DE RICHE-SOURCE.

Oh bien! il faut donc vous en instruire. Apprenez que la Dogesse va venir à un bal que nous lui donnons.

SIR POLITICK.

La chose en soi nous est grandement honorable: mais je veux en savoir le projet, & par quels instrumens elle s'est faite.

Me. DE RICHE-SOURCE.

Par une rencontre admirable. Le Seigneur Antonio nous est venu voir avec le Mylord; & après plusieurs discours sur la captivité des Dames de Venise, enfin nous sommes demeurés d'accord qu'elles ne laissoient pas d'aller au bal, & que même il ne seroit pas difficile de les obliger à venir ceans. Là-dessus le Seigneur Antonio s'est fait fort d'y amener la Dogesse, & quelques nobles venitiennes avec elle.

TANCREDE.

Il gouverne tout dans leurs maisons.

SIR POLITICK.

C'est la premiere affaire de hazard qui soit jamais entrée dans la mienne : je n'aime pas les présens de la fortune, & je ne sai comment je recevrois un royaume, qui me viendroit sans projet & sans politique.

TANCREDE.

Permettez-moi de vous dire que jamais affaire ne fut moins de hazard que celle-ci ; & n'en déplaise à vos Dames, la part qu'elles y ont est fort médiocre. Sans la haute opinion qu'on a de vôtre gravité & de vôtre sagesse, nous ne verrions ceans ni Dogesse, ni femmes de senateurs. C'est l'effet de vos projets & de vôtre grande politique, exercée depuis si long-tems.

SIR POLITICK.

La chose avoit besoin d'être expliquée. Oui, vous me faites comprendre facilement que nous ne devons rien au hazard : on fait plus d'estime de moi que je ne vaus, je le confesse ; mais rendons honneur pour honneur,

&

& songeons à bien recevoir une si auguste compagnie. Je n'ai pas oublié nos rangs d'angleterre, & n'ignore pas ce que doit un *CHEVALIER* à un *LORD* : néanmoins, comme nous sommes à Venise, & que la fête se fait dans ma maison, vous ne trouverez pas mauvais que je porte la parole.

TANCREDE.

J'honore trop vôtre vertu, pour manquer jamais à vous rendre ce qu'on vous doit ici, & ailleurs ; outre que personne n'est capable de s'aquitter de cet emploi-là si bien que vous.

LE MARQUIS.

Monsieur Politick, saluë-t'on la Dogesse?

SIR POLITICK.

Oui vraiment, on saluë la Dogesse, avec des inclinations profondes, & des révérences bien basses.

LE MARQUIS.

Je demande si on baise ?

SIR POLITICK.

Baiser à Venise! baiser une Dogesse! Ma femme, vôtre gentil François demande si on baise la Dogesse ?

LE MARQUIS.

Je ne sai pour qui on me prend : vous diriez qu'on

qu'on n'a jamais baisé des femmes de qualité. J'ai baisé deux Duchesses en ma vie, qui le portoient bien haut, sur ma parole; & des Maréchales de France, quantité.

Un valet DU SIGNOR ANTONIO.

Le Seigneur Antonio m'a envoyé ici pour vous dire que la Dogesse va venir. Elle est en chemin à l'heure que je vous parle.

SIR POLITICK.

Allons, Messieurs, allons la recevoir avec l'ordre & la dignité qu'il convient garder en telle cérémonie. Comme je dois porter la parole, on trouvera bon que je marche le premier : les deux femmes suivront, pour faire les honneurs du logis : Madame fera, s'il lui plaît, un compliment à la françoise : Mylord & le mari de Madame suivront après, & ces deux Messieurs ensuite.

LE MARQUIS.

Je ne suis point un trouble-fête; je veux ce qu'on veut : mais je voi bien ce que je voi. On nous traite, vous d'Allemand, & moi de misérable. Aller derriere un bourgeois à la cérémonie, sont les graces qu'on nous fait ceans. Ce n'étoit pourtant pas la même chose à Paris; car, sans vanité, ces petites gens de ville ne mettoient pas le pied au Louvre, que j'étois dans les cabinets. Pour le Mylord, je
luy

lui cede ; non pas en qualité de Mylord, fût-il Duc ; un Marquis françois, brave, & bien vêtu ne cede à personne : mais après les obligations que j'ai au Duc de Buckingham, je ne disputerai rien à ceux qui lui appartiennent.

SIR POLITICK.

Nous avons fait ces rangs ici sans consequence, pour le présent : ne troublez pas, je vous prie, un personnage qui va faire une grande action à la tête de cette compagnie.

Mr. DE RICHE-SOURCE.

Prenez-vous garde à un impertinent ?

LE MARQUIS.

Bourgeois, remerciez le lieu où nous sommes : sans le respect de la Dogesse, qu'il faut recevoir, & la considération de ces Messieurs, je vous apprendrois à parler.

Me. DE RICHE-SOURCE.

Allez, petit suivant ; c'est bien à vous de faire comparaison avec mon mari.

TANCREDE.

Eh ! Messieurs, voilà la Dogesse : remettez vos querelles à une autre fois, & laissez parler Sir Politick.

SIR POLITICK.

Le primordium m'a donné bien de la peine; le reste ne m'a rien coûté.

TANCREDE.

Silence, Messieurs, silence.

SCENE II.

L'ENTREMETTEUSE *prise pour* DOGESSE, LES DEMOISELLES *se disant* FEMMES DE SENATEURS, ANTONIO, SIR POLITICK, LA FEMME DE SIR POLITICK, TANCREDE, LE MARQUIS, L'ALLEMAND, Mr. DE RICHE-SOURCE, Me. DE RICHE-SOURCE.

SIR POLITICK, *haranguant* LA DOGESSE.

SI la bonne réception se mesuroit par la grandeur, & la décoration des bâtimens, par les lambris dorés, & les riches tapisseries, VÔTRE SERENITE', Madame, & vous, très-excellentes SENATRICES, seriez aujourd'hui mal reçûës dans la petite & simple maison de cettui vôtre plus qu'humble serviteur : mais si vous cherchez à loger dans les cœurs, plutôt que dans les palais, vous trouverez les nôtres enrichis de zele, garnis de fidelité, remplis d'affection, revêtus de services & de devoirs pour la république en général ; pour VÔTRE SERENITE', &

VOS EXCELLENCES en particulier. Ne croyez pas, s'il vous plaît, en voyant ce peu que nous sommes, recevoir seulement l'offre de vos vœux : figurez-vous de voir ici les députés des plus belliqueuses nations, qui viennent vous en rendre leurs hommages. Mylord, ma femme, & moi, mettons à vos pieds l'Angleterre, l'Ecosse & l'Irlande : ces deux Messieurs & Madame vous offrent la France, grand & puissant Royaume, s'il en fut jamais ; & Monsieur, qui réunit en soi mille interêts differens, vous presente les vastes provinces de la Germanie. Voilà, trés-Serene Dogesse, & très-excellentes Senatrices, tout ce que je puis dire en public : mais VÔTRE SERENITE' me permettra de confier à son oreille quelque chose de particulier, dont ces Messieurs & ces Dames ne seront pas scandalisés, s'il leur plaît. *Bas.* Je vous dirai en confidence, Madame, que nous allons établir, Dieu aidant, la circulation : projet merveilleux, qui par des canaux, inconnus au reste des hommes, fera venir une abondance de richesses dans cet état.

LA DOGESSE.

La réplique vous est fort obligée ; je dis fort ; & le Doge mon mari, mon mari le Doge, vous en remerciera en son particulier, comme nous faisons au nôtre. *Bas.* Quant à ce que vous m'avez dit à l'oreille, vous m'o-
bligerez

bligerez de mettre à part quelque chose pour moi, quand vous ferez venir tant de biens dans cet état.

SIR POLITICK, *à part.*

Voici de la corruption jusques dans la maison du Doge ! Cela n'arriveroit pas, s'il y en avoit quatre, comme j'ai dit : ils s'observeroient les uns les autres. *A LA DOGESSE.* Cette réitération des obligations que nous veut bien avoir la république, nous assure d'une double reconnoissance, dont l'une nous regarde, comme personnes publiques, & députés de ces grandes nations, l'autre comme des particuliers affectionnés à son service.

LE MARQUIS.

J'admire cet homme ; il torne toutes choses comme il lui plaît.

SIR POLITICK.

Pour la répétition de Doge, qui ne voit, Madame, qu'elle marque deux fois vôtre dignité, pour nous faire comprendre doublement l'auguste honneur de vôtre présence.

LE MARQUIS.

Autre version excellente, qui vaut la premiere, pour le moins.

SIR POLITICK, à part.

Puis qu'elle est interessée, il faut la gagner politiquement par l'interêt. *A LA DOGESSE.* Un mot à l'oreille de vôtre Serenité. Nous aurons soin de vôtre maison : ce n'est rien dérober au public ; car vôtre rang a besoin d'être soutenu. Il se fera pour vous une petite circulation particuliere ; je n'en dis pas davantage.

LA DOGESSE, *bas.*

Vous avez raison, Monsieur Politick, nous sommes obligés à beaucoup de dépense.

LE MARQUIS.

J'enrage, morbieu, quand il parle bas ; je voudrois ne pas perdre un mot de tout ce qu'il dit.

Me. DE RICHE-SOURCE à LA DOGESSE.

Vous aurez la bonté, Madame, d'excuser des personnes mal préparées à vous recevoir : car enfin........c'est qu'après tout........ effectivement, nous ne nous attendions pas à cet honneur-là. Pour ces jeunes Dames, elles auront un peu moins d'excuses : j'espere de leur faire voir quelques manieres assez galantes, qui ne leur déplairont pas.

LA DOGESSE.

Point d'excuses entre amies ; nous venons vous voir sans façon.

LE MARQUIS.

Voilà, Madame, ce qu'a dit Sir Politik dans sa harangue : Vôtre Serenité veut le loger dans les cûrs.

LA FEMME DE SIR POLITICK
à son mari.

Monsieur, voici le Signor Antonio, à qui vous avez l'obligation de tant d'honneur.

SIR POLITICK au SIGNOR ANTONIO.

Le respect que j'ai pour la présence serene, ne me permet pas de vous témoigner assez combien je sai connoître & reconnoître la grande faveur que ce m'est.

ANTONIO.

L'envie que j'avois de meriter quelque part dans l'honneur de vôtre amitié, m'a fait entreprendre une chose assez extraordinaire : mais je me tiens assez heureux si j'ai réussi.

LA FEMME DE SIR POLITICK à LA DOGESSE.

Madame, je crains que vôtre SERENITÉ ne soit amusée ici trop long-tems. Ne vous plaît-il pas d'aller à la sale où se doit faire le bal.

SCENE III.

TANCREDE, LE MARQUIS.

TANCREDE.

Laiſſons-les aller prendre leurs places, & demeurons ici un moment. Avez-vous jamais ouï ſi bien parler ?

LE MARQUIS.

De ma vie. J'ai ouï mille ſermons ; & de ſi hauts, qu'il faloit être bien ſavant pour les entendre : j'ai ouï des ouraiſons funébres ammirables ; je dis ammirables : mais, à la damnation de mon ame, je n'ai jamais rien entendu de ſi relevé.

TANCREDE.

Il y a beaucoup de choſes relevées, & j'y en ai trouvé auſſi de fort agréables.

LE MARQUIS.

J'ai remarqué un joli trait. La maiſon de Sir Politick n'eſt pas grande, ni bien meublée : il a donné le change à la Dogeſſe adroitement, la faiſant loger dans nos cûrs, plutôt que dans un Palais. Là-deſſus il fait merveille : il enrichit nos cûrs de zele, les garnit de fidelité,

lité, les orne, les pare, & fait tant enfin, qu'elle se trouve ammirablement logée. C'est un tour d'adresse, Mylord, & j'avouë qu'il m'a plû extrémement.

TANCREDE.

Je m'assure que peu de gens y ont pris garde.

LE MARQUIS.

J'avois une inclination merveilleuse pour les Sciences, mais je n'ai osé lire que des romans & des comédies à la Cour, de peur qu'on ne me prît pour un pédant. Avec cela, le naturel demeure toûjours; & quand j'entens de belles choses, je les connois aussi-tôt.

TANCREDE.

Qu'avez-vous trouvé de tous ces états, que nous avons mis aux pieds de la Dogesse ?

LE MARQUIS.

Ah ! rien de plus grand, de plus magnifique, & trop ; il m'en reste un scrupule, qui m'inquiete, je le confesse.

TANCREDE.

Quelle inquietude en pouvez-vous avoir ?

LE MARQUIS.

Qu'on ne l'écrive à la cour, Mylord.

Qui diable s'en donneroit la peine?

LE MARQUIS.

Ce ne feront pas des gens confidérables: mais il y a de petits écriveurs dans les pays étrangers, qui ont des correfpondances ofcures, par où ils font tout favoir au cardinal de Richelieu. Ce Miniftre fait tout.

TANCREDE.

Et quand il fauroit ceci, que pourroit-il vous en arriver?

LE MARQUIS.

Que pourroit-il m'en arriver! Eh! rien; rien qu'une difgrace! Privation de cabinet, exil de cour: je dis tout au moins. Comment? faire ici le député de la France, qui offre le Royaume de fon chef. Cela ne vaut pas la peine d'en parler.

TANCREDE.

Ce font de fimples civilités.

LE MARQUIS.

Des civilités! d'offrir un état?

TANCREDE.

Sir Politick a fait la même chofe de l'Angleterre.

LE MARQUIS.

Peut-être en a-t'il la commission. Un vieux politique comme lui ne fait rien mal-à-propos. Sur ma parole, il sais bien par où en sortir.

TANCREDE.

Il est vrai que cet homme-là ne s'engage à rien legerement.

LE MARQUIS.

J'en suis sûr : mais il a tort d'embarquer les autres : c'est avoir bien peu de considération pour ses amis.

TANCREDE.

L'affaire est faite : il faut empêcher qu'elle ne produise de méchans effets en France.

LE MARQUIS.

Il n'y a plus de remede, que celui de garder le secret.

TANCREDE.

Je vous promets de n'en ouvrir pas la bouche.

LE MARQUIS.

Insinuez, je vous prie, la même discrétion aux autres: sans rien dire de mon appréhension toutefois. Vous savez, mon Maître, comment il faut servir ses amis.

Laissez-m'en le soin : je vais faire un interêt commun du secret ; & j'ose vous assurer qu'on n'en parlera point.

SCENE IV.

On leve un rideau, & on voit la sale du Bal, où l'Entremetteuse se disant Dogesse, est dans le Trône, & les Demoiselles, qu'on prend pour les nobles Venitiennes, sur des bancs.

L'ENTREMETTEUSE *prise pour* DOGESSE, LES DEMOISELLES *se disant* FEMMES DE SENATEURS, SIR POLITICK, LA FEMME DE SIR POLITICK, ANTONIO, TANCREDE, LE MARQUIS, L'ALLEMAND, Mr. DE RICHE-SOURCE, Me. DE RICHE-SOURCE.

LA DOGESSE, *bas.*

ME voici comme une vraye DOGESSE; quarrons-nous dans ce trône, & faisons un peu de NÔTRE SERENITÉ. *Haut.* Mes filles........ *Bas.* J'oubliois déja..... *Haut.* Senatrices, tenez bien la place de vos maris.

DE SAINT-EVREMOND.

Une des prétenduës FEMMES DE SENATEURS.

Nous saurons fort bien tenir rang.

LA FEMME DE SIR POLITICK à ME. DE RICHE-SOURCE.

Hé bien, Madame, êtes-vous convaincuë? Vos fauteüils & vos chaises à dos auroient-elles fait le même effet ? Ces pauvres Dames sont si transportées de joye, qu'elles ne sauroient se contenir.

ME. DE RICHE-SOURCE.

Il faut excuser une étrangere : mais avoüez que je me suis renduë de bonne heure à vos raisons.

SIR POLITICK à LA DOGESSE.

Madame, VÔTRE SERENITE' voudroit-elle entendre un air harmonieux avant de commencer la danse?

LA DOGESSE.

Un peu de mélodie : j'aime la mélodie.

SIR POLITICK.

Musique, une piéce harmonieuse.

On joüe une Piéce ridiculement grave.

Ceci est profond, & grandement cromatique. Il suffit. Signor Antonio, sachez de SA SERENITE',

Serenité, si elle voudroit me faire l'honneur de danser une pavane avec le très-humble & très-dévoué serviteur de la république.

ANTONIO.

Je vais le savoir. A LA DOGESSE, bas. Il faut danser une pavane avec Sir Politick.

LA DOGESSE, bas.

Je ne la sai pas.

ANTONIO, bas.

Il n'importe.

LA DOGESSE, bas.

Comment ferai-je ?

ANTONIO, bas.

Comme lui : regardez ce qu'il fera, & faites de même.

SIR POLITICK.

Madame, je prens la liberté de danser une pavane avec VÔTRE SERENITÉ; d'autant plus hardiment, que cette danse grave me semble convenir à la dignité de DOGESSE.

LA DOGESSE.

Vous avez raison, Monsieur Politick : me voilà prête, dansons quand il vous plaira.

SIR POLITICK.

J'ai lu beaucoup de traités de la danse, & j'ai trouvé dans tous qu'il appartenoit à l'homme de mener la femme : mais avec vous, Madame, ce privilege honorable n'a point de lieu. C'est à VÔTRE SERENITE' de mener, & à moi de me laisser conduire.

LA DOGESSE.

Signor Antonio, Monsieur Politick veut que je prenne la place de l'homme : cela est extrémement civil ; que me conseillez-vous ?

ANTONIO.

Je vous conseille, Madame, de laisser toutes choses dans l'ordre accoutumé : VÔTRE SERENITE' n'est pas venuë ici pour ôter aucun avantage à Sir Politick.

Sir Politick mene : elle danse la pavane ridiculement, faisant tout ce que fait Sir Politick, qui danse aussi ridiculement qu'elle, avec sa gravité ordinaire.

SIR POLITICK, *après avoir dansé.*

Cette danse est politique extrêmement, & convenable à l'occasion présente. Si j'étois à un bal où il y eût un général d'armée, je danserois la Pyrrhique, danse militaire.

TANCREDE au MARQUIS.

Le rafinement de respect étoit ingénieux à Sir Politick, de vouloir se laisser mener par la Dogesse.

LE MARQUIS.

Cet homme trouve ce que les autres ne trouvent point. Cela ne s'est pourtant jamais fait à danse du monde, & il n'y a point d'homme de cour à qui la tête ne torne dans ces républiques, à voir ce qu'on y voit. J'en ferai de bons countes aux Créquis & aux Bassompierres à mon retour.

TANCREDE.

Tandis que vous êtes ici, il faut s'accommoder aux manieres du pays.

LE MARQUIS.

Je le voi de reste : mais retournons à la danse. Signor Antonio, Madame la Dogesse ne veut-elle pas qu'on danse les branles ? C'est proprement ce qui fait un bal.

ANTONIO.

Que voulez-vous dire par vos branles ?

LE MARQUIS.

Vous ne sayez ce que c'est ?

ANTONIO.

Non.

LE MARQUIS.

Vous êtes le seul gentilhomme de l'Europe qui ne sache pas son branle simple, le gai, le poitou, & le montivande.

ANTONIO.

Aussi peu les uns que les autres.

LE MARQUIS.

Et les courantes : vous les ignorez ?

ANTONIO.

Non pas les courantes.

LE MARQUIS.

Parbieu, je vais les danser avec vos Dames; aussi-bien ne garde-t'on aucune regle à vôtre bal. N'attendons pas qu'on nous donne un rang à l'ordinaire avec l'allemand, & faisons-nous raison nous-mêmes. Je veux attaquer cette brune : elle me plaît. Madame, voulez-vous me faire l'honneur de danser une courante avéque moi ?

LA DAME.

De tout mon cœur.

LE MARQUIS.

Place, place à Madame. La courante, violons, & de mesure, je vous prie ; je ne prendrois pas plaisir à me voir hours de cadence.

dence. Cette révérence est assez cavaliere, ce me semble ; elle ne sent pas le baladin. Battons du pied pour prendre le tems. J'ai parti trop tôt. Revenons. Il faut refaire la révérence. Voilà partir à propos, cela ! mais ces couquins de violons m'ont déja mis hours de cadence : rentrons-y malgré eux. Le plus court est de recommencer. Vous ne savez ce que vous faites, violons ; je croi que vous dormez. Encore une fois la révérence, & partons. Pour ce coup, si vous me faites manquer, je vous le pardonne.

Quand la courante est dansée.

A la fin j'en suis venu à bout ; mais avec bien de la peine. Il faut une oreille de diable avec ces maudits violons. J'ai dansé tout un hiver à Paris (chacun le sait) sans avoir jamais sorti de cadence. Il faut tout dire ; c'étoit les vingt-quatre.

TANCREDE.

Je ne sai ce que vous avez fait à Paris : mais ici, c'est danser admirablement.

LE MARQUIS.

Non pas cela : assez en homme de qualité. Je voudrois vous pouvoir regaler d'une vignone, & d'une belleville : il n'y a pas moyen. Ce n'est qu'à la cour qu'on peut danser les figurées.

TANCREDE.

Ne danserez-vous pas encore avec quelque autre Dame?

LE MARQUIS.

Je ne veux, morbieu, pas perdre ma réputation : j'en suis bien sourti ; danse qui voudra. Mylord, je veux vous faire une confidence. Cette belle, avec qui je viens de danser, elle m'aime, & ce sont des œillades ! il n'y a rien de pareil.

TANCREDE.

Toute femme qui n'a point de liberté, est prête à faire l'amour, quand elle en trouve l'occasion.

LE MARQUIS.

Ce n'est pas ce que vous pensez : le cûr est pris sur ma parole.

TANCREDE.

Je commence à m'en appercevoir. Tenez ; elle vous regarde.

LE MARQUIS

Ne faites pas semblant de rien voir, & soyez discret, je vous prie. Ce n'est pas un jeu à Venise, que d'être aimé de la femme d'un sénateur.

Je vous en répons : mais je sai me taire; soyez assûré de ma discrétion.

LE MARQUIS.

Je me fie à vous, Mylord ; & c'est m'y fier de ma vie.

Me. DE RICHE-SOURCE.

Allons, çà : aquittons-nous de nôtre promesse. J'ai promis à ces Dames de leur faire voir des choses, & des manieres : enfin, je vais faire pour l'amour d'elles ce que je n'ai pas fait il y a quinze ans.

Mr. DE RICHE-SOURCE.

Elle va danser la sarabande : c'est une merveille. Quand nous nous mariâmes, on se mettoit à genoux devant elle, pour la voir danser.

Me. DE RICHE-SOURCE.

Qui est-ce qui se souvient ici de la petite Suzon ? Mon ami, t'en souviens-tu ?

Mr. DE RICHE-SOURCE.

Oui, mamie, & je souhaite que tu donnes autant de plaisir à la compagnie, que tu en donnois en ce tems-là.

Me. DE RICHE-SOURCE.

Voici donc la petite Suzon, qui va danser la sarabande. Des castagnettes?

Mr. DE RICHE-SOURCE.

Des castagnettes? des castagnettes?

TANCREDE.

On n'en trouve point.

Me. DE RICHE-SOURCE.

Il y a remede : mes doigts m'en serviront : essayons. Cela ne va pas mal.

Mr. DE RICHE-SOURCE.

Prenez garde, Messieurs, je vous prie.

Me. DE RICHE-SOURCE, *en dansant*.

Ce balancement de corps vous plaît-il? Parlez, Mesdames.

LA DOGESSE.

A ravir.

Me. DE RICHE-SOURCE.

Et ce mouvement de bras ; qu'en dites-vous ? Cet air est-il espagnol ?

SCENE V.

UN VALET DE SIR POLITICK, L'ENTREMETTEUSE *prise pour* DOGESSE, LES DEMOISELLES *se disant* FEMMES DE SENATEURS, ANTONIO, SIR POLITICK, LA FEMME DE SIR POLITICK, TANCREDE, LE MARQUIS, L'ALLEMAND, Mr. DE RICHE-SOURCE, Me. DE RICHE-SOURCE.

UN VALET DE SIR POLITICK,
à son Maître, & à Mr. DE RICHE-SOURCE.

ON vous demande de la part du Senat.

SIR POLITICK.

Ouais! que veut dire ceci? Nous demander à l'heure qu'il est! il faut que ce soit une affaire bien preſſante.

Mr. DE RICHE-SOURCE.

On aura eu quelque grande nouvelle, ſur quoi on veut nous conſulter.

SIR POLITICK.

Ce ne peut être autre choſe.

Mr. DE RICHE-SOURCE.

Mais pourquoi moi ?

SIR POLITICK.

Il y a quelque fonds à trouver, ou quelque dépense à faire.

Mr. DE RICHE-SOURCE.

Ce seroit m'employer pour peu de chose. Je croirois plutôt qu'on a eu vent de nôtre projet.

SIR POLITICK.

Ne raisonnons pas davantage, & allons apprendre ce qu'on veut de nous. A LA DOGESSE. Madame, vous nous excuserez, Monsieur & moi, de quitter VÔTRE SERENITE'. La république desire de nous quelque service, que nous allons lui rendre avec respect & affection. Ces Dames auront la bonté de nous pardonner pareillement.

LA DOGESSE.

Revenez bien-tôt, Messieurs, nous vous attendons.

Me. DE RICHE-SOURCE.

Ne laissons pas de continuer nôtre bal. Voyez ce second pas de sarabande ; il est tout-à-fait à l'Espagnole.

LE MARQUIS, *qui avoit suivi* Sir Politick, *&* Mr. de Riche-Source, *rentre.*

Savez-vous, Mesdames, qui demandoit vos maris de la part du Senat?

Me. DE RICHE-SOURCE.

Et qui?

LE MARQUIS.

Des archers, qui les ont menés en prison.

TANCREDE.

Vous avez vu quelques gardes, qu'on leur a envoyés par honneur, ou pour leur sureté.

LE MARQUIS.

Des archers, vous dis-je, qui les ont fait prisonniers d'état. Je m'y connois : j'en ai vu mener plus de trente à la bastille.

Me. DE RICHE-SOURCE.

Quelle infamie! quelle trahison! tandis que nous faisons tout ce qu'il nous est possible pour honorer leurs femmes, ces traîtres font arrêter nos maris. Qu'on ferme les portes : la Dogesse ne sortira point, qu'on ne nous les ait rendus.

ANTONIO *à* Tancrede, *bas.*

Si cette femme-ci fait ce qu'elle dit, nous nous trouverons en quelque embarras. *Haut,*
à

à la FEMME DE SIR POLITICK. Madame, il faut pardonner à vôtre amie l'excès de son ressentiment : mais vous êtes trop sage pour le suivre, & faire arrêter une Dogesse dans vôtre maison. Ce seroit le comble de la douleur pour vôtre mari, de vous voir si peu politique, & un grand reproche à sa suffisance, que vous eussiez si mal profité de ses instructions.

LA FEMME DE SIR POLITICK.

Certes le coup est grand & imprévu ; mais il n'est pas au-dessus de nôtre prudence. Je projette de renvoyer ces Dames avec tout honneur, sans manquer en rien de ce que veut de nous en cette occasion la politique.

TANCREDE.

Voilà ce qui s'appelle une femme forte & prudente, à qui la tête ne tourne point dans le malheur, & qui prend le seul parti qui lui reste.

LA FEMME DE SIR POLITICK, à LA DOGESSE.

Madame, VÔTRE SERENITE' est trop équitable, pour ne pardonner pas à mon amie l'excès de son ressentiment. S'il y a peu de politique, c'est l'effet d'une affection conjugale, qui mérite d'être excusée auprès d'une personne aussi vertueuse que vous. Je vous
supplie

supplie donc, Madame, d'enfevelir tout dans l'oubli, & de nous être propice envers vôtre mari, pour le recouvrement des nôtres.

LA DOGESSE.

Laiffez-moi faire ; je m'en vais bien laver la tête au Doge.

UNE SENATRICE.

Et nous à nos maris.

ANTONIO.

Dépêchons-nous de fervir les malheureux, dans la chaleur de l'affaire : il n'y a point de tems à perdre.

LA DOGESSE.

Nous ne voulons pas être amufées. Adieu, Madame, laiffez-nous aller.

UNE SENATRICE.

Allons vîte, allons.

LA FEMME DE SIR POLITICK.

Rien ne nous peut empêcher de rendre à VÔTRE SERENITÉ nos refpectueufes obfervances.

La DOGESSE, *& les* SENATRICES *fortent avec précipitation.*

TANCREDE.

Au défordre où vous voyez ces bonnes Da‑
mes,

DE SAINT-EVREMOND.

mes, elles me paroissent aussi affligées de l'affront, que vous-mêmes. Il est vrai que si elles avoient été en vôtre place, elles auroient perdu l'esprit ; & si vous aviez été Dogesse, vous auriez conservé toute une autre dignité.

LA FEMME DE SIR POLITICK.

Certes, nous aurions gardé plus de décence.

Fin du quatrième Acte.

ACTE

ACTE V.

SCENE PREMIERE.

AGOSTINO, AZARO, AMELINO, PAMFILINO, SIR POLITICK. Mr. DE RICHE-SOURCE.

AGOSTINO.

VOICI, Messieurs, ces miserables, qui vivant dans le sein de la république, sous la douce protection de nos loix, ont entrepris de les renverser. Voici des furieux, qui s'étant fait un degré de ce premier attentat, pour monter aux plus noires trahisons, ont enfin consulté avec le Turc la ruine de la république. Parlez, méchans ; parlez, execrables ; & dites la verité : je vous le commande.

SIR POLITICK.

Je l'ai toûjours dite, & je la dirai toûjours; si ce n'est en matiere d'état : en ce cas, je tiens qu'on peut mentir pour le bien de la chose publique.

AGOSTINO.

Si les remors de la conscience ne vous la font pas dire, les tourmens sauront bien vous l'arracher. Parlez : De quel pays êtes-vous ?

SIR POLITICK.

Je suis Anglois, pour l'honneur, & pour la vie.

AGOSTINO.

De quelle profession ?

SIR POLITICK.

Politique ; & il n'est pas que vous n'en ayez oüi parler. C'est moi qui ai su joindre la veritable science des projets avec les maximes de Nicolas Machiavel, & de François Bodin.

AGOSTINO.

De quelle qualité ?

SIR POLITICK.

Chevalier de pere en fils, depuis la Reine Bodicea, qui fit tuer tant de Romains.

AGOSTINO.

Vous devriez mourir de honte devant vos juges, d'avoir déshonoré une si longue suite d'ayeux.

SIR POLITICK.

J'ai reçu beaucoup d'honneur de mes devanciers:

vanciers : mais nous en laisserons un peu à nos successeurs ; & la postérité nous fera justice, quand vous ne nous la ferez pas.

AGOSTINO.

Sauriez-vous nier que vous n'ayiez accusé nos legislateurs, & voulu établir chez nous quatre Doges ?

SIR POLITICK.

Par quelque moyen que vous l'ayez pu savoir, je le confesse.

AGOSTINO.

Habemus confitentem Reum.

SIR POLITICK.

Je l'ai voulu, il est certain ; & je le veux encore : mais c'est pour le soulagement de la vieillesse du Doge, & pour la dignité de la république.

AGOSTINO.

Habemus non modò confitentem, sed contumacem. Ces relais de pigeons établis de Venise à Constantinople : cette invention quasi surnaturelle, vous a donné le moyen de lier vos commerces avec le Turc. C'est sur vos bons avis qu'il a fait le projet d'une Guerre contre nous, que vous devez conduire du cabinet ; & voilà comment se doit entendre vôtre spéculation militaire, & vos secrets pour la guerre.

Il n'est plus tems de dissimuler : vous voyez que nous savons tout.

SIR POLITICK.

Vôtre Excellence ne sait pas tout, puisqu'elle ignore nos bonnes intentions. J'ai trouvé une invention admirable d'établir mes commerces à Constantinople ; mais certes pour le bien de cet état, & pour le Salut de vôtre ambassadeur. Si j'entens la spéculation militaire ; si j'ai quelques secrets pour la guerre, le fruit de mes veilles ne regardoit que vous. Je prétendois apprendre à un senateur d'aller au Senat, & de conduire une armée en même tems. Je voulois vous enseigner l'art de défaire vos ennemis, sans vous exposer aux coups : *Ars belli perfectissima*. C'est une grande qualité à un général d'armée de savoir faire combattre toutes les troupes avant que de combattre lui-même. C'est la derniere science du capitaine de savoir faire combattre l'armée sans y être.

AGOSTINO.

Nous savons où nous en tenir pour ce qui vous regarde. *A MR. DE RICHE-SOURCE.* Et vous, malheureux, d'où êtes-vous ?

SIR POLITICK.

Il ne répondra pas. Vôtre Excellence doit savoir que c'est moi qui porte la parole en toutes choses : il trouvera bon que je réponde pour lui.

Mr. DE RICHE-SOURCE.

Je demeure d'accord de tout ce qu'il dira.

AGOSTINO.

Nous avons bien affaire de vos conventions. Parlez : de quel pays êtes-vous ?

SIR POLITICK.

Il est françois, vous dis-je.

AGOSTINO.

Il me contraindra de l'écouter ! De quelle profession ?

SIR POLITICK.

Circulateur général & particulier.

AGOSTINO.

Il seroit inutile de les interroger davantage. Qu'on les ramène en prison.

Ils sortent.

SCENE II.

LES QUATRE SENATEURS,
UN HUISSIER.

AGOSTINO.

NOus sommes heureux en ce point, Messieurs, d'avoir la confession de leurs crimes, par leurs propres bouches. Ils n'avoüent pas seulement leurs entreprises contre nos loix ; ils les soutiennent ; ils demeurent d'accord de leurs intelligences avec le Turc : mais c'étoit, disens-ils, pour le salut de nôtre ambassadeur. Qui leur a demandé des soins si officieux ? Qui les a employés ? A qui ont-ils communiqué leurs bons desseins ? *Constat de facto.* Du reste il faut s'en rapporter à de bonnes intentions, qu'on n'a pas connuës. Voici, Messieurs, voici le fin du projet, aussi politique qu'execrable. Après avoir concerté avec le Turc cette expedition impie, ils font je ne sai quelle confederation, entre Paris, Londres, & Venise, pour nous engager dans l'Orient, & porter nos armes contre la Perse. Il arrive de-là, Messieurs, que le Grand Seigneur trouve la république dépourvûë, & que le Persan occupé par nous dans ses propres états, ne peut entrer dans ceux de nôtre ennemi commun. Catilina, ce conspirateur célèbre, ce grand & renommé scelerat, étoit un homme de bien, & un bon citoyen, au prix de ces gens abominables: c'étoit un romain, qui vouloit se rendre maître des romains. S'il avoit résolu de tuer le Consul, & de se défaire du Senat, au moins laissoit-il à Rome ses dieux, ses loix, ses mœurs, & sa langue. Dans la servitude qu'on nous avoit préparée, on ne laissoit à Venise ni religion, ni loix, ni coutumes ; on ne laissoit peut-être aucun vestige de la nation. Qui chercheroit, Messieurs, un supplice égal à leur forfait, n'en trouveroit point chez les plus ingénieux tyrans : mais je ne puis, je le confesse, me dépoüiller des sentimens de l'humanité, *quamquam fortasse inhumanum sit humanum esse erga eum qui hominem exuerit.* Qu'on les étrangle seulement, Messieurs ; & pour une marque éternelle de la benignité de nos jugemens, punissons du supplice le plus commun le crime le plus extraordinaire & le plus barbare.

AZARO.

Mon sentiment est tout contraire à celui de l'excellentissime Seigneur qui vient de parler. Il conçoit ces gens-ci comme des personnes extraordinaires, ennemies de nôtre gouvernement, capables de grands & pernicieux desseins ; qui concertent enfin avec le Turc la ruine de la république : pour moi, Messieurs, je pense que ce sont des foux : mais il y a de deux sortes de folie ; l'une, qui vient de privation de sens ; l'autre, d'une imagination déréglée. La premiere toute imbécile nous fait plaindre en elle la misere de la condition humaine : la seconde, toûjours agitée, agite le monde par l'extravagance de ses visions, & excite la haine des gens raisonnables, qui aiment l'ordre & le repos. Il n'est pas mal-aisé de connoître laquelle de ces deux folies possede nos conspirateurs prétendus, puis que leur imagination les porte au-delà de toutes les choses les mieux établies. Ils se donnent la liberté de créer chimériquement des Magistrats : ils se font en idée des correspondances à Constantinople : ils forment des ligues imaginaires, & reglent, en un mot, toutes nos affaires de paix & de guerre à leur fantaisie. Je voudrois savoir, Messieurs, de quelle autorité ils agissent, avec quel ordre, quelle mission ? Certes la folie a un grand avantage sur la sagesse, si les paroles & les actions des sages sont punies, aussi-tôt qu'elles sortent de la regle, tandis que les foux ont le privilege de tout dire, & de tout faire impunément. Quelle punition prendre, dira-t'on, de ces prisonniers ? Mon avis n'est pas qu'on les condamne à la mort, comme a voulu cet excellentissime Seigneur, par un excès de zele pour la république ; mais qu'on ôte la liberté

à

à des foux scandaleux, qui traitent extravagamment les matieres serieuses, réservées à la prudence des sages.

AMELINO.

Peu de gens s'étonneront, excellentissime Seigneur, de vôtre emportement contre la folie, dans l'attachement inviolable que vous avez toûjours eu à la sagesse. Comme les opinions des hommes sont differentes, j'ai cru qu'il m'étoit permis d'avoir un autre sentiment ; & vous serez surpris, Messieurs, que la seule considération des gens sensés, m'inspire aujourd'hui de l'indulgence & de l'humanité pour les foux. Oui, Messieurs, le sujet de ma douceur est une pitié interessée, qui fait que je m'oppose à leur punition en faveur des sages. En effet, il y a un si grand mélange de sagesse & de folie dans les personnes raisonnables, qu'on ne peut assez admirer l'inégalité qui nous fait voir si divers & si contraires à nous-mêmes. Celui qui a su gagner nôtre jugement, & assujettir nôtre raison par la supériorité de la sienne, a besoin de nôtre facilité peut-être le même jour pour faire excuser son mauvais sens. Tel est le plus sage du monde en une chose, qui est extravagant dans une autre. Ces grands hommes, dont nous honorons la memoire, n'étoient pas exemts de folie : les esprits extraordinaires de tous les tems ont eu la leur : c'est aux imaginations déréglées

que

que nous devons l'invention des arts : le caprice des peintres, des poëtes, des muſiciens, n'eſt qu'un nom civilement adouci, pour exprimer leur folie, ſans leur déplaire. Laiſſons, Meſſieurs, laiſſons les foux en repos, s'ils y peuvent être : il y a trop de gens intereſſés à leur protection. Que s'ils viennent à faillir contre nos loix, ordonnons de leur châtiment ſelon leur crime : mais ſi on veut les punir pour l'interêt du bon ſens, & pour l'honneur de la raiſon, qu'on ſe ſouvienne que cette raiſon a ſujet de ſe plaindre de beaucoup de gens, & que les plus zelez pour la vangeance, ne ſeront peut-être pas à couvert de la punition.

PAMFILINO.

Depuis que j'ai l'honneur d'entrer au Senat, j'ai obſervé que l'envie de faire voir nôtre eſprit, & la vanité de bien parler, nous tirent ſouvent hors du ſujet dont il eſt queſtion, pour nous jetter en des choſes générales, dont il ne s'agit pas. Je connoiſſois, Meſſieurs, comme le reſte des gens, qu'il y avoit des foux dans le monde : mais d'en ſavoir les ordres, les rangs, les diſtinctions ; de connoître ces differences délicates qu'il y a de folie à folie, les affinités & les alliances qui ſe trouvent entre la ſageſſe & cette même folie, c'eſt Meſſieurs, ce que je ne ſavois point, & ce que je viens heureuſement d'apprendre de
vos

vos beaux discours. Pour l'affaire présente que nous avons à traiter, vous l'avez jugée indigne de vos réflexions; & tout ce que je puis recüeillir de vos avis, se réduit à châtier des foux serieux, qui font le métier des sages ou de pardonner aux extravagans, en faveur de ces mêmes sages, qui sortant de leur assiéte, ne font que trop souvent le métier des foux. Beau motif de punition, ou de grace! Jugeons, Messieurs, jugeons Sir Politick & son compagnon, par eux-mêmes; sans les charger du crime des imaginations déréglées, s'ils sont innocens; & sans appeller les grands hommes à leur secours, sans interesser les peintres, les poëtes, les Musiciens à leur salut, s'ils sont criminels. Mais Messieurs, c'est nous-mêmes qui donnons corps à une chose purement chimérique: n'allons pas plus loin qu'il ne faut: retranchons la moitié de nôtre esprit; il ne nous paroîtra aujourd'hui ni d'innocens, ni de coupables: nous verrons seulement des foux ridicules, plus propres à nous divertir qu'à nous nuire. Chercher du sens aux chimeres; travailler son intelligence, où rien ne peut être entendu, c'est encherir sur les chimériques, & se faire une folie mystérieuse, qui passe la naturelle.

AGOSTINO.

Arrêtez-là. Vous prétendez avoir vos lumieres, & j'ai les miennes, qui ne sont point
fondées

fondées sur de simples conjectures : je parle *ex visu & auditu*. Il faut avoüer que vous avez l'esprit bien en repos, *cum agitur de summa rerum*. Le Senat romain, en de moindres perils, chargeoit les consuls de prendre garde *ne quid detrimenti respublica caperet*........ Mais qui frappe à la porte, quand nous déliberons sur une affaire de telle importance ?

*Il tire la sonnette, & l'*HUISSIER *entre.*

L'HUISSIER.

Excellentissimes Seigneurs, un Anglois, un Mylord souhaite de vous parler.

AGOSTINO.

Qu'on le mette en prison.

L'HUISSIER.

Il demandoit à entrer, pour vous dire une chose de consequence.

PAMFILINO.

Faites-le entrer.

SCENE III.

TANCREDE, LES QUATRE SENATEURS.

TANCREDE.

JE vous demande pardon, Messieurs, de la liberté que je prens : je sai que c'est manquer au respect qui vous est dû ; mais ayant appris que vous êtes assemblés extraordinairement, pour juger deux miserables, que vous avez fait arrêter, j'ai cru que vous ne trouveriez pas mauvais que je vous informasse d'une chose qui peut contribuer à leur salut.

AGOSTINO.

Taisez-vous, Monsieur le Mylord : vous êtes bien effronté de venir ici de la sorte, & plus encore de vouloir éclairer les senateurs de Venise.

PAMFILINO.

Ceci est veritablement contre les formes ; mais la bonne intention doit faire excuser toutes choses. Parlez, Mylord, qu'avez-vous à dire pour le salut de ces Prisonniers ?

TANCREDE.

Je viens dire à vos Excellences que ces pauvres

vres prisonniers n'ont point d'autre crime que leur folie.

PAMFILINO.

Les connoissez-vous ?

TANCREDE.

On ne peut pas les connoître davantage.

PAMFILINO.

Et qui sont-ils ?

TANCREDE.

Il y a un chevalier Anglois, que les livres de politique ont rendu fou, & qui a servi dix ans de divertissement à la cour d'Angleterre. Pour l'autre, je ne le connois que depuis que je suis à Venise : c'est un françois chimérique, qui veut établir la circulation de l'or, & le faire revenir au même lieu d'où on le transporte, après avoir fait le tour du monde.

PAMFILINO.

En avois-je bien jugé, Messieurs ? Prenons garde, je vous prie, qu'au lieu de nous garantir d'un danger au-dedans, nous ne perdions la réputation au dehors ; & que le Sénat, qui a donné jusqu'ici une si grande opinion de sa sagesse, ne s'expose à la raillerie françoise, & au mépris des anglois, quand on saura que nous traitons si gravement leurs ridicules publics, & leurs chimériques déclarés. Je suis d'avis, Messieurs, qu'on les mette aussi-tôt en liberté : nous ferons voir nôtre discernement à séparer les choses dont on doit se moquer, d'avec celles qu'on doit veritablement craindre.

AZARO.

Si j'ai été d'une autre opinion, je me rens presentement à la vôtre, comme à la seule raisonnable.

AMELINO.

J'avois bien cru qu'il falloit pardonner aux insensés ; mais vous me faites connoître qu'il faut se moquer de ceux-ci : je suis de vôtre avis en toutes choses.

PAMFILINO.

Qu'on ramene les prisonniers, & donnons-leur nous-mêmes la liberté.

AGOSTINO.

N'allons pas si vîte, Messieurs : la précipitation est la mere du repentir.

PAMFILINO.

C'est trop discourir sur une affaire si ridicule.

AGOSTINO.

Je persiste en mon opinion, quoi que seul

de

de mon avis ; & plaise à Dieu que le vôtre ne soit pas funeste à la république.

SCENE IV.

On fait rentrer les prisonniers.

LES QUATRE SENATEURS, TANCREDE, SIR POLITICK, Mr. DE RICHE-SOURCE.

PAMFILINO.

Venez, scelerats ; venez, gens dangereux à la république ; venez recevoir le pardon de tous vos crimes. Politique, circulateur, allez établir des relais de pigeons, & mettre la circulation en pratique où il vous plaira.

SIR POLITICK à Mr. DE RICHE-SOURCE.

Ouais ! du ton que parle ce Senateur, on diroit qu'il veut se moquer de nous, quand il nous donne la liberté. Traiter de foux deux si grands personnages que vous & moi, c'est une chose que je ne comprens pas ! Il y va de la réputation de ma politique, & de l'honneur de vôtre circulation : je ne souffrirai jamais l'infamie de ce jugement-là. *Aux* SENATEURS. Messeigneurs, retournez aux avis tout de nouveau ;

nouveau : je vous déclare que nous aimons mieux être pendus, comme conspirateurs, que d'être sauvés comme foux.

Mr. DE RICHE-SOURCE.

Tout beau, Monsieur Politick, si vous avez envie d'être pendu, je ne l'ai pas, moi : Fou, ou sage, pourvu qu'on me sauve, je suis content.

PAMFILINO.

Mylord, où sont les femmes de ces Messieurs ?

TANCREDE.

Les voilà qui entrent.

SCENE V.

LES QUATRE SENATEURS, TANCREDE, SIR POLITICK, Mr. DE RICHE-SOURCE, LA FEMME DE SIR POLITICK, Me. DE RICHE-SOURCE, LE MARQUIS, L'ALLEMAND.

PAMFILINO.

Soyez les bien-venuës, Mesdames ; je suis chargé de grands remercimens pour vous
de

de la part des femmes de Venise. Leur captivité vous donne de la compassion : leur méchant air vous fait pitié : vous les voulez mettre dans le commerce du beau-monde : elles vous en sont infiniment obligées ; mais leur bonheur est réservé pour un autre tems, & il doit arriver un jour par des personnes plus considérables que vous. Adieu, belle & honorable compagnie.

Les SENATEURS *sortent.*

SIR POLITICK.

Adieu de bon cœur, petits politiques : vous ne vous connoissez guere en grands personnages ; & Venise n'est pas digne de nous posseder.

ME. DE RICHE-SOURCE.

On ne sait ce que c'est ici du bel-air ; du beau procedé ; de la belle maniere. Les femmes n'y voyent que des maris. Sortons le plutôt que nous pourrons. Adieu.

LA FEMME DE SIR POLITICK à TANCREDE.

Mylord, si vous demeurez en cette ville après nous, je vous supplie de faire mes complimens à la Dogesse. Cette honnête Dame n'a point de part à nôtre disgrace, assurément.

LE MARQUIS.

Pour moi, je n'ai de complimens à faire à personne. Qui me rattrapera dans une république, sera bien fin : on n'y sauroit être aimé d'une femme, sans courir hazard de sa vie. Cette noble venitienne, avec qui j'ai dansé, m'a témoigné quelque passion, il est vrai ; mais rien de concluant ; & j'ai déja reçu dix avis qu'on vouloit m'assassiner. Vive la France pour les galans ; j'en ai toûjours été quitte pour un combat avec le mari, ou avec un rival : ici, le poignard, ou le poison ; le tout avec honneur, & dans les formes. Adieu, Messieurs & Mesdames ; très-humble & très-obéïssant serviteur. *Il sort.*

L'ALLEMAND.

Laissons aller Bousignac en France, & allons tous de compagnie à Hambourg, à Lubec, à Dantzic : ce sont des cités d'un riche trafic, où il sera facile d'établir la circulation.

TANCREDE.

Pour moi, je ne demeure pas un moment ici, quand vous en serez sortis : j'irai à Rome, ce grand théatre du monde, pour faire connoître l'ingratitude de la république, & le bonheur du pays qui vous possedera.

SIR POLITICK.

Mylord, en quelque lieu que nous soyons,
disposez

disposez de nôtre politique, & de nôtre circulation, comme de choses qui sont autant à vous, qu'à nous-mêmes.

TANCREDE, *après qu'ils sont tous partis.*

Il faut avoüer que j'ai une plaisante étoile, de me faire tomber entre les mains les foux & les ridicules de toutes les nations : ils divertissent quelque tems; mais à la fin ils ennuyent, & Dieu merci, m'en voilà défait.

Fin du cinquiéme & dernier Acte.

VI. LE PROPHETE IRLANDOIS (1), NOUVELLE.

DANS le tems que Monsieur de Comminges étoit ambassadeur pour le Roi très-Chrétien, auprès du Roi de la Grande Bretagne, il vint à Londres un prophete Irlandois, qui passoit pour un grand faiseur de miracles, selon l'opinion des crédules, & peut-être selon sa propre persuasion. Quelques personnes de qualité ayant prié Monsieur de Comminges de le faire venir chez lui, pour voir quelqu'un de ces miracles, il voulut bien leur accorder cette satisfaction, tant par sa curiosité naturelle, que par complaisance pour eux, & il fit avertir le prétendu prophete de venir à sa maison.

Au bruit qui se répandit par tout de cette nouvelle, l'hôtel de Monsieur de Comminges fut

---

(1) *Il s'appelloit Valentin Greaterick. Après avoir assez long-temps abusé l'Irlande, il passa en Angleterre, & y joua le même rôle. Voyez la* VIE *de Mr. de S. Evremond, sur l'année* 1664

fut bien-tôt rempli de malades, qui venoient chercher dans une pleine confiance leur guérison. L'Irlandois se fit attendre quelque tems; & après avoir été impatiemment attendu, les malades & les curieux le virent arriver avec une contenance grave, mais simple, & qui n'avoit rien de composé à la fourberie. Monsieur de Comminges se préparoit à l'examiner profondément, espérant bien qu'il pourroit s'étendre avec plaisir sur tout ce qu'il avoit lu dans Helmont & dans Bodin: mais il ne le put faire, à son grand regret; car la foule devint si grosse, & les infirmes se presserent si fort, pour être guéris les premiers, qu'avec les menaces & la force même, on eut de la peine à venir à bout de régler leurs rangs.

Le prophete rapportoit toutes les maladies aux esprits: toutes les infirmités étoient pour lui des possessions. Le premier qu'on lui présenta, étoit un homme accablé de gouttes, & de certains rhumatismes, dont il lui avoit été impossible de guérir. Ce que voyant nôtre faiseur de miracles. »J'ai vu, dit-il, de cette » sorte d'esprits en Irlande il y a long-tems. » Ce sont esprits aquatiques, qui apportent » des froidures, & excitent des débordemens » d'humeurs en ces pauvres corps. ESPRIT MALIN QUI AS QUITTÉ LE SEJOUR DES EAUX, POUR VENIR AFFLIGER CE CORPS MISERABLE, JE TE COMMANDE D'ABANDONNER TA DEMEURE NOUVEL-

LE, ET DE T'EN RETOURNER A TON AN-
CIENNE HABITATION. Cela dit, le malade
se retira ; & il en vint un autre à sa place,
qui se disoit tourmenté de vapeurs mélancho-
liques. A la verité, il étoit de ceux qu'on
appelle ordinairement hypocondriaques, &
malades d'imagination, quoi qu'ils ne le soient
que trop en effet. ESPRIT AERIEN, dit
l'Irlandois, RETOURNE DANS L'AIR
EXERCER TON METIER POUR LES TEM-
PETES, ET N'EXCITE PLUS DE VENTS
DANS CE TRISTE ET MALHEUREUX
CORPS.

   Ce malade fit place à un autre, qui selon
l'opinion du prophete, n'avoit qu'un simple
lutin, incapable de résister un moment à sa
parole. Il s'imaginoit l'avoir bien reconnu, à
des marques qui ne nous paroissoient pas ; &
faisant un souris à l'assemblée. » Cette sorte
» d'esprit, dit-il, afflige peu souvent, & di-
» vertit presque toûjours. A l'entendre, il
n'ignoroit rien en matiere d'esprits. Il savoit
leur nombre, leurs rangs, leurs noms, leurs
emplois, toutes les fonctions ausquelles ils
étoient destinés ; & il se vantoit familiérement
d'entendre beaucoup mieux les intrigues des
démons, que les affaires des hommes.

   Vous ne sauriez croire à quelle réputation
il parvint en peu de tems. Catholiques & Pro-
testans venoient le trouver de toutes parts ; &
vous eussiez dit que la puissance du ciel étoit

entre les mains de cet homme-là, lors qu'une avanture, où l'on ne s'attendoit point, fit perdre au public la merveilleuse opinion qu'il en avoit.

Un homme & une femme de la contrée, mariés ensemble, vinrent chercher du secours dans sa vertu, contre certains esprits de discorde, disoient-ils, qui troubloient leur mariage, & ruinoient la paix de la maison. C'étoit un gentilhomme, âgé de quarante-cinq ans, qui sentoit assez & sa naissance & son bien. Il me semble que j'ai la Demoiselle devant les yeux. Elle avoit environ trente-cinq ans, & paroissoit bien faite de sa personne: mais on pouvoit déja voir qu'il y avoit eu autrefois plus de délicatesse dans ses traits. J'ai nommé l'époux le premier pour la dignité du rang: la femme voulut néanmoins parler la premiere, soit parce qu'elle se crut plus tourmentée de son esprit, ou qu'elle fût seulement pressée de l'envie naturelle à son sexe de parler.

» J'ai un mari, dit-elle, le plus honnête-
» homme du monde, à qui je donne mille
» chagrins, & qui ne m'en donne pas moins à
» son tour. Mon intention seroit de bien vivre
» avec lui, & je le ferois toûjours, si un es-
» prit étranger, dont je me sens saisir à cer-
» tains momens, ne me rendoit si fiere & si
» insupportable, qu'il n'est pas possible de me
» souffrir. Mes agitations cessées, je reviens à
» ma

« ma douceur naturelle, & je n'oublie alors
« aucun soin, ni aucun agrément, pour tâ-
« cher de plaire à mon époux : mais son dé-
« mon le vient posseder, quand le mien me
« laisse ; & ce mari qui a tant de patience
« pour mes transports, n'a que de la fureur
« pour ma raison. Là se tut une femme, en
apparence assez sincere ; & le mari, qui ne
l'étoit pas moins, commença son discours de
cette sorte.

« Quelque sujet que j'aye de me plaindre
« du diable de ma femme, je lui ai du moins
« l'obligation de ne lui avoir pas appris à men-
« tir ; & il me faut avouër qu'elle n'a rien dit
« qui ne soit très-veritable. Tout le tems
« qu'elle me paroît agitée, je suis patient :
« mais aussi-tôt que son esprit la laisse en re-
« pos, le mien m'agite à son tour ; & avec un
« nouveau courage & de nouvelles forces,
« dont je me trouve animé, je lui fais sentir le
« plus fortement qu'il m'est possible, la dé-
« pendance d'une femme, & la superiorité
« d'un mari. Ainsi nôtre vie se passe à faire le
« mal, ou à l'endurer ; ce qui nous rend de
« pire condition que les plus miserables. Voi-
« là nos tourmens, Monsieur ; & s'il est possi-
« ble d'y apporter quelque remede, je vous
« conjure de nous le donner. La cure d'un mal
« aussi étrange que le nôtre, ne sera pas celle
« qui vous fera le moins d'honneur.

« Ce ne sont ici ni lutins, ni farfadets, dit
« l'Irlandois,

l'Irlandois, ce sont esprits du premier or- » dre, de la légion de Lucifer ; démons or- » gueilleux, grands ennemis de l'obéïssance, » & fort difficiles à chasser. Vous ne trouve- » rez pas mauvais, Messieurs, poursuivit-il, » en se tournant vers l'assemblée, que je re- « garde un peu dans mes livres ; car j'ai besoin « de paroles extraordinaires. Là-dessus il se « retira dans un cabinet, pour y feüilleter ses papiers ; & après avoir rejetté cent formules, comme trop foibles contre de si grands ennemis, il tomba sur une à la fin capable, à son avis, de confondre tous les diables de l'enfer.

Le premier effet de la conjuration se fit sur lui-même ; car les yeux commencerent à lui rouler en la tête avec tant de grimaces & de contorsions, qu'il pouvoit paroître le possedé à ceux qui venoient chercher du remede contre la possession. Après avoir tourné ses yeux égarés de toutes parts, il les fixa sur ces bonnes gens, & les frappant tous deux d'une baguette, qui ne devoit pas être sans vertu : ALLEZ, DEMONS, dit-il, ALLEZ, ESPRITS DE DISSENSION, EXERCER LA DISCORDE DANS L'ENFER, ET LAISSEZ RETABLIR PAR VÔTRE DEPART L'HEUREUSE UNION QUE MECHAMMENT VOUS AVEZ ROMPUE. Alors il s'approcha doucement de l'oreille des prétendus possedés, & haussant un peu le ton de la voix : JE VOUS

ENTENS

ENTENS MURMURER, DEMONS,
DE L'OBEÏSSANCE QUE VOUS
ETES FORCEZ DE ME RENDRE:
MAIS DÛSSIEZ-VOUS EN CREVER,
IL FAUT PARTIR. PARTEZ,
» PARTEZ. Et vous, mes amis, allez goû-
» ter avec joye le repos dont vous êtes privez
» depuis long-tems. C'en est assez, Messieurs,
» je vous jure que je suis tout en sueur du tra-
» vail que m'a fait la résistances de ces diables
» obstinés. Je pense bien avoir eu à faire à
» deux mille esprits en ma vie, qui tous en-
» semble ne m'ont pas donné tant de peine
» que ceux-ci.

Les démons expédiés, le bon Irlandois se retira. Tout le monde sortit, & nos bonnes gens retournerent à leur logis avec une satisfaction plus merveilleuse que le prodige qui s'étoit fait en leur faveur. Étant de retour en leur maison, tout leur parut agréable, par un changement d'esprit, qui mit une nouvelle disposition dans leurs sens. Ils trouverent un air riant en toutes choses. Ils se regardoient eux-mêmes avec agrément, & les paroles douces & tendres ne leur manquerent pas, pour exprimer leur amour. Mais, vains plaisirs, qu'il faut peu se fier à vôtre durée! & que les personnes nées pour l'infortune se réjoüissent mal-à-propos, quand il leur arrive un petit bonheur!

Telle étoit la douceur de nos mariés, lors
qu'une

qu'une Dame de leurs amies vint leur témoigner sa joye de celle qu'ils recevoient de leur guérison. Ils répondirent à cette civilité avec toute la discrétion du monde; & les complimens ordinaires en ces occasions faits & rendus, le mari commença une conversation fort raisonnable, sur l'heureux état où ils se trouvoient, après le miserable où ils avoient été. Nôtre épouse, ou pour faire admirer des choses merveilleuses; ou pour se plaire aux malignes, s'étendit avec agrément sur les tours que son démon lui avoit inspiré pour tourmenter son mari. Sur quoi le mari jaloux de l'honneur du sien, ou de sa propre autorité, lui fit entendre que c'étoit trop parler « des choses passées, dont le souvenir lui étoit « fâcheux. Il ajoûta, qu'au bon état où ils se « trouvoient rétablis, elle ne devoit plus songer qu'à l'obéïssance qu'une femme doit à « son époux; comme il ne songeroit de son « côté qu'à user legitimement de ses droits, « pour rendre leur condition aussi heureuse à « l'avenir, qu'elle avoit été jusques-là infortunée. »

La femme offensée du mot d'obéïr, & plus encore de l'ordre de se taire, n'oublia rien pour établir l'égalité dans le mariage; disant que *les diables n'étoient pas si loin, qu'ils ne pûssent être rappellés, en cas que cette égalité fût violée.*

Cette amie, dont j'ai parlé, discrette &

judicieuse autant que personne de son sexe, lui représentoit sagement le devoir des femmes, sans oublier la conduite & les ménagemens où les maris étoient obligés. Mais sa raison, au lieu de l'adoucir, ne faisoit que l'irriter; en sorte qu'elle devint plus insupportable qu'auparavant. » Vous aviez raison, ma
» femme, reprit le mari, les diables n'étoient
» pas si loin, qu'ils n'ayent pû être rappellés;
» ou plûtôt vous avez été si chere au vôtre,
» qu'il a voulu demeurer avec vous, malgré le
» commandement qu'on lui a fait de vous quit-
» ter. Je suis trop foible pour avoir affaire
» moi seul contre vous deux : ce qui m'oblige
» à me retirer, exposé que je suis à des forces
» si dangereuses. Et moi je me retire, dit-
» elle, avec cet esprit qui ne me veut pas
» quitter. Il sera de bien méchante humeur,
» s'il n'est plus traitable qu'un mari si fâcheux
» & si violent. Puis se tournant ves son amie :
» Avant que de me retirer, lui dit-elle, je suis
» bien aise de vous dire, Madame, que j'at-
» tendois toute autre chose de vôtre amitié,
» & de l'interêt que vous deviez prendre en
» celui d'une femme, contre la violence d'un
» mari. C'est une chose bien étrange de me
» voir insulter par celle qui me devroit soute-
» nir. Adieu, Madame, adieu. Vos visites
» font beaucoup d'honneur, mais on s'en pas-
» sera bien, si elles sont aussi peu favorables
» que celle-ci.

Qui

Qui fut bien étonnée, ce fut la bonne & trop sage Dame, instruite par sa propre expérience, que la sagesse même a son excés, & qu'on fait d'ordinaire un usage indiscret de la raison avec les personnes qui n'en ont point. Vous pouvez juger qu'elle ne demeura pas long-tems seule dans un logis, où l'on ne parloit que de démons, & où l'on ne faisoit rien qui ne fut de la derniere extravagance.

Le mari passa le reste du jour & toute la nuit dans sa chambre, honteux de la joye qu'il avoit euë, chagrin du présent, & livré à de fâcheuses imaginations pour l'avenir. Comme l'agitation de la femme avoit été beaucoup plus grande, elle dura moins aussi ; & revenuë assez tôt à son bon sens, elle fit de tristes réflexions sur la perte des douceurs dont elle se voyoit privée.

Certaine nature d'esprit laissoit écouler peu de momens, sans demander raison à celui de discorde, de la ruïne de ses interests & de ses plaisirs. Cet esprit, qui regne plus encore chez les femmes, & particulierement les nuits qu'elles passent sans dormir, prévalut sur toutes choses : en sorte que la bonne épouse, renduë purement à la nature, alla trouver son époux dès qu'il fut jour, pour rejetter tous les désordres passés sur une puissance étrangere, qui n'avoit rien de naturel ni d'humain. Je connois, disoit-elle, dans le bon intervalle où je suis présentement, que nos

« Esprits ne se sont point rendus au comman-
» dement de l'Irlandois ; & si vous m'en
» croyez, mon cher, mais trop malheureux
» mari, nous retournerons lui demander une
» plus forte & plus efficace conjuration.

Le pauvre mari, abattu de chagrin, comme il étoit, n'eût pas résisté à une injure ; jugez s'il ne fut pas bien aise de se rendre à une douceur. Devenu tendre & sensible à cet amoureux retour : » Pleurons, mon cœur, lui dit
» il, pleurons nos communs malheurs, &
» allons chercher une seconde fois le reme-
» de, que la premiere n'a su nous donner.

La femme fut surprise agréablement de ce discours ; car au lieu d'un fâcheux démon, dont elle attendoit les insultes, elle trouva heureusement un homme attendri, qui la consola du mal qu'elle avoit su faire, & qu'il avoit eu à souffrir. Ils passerent une heure ou deux à s'inspirer de mutuelles confiances ; & après avoir mis ensemble tout leur espoir en la vertu du Prophete, ils retournerent à l'hôtel de Monsieur de Comminges, chercher un plus puissant secours que celui qu'ils avoient essayé auparavant.

A peine étoient-ils entrés dans la chapelle, que l'Irlandois les apperçût, & les appellant assez haut, pour être entendu de tout le monde. » Venez, leur dit-il, venez publier les
» merveilles qui se sont operées en vous, &
» rendre témoignage à la vertu toute-puissan-
te,

té, qui vous a délivrés de l'esclavage mal- « heureux dans lequel vous gémissiez. La fem- « me répondit aussi-tôt, sans consulter, « que « pour le témoignage qu'il demandoit, ils « étoient obligés de le rendre à l'opiniâtreté « des démons, & non pas à sa vertu : Car en « verité, vénérable pere, ajoûta-t-elle, de- « puis vôtre belle opération, ils nous ont « tourmentés comme par dépit, plus violem- « ment que jamais. Vous êtes des incrédules, « s'écria le bon Irlandois, animé d'un grand « courroux, ou des ingrats pour le moins, qui « taisez malicieusement le bien qu'on vous a « fait. Venez, approchez, que je vous con- « vainque d'incrédulité ou de malice. «

Quand ils se furent approchés, il examina exactement tous les traits de leur visage : il observa particuliéremens leurs regards ; & comme s'il eût découvert dans la prunelle de leurs yeux quelque impression de ces esprits : Vous avez raison, dit-il tout confus, vous « avez raison ; ils ne sont pas délogés encore. « Ils étoient trop enracinés dans vos corps ; « mais ils y tiendront bien, si je ne les en ar- « rache, par la vertu des paroles que je vais « proferer : QUITTEZ, RACE MAU- « DITE, UN SEJOUR DE REPOS TROP DOUX POUR VOUS, ET ALLEZ FREMIR POUR JAMAIS EN DES LIEUX OU HABITENT L'HORREUR, LA RAGE, ET LE DESESPOIR.

DESESPOIR. *C'en est fait, mes amis, vous êtes assurément délivrés: mais ne revenez pas, je vous prie. Je dois mon temps à tout le monde, & vous en avez eu ce que vous devez en avoir.*

Ce fut-là que nos Patiens crurent être à la fin de tous leurs maux. Ce jour leur parut comme le premier de leur mariage, & la nuit fut attendue avec la même impatience que celle de leurs nôces l'avoit été autrefois. Elle vint, cette nuit tant désirée : mais helas ! qu'elle répondit mal à leurs desirs ! Le trop d'amour fait la honte des amans ; & je laisse à l'imagination du lecteur la confusion d'une avanture,

Où l'excès des desirs
Fait manquer les plaisirs.

Heureusement pour le mari, la femme accusa les démons innocens ; & le prophete fameux ne fut plus à son égard qu'un pauvre Hibernois, qui n'avoit pas la vertu de venir à bout d'un feu-folet.

Quelquefois elle se chargeoit elle-même de la honte de son époux, à l'exemple des Espagnoles, qui s'imputent en ces rencontres la faute de leurs amans, pour être persuadées que la force de leurs charmes ne doit reconnoître ni foiblesse de nature, ni puissance de maléfice. Ainsi la femme, qui accusoit le mari en toute autre chose, lors qu'il étoit le plus innocent, le justifie, quand il a le plus failli à son égard; aimant mieux attribuer un manque de vigueur en lui, à un manque d'appas en elle, que d'envisager nettement un vrai défaut, ruineux pour jamais à ses plaisirs. Mais comme une Dame n'entretient pas volontiers une pensée qui blesse l'interêt de sa beauté, elle rappella bien-tôt en son esprit la malice des démons, & tourna la confusion en dépit contre l'Irlandois, qui n'avoit su les en délivrer. Il y a long-tems, dit-elle brusquement, & comme si elle avoit été inspirée, il y a long-tems que la simplicité de l'Irlandois amuse la nôtre, & je connois bien que nous attendrions vainement de lui nôtre guérison : mais ce n'est pas assez d'être détrompés, la Charité nous oblige à détromper les autres aussi-bien que nous, & à faire connoître sa vanité, ou sa sottise.

Ma Mie, reprit le mari, il n'y a rien de si vrai que le malheur de cette nuit est un pur ouvrage de nos démons. L'Irlandois s'étoit voulu moquer d'eux; ils ont voulu se moquer de lui & de nous, à leur tour. Vous me connoissez, & je me connois : naturellement ce que vous savez n'a pû être; & voilà ce que les conjurations nous ont valu. Au reste, ma mie, quand vous ferez vos reproches à ce beau prophete, prenez garde de ne pas descendre à aucune particularité de cette

» cette nature : qu'il ne vous échappe rien, je
» vous prie, qui nous soit honteux. Tous se-
» crets de famille doivent être cachés ; mais
» celui-ci doit se réveler moins que pas un
» autre.

La femme étoit prête à s'offenser, de se voir soupçonnée d'une telle indiscrétion : mais pour ne pas rebroüiller les choses qui alloient à un bon accommodement, elle promit de parler & de se taire si à propos, que l'Irlandois seul auroit à se plaindre de son procedé.

On cherche ordinairement la nuit pour cacher sa honte, le jour parut ici pour la dissiper ; & ces pauvres gens, qui n'étoient pas encore bien remis de leur malheur, se tournerent avec le Soleil qui réjoüit tout, à l'esperance d'un meilleur succés pour l'avenir. Ils sortirent du lit avec plus de tranquillité qu'ils n'y avoient demeuré ; & après un petit déjeûné & un peu de conversation, pour fortifier les corps & concilier les esprits, ils marcherent en paix vers la maison où ils avoient été deux fois avec confiance, & d'où ils étoient revenus deux fois sans aucun fruit. Ils apprirent que l'Irlandois étoit allé à St. James pour y faire quelques prodiges, à la priere de Monsieur d'Aubigny. C'étoit ce Monsieur d'Aubigny, si connu de tout le monde pour le plus agréable homme qui fut jamais. Voici donc quelques-uns des miracles que je remarquai à St. James, avec moins de crédulité que la multitude, & moins de prevention que Monsieur d'Aubigny.

Déja les aveugles pensoient voir la lumiere qu'ils ne voyoient pas : les sourds s'imaginoient entendre, & n'entendoient point : les boiteux croyoient aller droit, & les perclus pensoient retrouver le premier usage de leurs membres. Une forte idée de la santé avoit fait oublier aux malades leurs maladies ; & l'imagination, qui n'agissoit pas moins dans les curieux, que dans les malades, faisoit aux uns une fausse vûë de l'envie de voir, comme aux autres une fausse guerison de l'envie de guérir. Tel étoit le pouvoir de l'Irlandois sur les esprits : telle étoit la force des esprits sur les sens. Ainsi l'on ne parloit que de prodiges ; & ces prodiges étoient appuyés d'une si grande autorité, que la multitude étonnée les recevoit avec soumission, pendant que quelques gens éclairés n'osoient les rejetter par connoissance. La connoissance timide & assujettie, respectoit l'erreur imperieuse & autorisée : l'ame étoit foible ou l'entendement étoit sain; & ceux qui voyoient le mieux en ces cures imaginaires, n'osoient déclarer leurs sentimens parmi un peuple prévenu ou enchanté.

Tel étoit le triomphe de l'Irlandois, quand nôtre couple fendit la presse courageusement, pour lui venir faire insulte dans toute sa majesté. N'a-tu point de honte, lui dit la femme, d'abuser le peuple simple & crédule, comme tu fais, par l'oftentation d'un pouvoir que tu n'eus jamais? Tu avois ordonné à nos démons de nous laisser en repos, & ils n'ont fait que nous tourmenter encore davantage. Tu leur avois commandé de sortir, & ils s'opiniâtrent à demeurer en dépit de tes ordres; se moquant également de nôtre crédulité, & de ton imbecille impuissance. Le mari continua les mêmes reproches avec les mêmes mépris, jusques à lui refuser le nom d'imposteur, parce qu'il falloit de l'esprit, disoit-il, pour l'imposture, & que ce miserable n'en avoit point.

Le prophete perdit la parole, en perdant l'autorité qui le rendoit vénérable; & ce redoutable pouvoir établi dans un assujettissement superstitieux des esprits, devint à rien aussi-tôt qu'il y eût des gens assez hardis pour ne le pas reconnoître. Alors l'Irlandois surpris, étonné, sortit promptement par la porte de derriere, moins confus toutefois, moins mortifié que le peuple, n'y ayant rien que l'esprit humain reçoive avec tant de plaisir que l'opinion des choses merveilleuses, ni qu'il laisse avec plus de peine & de regret. Pour Monsieur d'Aubigny, il mit bien-tôt le prophete au rang de cent autres qu'il avoit essayés inutilement.

Tout le monde se retira honteux de s'être laissé abuser de la sorte; & chagrin néanmoins d'avoir perdu son erreur. Nos mariés glorieux & triomphans, joüissoient des douceurs de la victoire;

victoire; & Monsieur d'Aubigny, qui passoit d'un esprit à un autre avec une facilité incroyable, quitta le merveilleux à l'instant, pour se donner le plaisir du ridicule avec moi, sur ce qui étoit arrivé. Il n'en demeura pas là, sa curiosité le porta à faire plus particulierement connoissance avec la Dame; qui lui apprit toutes les avantures de leur imaginaire possession.

A MADAME DE COMMINGES.

Sur ce qu'elle dit un jour à Mr. d'Aubigny, qu'elle aimeroit mieux avoir été Helene, que d'être une beauté médiocre.

STANCES IRREGULIERES.

Consolez-vous d'être moins belle
Qu'on ne vous a vûë autrefois;
C'est le destin d'une mortelle:
Helene même en a subi les loix.

Vous avez fait mille conquêtes
Dans le tems de vôtre beauté ;
Songez moins à ce que vous êtes,
Qu'à ce que vous avez été.

Remettez à nôtre memoire
Tout l'interêt de vôtre gloire ;
Il seroit peu judicieux
De le confier à nos yeux.

Nôtre esprit conserve l'image
De vôtre jeune & beau visage ;
Et ce bien détaché de vous,
Se trouve heureusement en sureté chez nous.

C'est comme un dépôt de vos charmes,
Que nous exemtons des allarmes,
De vent, de froid, & de chaleur :
Ici l'on ne craint point le hâle,
La fraîcheur est toûjours égale,
C'est toûjours la même couleur.

Si la personne étoit gardée,
Comme nous gardons nôtre idée ;
Sans déchet & sans changement,
Vous seriez un objet charmant.

J'ai vû que la moindre louange
Etoit de vous nommer un Ange ;
J'ai vû qu'on faisoit de vos yeux
La Lonte de l'astre des cieux.

Tantôt, sous le nom de Clarice,
Vous faisiez des cœurs le supplice ;

Tantôt

Tantôt vous étiez en Iris,
Le charme de tous les esprits.

Vous fûtes Caliste adorable,
Cloris fiere, Philis aimable ;
Vous avez usé tous ces noms,
Epuisé les comparaisons
Qu'on fait à l'objet de sa flâme :
Après tant de titres si doux,
Vous êtes réduite à Madame,
Qui porte simplement le nom de son époux.

Mais pour ce changement, ne soyez pas moins vaine;
    Vous regnez dans le souvenir :
Un jour on parlera de vous comme d'Helene;
    Vous regnerez dans l'avenir.

Une chetive heure présente
Peut-elle faire l'importante
Contre les tems passés, contre les tems futurs ?
La beauté la plus assurée
D'un moment n'est pas adorée,
Et tous les siecles vous sont sûrs.

Lasse de vos rigueurs & de nôtre souffrance,
Vous vous êtes démise enfin de la beauté,
Comme fit autrefois Sylla de la puissance.
Comme lui, vous avez rendu la liberté ;
Comme lui, ne craignez aucune violence :
Vous pouvez marcher seule en toute sureté.

SUR LA MORT DE LA BELLE MARION DE LORME.

STANCES.

PHILIS n'est plus, tous ses appas,
Aussi-bien que toutes mes larmes,
Contre la rigueur du trépas,
Ont été d'inutiles armes.

Ici les amours sont en deüil,
Et la volupté désolée
Cherche à l'entour de son cercueil
Où son ombre s'en est allée.

On l'entend gémir quelquefois
Comme une misérable amante,
Qui du triste accent de sa voix,
Se plaint du mal qui la tourmente.

En des lieux inconnus au jour,
Loin du Soleil qui nous éclaire,
Les seules peines de l'amour
Font sa douleur & sa misere.

Bien loin de ces grands criminels,
Dont le sort est si déplorable,
Bien loin de ces feux éternels,
Dont le Ciel punit un coupable,

Philis

DE SAINT-EVREMOND.

Philis n'a pour toute rigueur
Que le supplice de sa flâme ;
Et rien qu'une triste langueur
Ne consume cette belle ame.

Tantôt elle veut retenir
L'image des choses passées,
Et le plus tendre souvenir
Entretient ses molles pensées.

Tantôt excitant ses desirs,
Son ame encor voluptueuse,
Qui soupire aprés les plaisirs,
S'attache à quelqu'ombre amoureuse.

Dans ses inutiles desseins,
Elle va chercher une bouche,
Elle pense trouver des mains,
Et ne trouve rien qui la touche.

L'esprit veut imiter le corps ;
Et parmi ces faux exercices,
Les desirs, qui sont ses efforts,
Aspirent enfin aux délices.

Cependant il aime toûjours :
Son soin est de se satisfaire,
Et la rigueur de ses amours,
De vouloir, & de ne rien faire.

LETTRE
A Mr. LE MARQUIS
DE CREQUI. (1).

APRES avoir vêcu dans la contrainte des cours, je me console d'achever ma vie dans la liberté d'une republique, où, s'il n'y a rien à esperer, il n'y a pour le moins rien à craindre. Quand on est jeune, il seroit honteux de ne pas entrer dans le monde, avec le dessein de faire sa fortune. Quand nous sommes sur le retour, la nature nous rappelle à nous; & revenus des sentimens de l'ambition au desir de nôtre repos, nous trouvons qu'il est doux de vivre dans un pays où les loix nous mettent à couvert des volontés des hommes; & où, pour être surs de tout, nous n'ayïons qu'à être surs de nous-mêmes.

Ajoûtons à cette douceur, que les magistrats sont fort autorisés dans leurs charges pour l'interêt du public, & peu distingués en leurs personnes par des avantages particuliers. Vous ne voyés donc point de differences odieuses

---

(1) Mr. de St. Evremond écrivit cette Lettre | aprés avoir repassé en Hollande en 1665.

odieuses, dont les honnêtes-gens soient blessés; point de dignités inutiles, de rangs incommodes; point de ces fâcheuses grandeurs, qui gênent la liberté, sans contribuer à la fortune. Ici les Magistrats procurent nôtre repos, sans attendre de reconnoissance, ni de respect même pour les services qu'ils nous rendent. Ils sont sévéres dans les ordres de l'état, fiers dans l'interêt de leur pays avec les nations étrangeres, doux & commodes avec leurs citoyens, faciles avec toutes sortes de personnes privées. Le fond de l'égalité demeure toûjours malgré la puissance; & par-là le crédit ne devient point insolent, la conduite jamais dure.

Pour les contributions, veritablement elles sont grandes; mais elles regardent sûrement le bien public, & laissent à chacun la consolation de ne contribuer que pour soi-même. Ainsi l'on ne doit pas s'étonner de l'amour qu'on a pour la patrie, puis qu'à le bien prendre, c'est un veritable amour propre. C'est trop parler du gouvernement, sans rien dire de celui qui paroît y avoir le plus de part (1). A lui faire justice, rien n'est égal à sa suffisance que son désinteressement, & sa fermeté.

Les choses spirituelles sont conduites avec une

---

(1) *Mr. le Pensionnaire* — De Vvit.

une pareille moderation. La difference de religion, qui excite ailleurs tant de troubles, ne cause pas ici la moindre altération dans les esprits. Chacun cherche le Ciel par ses voyes; & ceux qu'on croit égarés, plus plaints, que haïs, s'attirent une charité pure, & dégagée de l'indiscretion du faux zele.

Comme il n'y a rien en ce monde qui ne laisse quelque chose à desirer, nous voyons moins d'honnêtes-gens que d'habiles, plus de bon sens dans les affaires, que de délicatesse dans les entretiens. Les Dames y sont fort civiles, & les hommes ne trouvent pas mauvais qu'on préfere à leur compagnie celle de leurs femmes: elles sont assez sociables, pour nous faire un amusement; trop peu animées, pour troubler nôtre repos. Ce n'est pas qu'il n'y en ait quelques-unes de très-aimables; mais il n'y a rien à esperer d'elles, ou par leur sagesse, ou par une froideur, qui leur tient lieu de vertu. De quelque façon que ce soit, on voit en Hollande un certain usage de pruderie établi par tout, & je ne sai quelle vieille tradition de continence, qui passe de mere en fille comme une espece de religion.

À la verité, on ne trouve pas à redire à la galanterie des filles, qu'on leur laisse employer bonnement, comme une aide innocente à se procurer des époux. Quelques-unes terminent ce cours de galanterie par un mariage

riage heureux : quelques malheureuses s'entretiennent de la vaine esperance d'une condition qui se differe toûjours, & n'arrive point. Ces longs amusemens ne doivent pas s'attribuer au dessein d'une infidelité méditée. On se dégoûte avec le tems, & le dégoût pour la maîtresse prévient la résolution bien formée d'en faire une femme. Ainsi dans la crainte de passer pour trompeur, on n'ose se retirer, quand on ne veut pas conclure ; & moitié par habitude, moitié par un sot honneur qu'on se fait d'être constant, on entretient languissamment les miserables restes d'une passion usée. Quelques exemples de cette nature font faire de serieuses reflexions aux plus jeunes filles, qui regardent le mariage comme une avanture, & leur naturelle condition comme le veritable état où elles doivent demeurer.

Pour les femmes, s'étant données une fois, elles croyent avoir perdu toute disposition d'elles-mêmes ; & ne connoissant plus que la simplicité du devoir, elles feroient conscience de se garder la liberté des affections, que les plus prudes se réservent ailleurs, sans aucun égard à leur dépendance. Ici tout paroît infidelité ; & l'infidelité, qui fait le merite galant des cours agréables, est le plus gros des vices chez cette bonne nation, fort sage dans la conduite & dans le gouvernement, peu savante dans les plaisirs délicats & les mœurs polies. Les maris payent cette fidelité

de

de leurs femmes d'un grand assujettissement; & si quelqu'un, contre la coutume, affectoit l'empire dans la maison, la femme seroit plainte de tout le monde comme une malheureuse, & le mari décrié comme un homme de très-méchant naturel.

Une misérable expérience me donne assez de discernement pour bien démêler toutes ces choses, & me fait regretter le tems où il est bien plus doux de sentir que de connoître. Quelquefois je rappelle ce que j'ai été, pour ranimer ce que je suis; & du souvenir des vieux sentimens, il se forme quelque disposition à la tendresse, ou du moins un éloignement de l'indolence. Tyrannie heureuse que celle des passions qui font les plaisirs de nôtre vie! Fâcheux empire que celui de la raison, s'il nous ôte les sentimens agréables, & nous tient dans une inutilité ennuyeuse, au lieu d'établir un veritable repos!

Je ne vous parlerai guére de la Haye: il suffit que les voyageurs en sont charmés, après avoir vu les magnificences de Paris, & les raretés d'Italie. D'un côté, vous allez à la mer, par un chemin digne de la grandeur des romains: de l'autre, vous entrez dans un bois, le plus agréable que j'aye vu de ma vie. Dans le même lieu, vous trouvez assez de maisons, pour former une grande & superbe ville; assez de bois & d'allées, pour faire une solitude délicieuse. Aux heures particulieres, on y

trouve

trouve l'innocence des plaisirs des champs: aux heures publiques, on y voit tout ce que la foule des villes les plus peuplées sauroit fournir. Les maisons y sont plus libres qu'en France aux tems destinés à la societé; plus resserrées qu'en Italie, lors qu'une régularité trop exacte fait retirer les étrangers, & remet la famille dans un domestique étroit. De tems en tems nous allons faire nôtre cour au jeune Prince (1), à qui je laisserai sujet de se plaindre, si je dis seulement que jamais personne de sa qualité n'a eu l'esprit si bien fait que lui à son âge. A dire tout, je dirois des verités qu'on ne croiroit point, & par un secret mouvement d'amour propre, j'aime mieux taire ce que je connois, que manquer à être cru de ce que vous ne connoissez pas.

(1) *Le Prince d'Orange, qui n'avoit alors que quatorze ans.*

XI.

CONVERSATION
DU DUC
DE CANDALE
AVEC Mr.
DE S. EVREMOND.

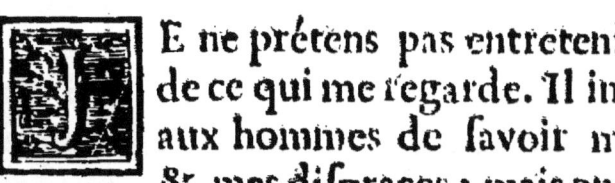E ne prétens pas entretenir le public de ce qui me regarde. Il importe peu aux hommes de savoir mes affaires & mes disgraces : mais on ne sauroit trouver mauvais sans chagrin, que je fasse reflexion sur ma vie passée ; & que je détourne mon esprit de quelques fâcheuses considerations, sur des pensées un peu moins désagréables. Cependant, comme il est ridicule de parler toûjours de soi, fût-ce à soi-même, plusieurs personnes de grand mérite seront mêlées dans ce discours, qui me fera trouver plus de douceur, qu'aucune conversation ne

m'en peut donner, depuis que j'ai perdu celle de Mr. d'Aubigny (1).

A la prison de Monsieur le Prince (2), j'avois un fort grand commerce avec Monsieur de Candale. Les plaisirs l'avoient fait naître, & il étoit entretenu par de simples agrémens, sans dessein & sans interêt. Il avoit vécu auparavant dans une étroite amitié avec Moret (3) & le chevalier de la Vieuville; & Vineuil avoit donné à cette union le nom de Ligue, par une espece de ridicule, qu'elle meritoit assez. En effet, ils avoient mille secrets de bagatelles: ils faisoient des mysteres de rien, & se retiroient en particulier dix fois le jour, sans aucun plaisir d'être ensemble, que celui d'être separés des autres. Je ne laissois pas d'être de leur societé, mais jamais de leur confidence, qui se rompit à la fin sans aucun sujet de broüillerie entr'eux.

Monsieur de Vardes en s'en allant à l'armée, avoit laissé à Paris une maîtresse aussi aimable que femme du monde (4): mais elle avoit été aimée, & avoit aimé; & comme sa tendresse s'étoit épuisée dans ses premieres amours, elle n'avoit plus de passion veritable. Ses affaires n'étoient plus qu'un interêt de galanterie,

(1) *Mr. d'Aubigny mourut en 1655.*
(2) *En 1650.*
(3) *Le Comte de Moret, frere ainé du Marquis de Vardes.*
(4) *Madame de St. Loup.*

galanterie, qu'elle conduisoit avec un grand art ; d'autant plus qu'elle paroissoit naturelle, & faisoit passer la facilité de son esprit pour une naïveté de sentimens. Son histoire étant connuë, elle ne prenoit pas le parti de faire la prude impudemment ; mais elle tournoit une vie de peu d'éclat où elle se voyoit réduite, en une vie retirée, & ménageoit avec beaucoup de dessein une fausse negligence. Elle n'alloit pas au Louvre disputer un galant contre ces jeunes beautés qui font tout le bruit dans le monde : elle savoit l'en tirer avec adresse, & n'avoit pas moins d'industrie pour le conserver, qu'elle en avoit eu pour se l'acquerir. Un simple commerce de bienséance ne lui eût pas été permis avec une femme tant soit peu aimable, & une amitié ordinaire avec les hommes se reprochoit, comme une tendresse dérobée à son amour. Les plaisirs particuliers lui faisoient craindre un attachement : elle appréhendoit d'être oubliée dans les divertissemens de foule ; sur tout elle crioit contre les repas du commandeur (1), où l'on respiroit certain air de liberté, ennemi des passions délicates. Enfin, si elle n'avoit tous vos soins, elle se plaignoit d'être abandonnée ; & parce qu'elle se disoit toute à vous, elle vouloit que vous fussiez tout à elle.

Monsieur

(1) *De Souvré.*

Monsieur de Vardes absent ne put maintenir long-tems une maîtresse de cette humeur. Elle se rendit à la vûë du jeune Monsieur de Candale ; encore, dit-on, que ses desseins avoient prévenu l'impression que fait la presence, & qu'elle avoit songé à se le mettre entre les mains, avant que de le connoître. Monsieur de Vardes fut sensible à ce changement, comme à la perte d'un plaisir qui lui étoit fort cher ; mais en honnête-homme, il ne s'en fit pas une affaire, & il regarda Monsieur de Candale avec le dépit d'un rival, sans jamais y mêler la haine d'un ennemi.

Moret, dont la gravité représentoit l'honneur en toutes choses, se tint offensé en la personne de son frere, & prit pour un veritable affront ce que l'interessé avoit reçû comme un simple déplaisir. Ses plaintes furent d'abord assez fieres : les voyant mal reçûës dans le monde, il changea de discours sans changer de procedé. Il se disoit malheureux de n'avoir pu s'attirer les égards d'une personne pour laquelle il avoit eu tant de consideration toute sa vie : il disoit que Monsieur de Candale étoit peu à plaindre, qu'il trouveroit des amis plus dignes de son amitié, & qu'avec beaucoup de déplaisir il se voyoit obligé d'en chercher d'autres sur lesquels il pût faire plus de fondement. C'étoit le langage qu'il tenoit à tout le monde, avec une fausse modestie, qui marque plus la bonne opinion qu'on a de soi, que ne feroit une présomption légérement déclarée. Pour le chevalier de la Vieuville, il se tint désobligé, aussi-tôt que Moret pensa l'être; & tant pour lui plaire, que par la vivacité de son naturel, il anima un peu plus les reproches.

Je voyois Monsieur de Candale à l'ordinaire; & comme il luy falloit toûjours quelque confident, je le devins aussi-tôt de ses plaintes sur le procedé de ces Messieurs, & peu de tems après de sa passion pour Madame de Saint Loup. Dans la chaleur de cette nouvelle confidence, il ne pouvoit se passer de moi, pour me confier en secret de petites choses, fort cheres aux amans, & très-indifferentes à ceux qui sont obligés de les écouter. Je les recevois comme des mystéres, & les sentois comme des bagatelles importunes. Mais son humeur étoit agréable: je trouvois son procedé obligeant, & il avoit un air si noble en toute sa personne, que je prenois plaisir à le regarder, au même tems que j'en avois peu à l'entendre. Jusques-là, je n'avois pas eu le moindre dessein dans son commerce. Quand je me vis maître de son esprit, si je l'ose dire, je pensai que je ne ferois pas mal de ménager une personne, qui devoit être un jour fort considerable. Alors je me fis une étude particuliere de le bien connoître, & n'oubliai rien pour le prendre par tous les endroits où il pouvoit être sensible. Je loüois sa maîtresse sans trahir

mes

mes sentimens; car elle me paroissoit fort aimable, & je blâmois le procedé de Moret & du chevalier de la Vieuville, qui, selon mon sens, n'avoient aucune raison.

Il y a des insinuations honnêtes, dont le moins artificieux se peut servir: Il y a des complaisances aussi éloignées de l'adulation que de la rudesse. Comme Monsieur de Candale avoit l'ame passionnée, je mêlois dans nos entretiens ce que je connoissois de plus tendre. La douceur de son esprit faisoit une certaine délicatesse, & de cette petite délicatesse il se formoit assez de discernement pour les choses qui n'avoient pas besoin d'être approfondies. Outre le naturel, il y tournoit son esprit par étude, & par étude je lui fournissois des sujets où il pouvoit employer cette espece de lumiere. Ainsi nous nous separions sans aucuns de ces dégoûts qui commencent à la fin des conversations, & content de moi, pour l'être de lui, il augmentoit son amitié à mesure qu'il se plaisoit davantage.

Ceux qui cherchent de la docilité dans les esprits, établissent rarement la supériorité du leur, sans faire sentir avec chagrin une humeur impérieuse. Le mérite ne fait pas toujours des impressions sur les plus honnêtes-gens: chacun est jaloux du sien, jusqu'à ne pouvoir souffrir aisément celui d'un autre. Une complaisance mutuelle concilie ordinairement les volontés: néanmoins, comme on donne autant par là qu'on reçoit, le plaisir d'être flatté se paye cherement quelquefois, par la peine qu'on se fait à flatter un autre. Mais qui veut bien se rendre approbateur, & ne se soucie pas d'être approuvé, celui-là oblige à mon avis doublement ; il oblige de la loüange qu'il donne, & de l'approbation dont il dispense. C'est un grand secret dans la familiarité d'un commerce, de tourner les hommes, autant qu'on le peut honnêtement, à leur amour-propre. Quand on sait les rechercher à propos, & leur faire trouver en eux des talens dont ils n'avoient pas l'usage, ils nous savent gré de la joye secrette qu'ils sentent de ce merite découvert, & peuvent d'autant moins se passer de nous, qu'ils en ont besoin pour être agréablement avec eux-mêmes.

Peut-être ai-je tort de quitter des choses particulieres pour m'étendre sur des observations générales. J'y serois plus scrupuleux, si j'avois à entretenir le public d'affaires de grande consideration. Comme je ne parle qu'à moi seul sur une matiere peu importante, je pratique à mon égard ce que j'ai fait à celui d'un autre ; & ne cherchant qu'à me plaire, je suis ingénieux à tirer de mon esprit des pensées qui me contentent. Je veux donc me laisser aller à ma fantaisie, pourvu que ma fantaisie n'aille pas tout-à-fait à l'extravagance ; car il faut éviter le déréglement aussi-bien que la contrainte : & pour revenir à quelque sorte
de

de régularité, je reprens la narration que j'ai commencée.

La premiere chose que fit la cour à la détention de Monsieur le Prince, fut d'aller en Normandie, pour en chasser Madame de Longueville, & ôter aux créatures de sa maison les gouvernemens qui étoient entre leurs mains. Je fis le voyage avec Monsieur de Candale, & deux jours entiers d'un tems & d'un chemin assez fâcheux, nous eûmes une conversation presque continuë, & assez agréable, pour être fort variée.

Après nous être épuisés à parler de sa passion ; de celle de quelques autres ; & indifferemment de tous les plaisirs, nous vînmes à tomber insensiblement sur le miserable état où se trouvoit Monsieur le Prince, avec tant de gloire, & après tant de grandeurs. Je lui dis « Qu'un Prince si grand & si malheureux devoit être plaint de tout le monde : Que sa « conduite à la verité avoit été peu respec- « tueuse pour la Reine, & un peu fâcheuse « pour Monsieur le Cardinal ; mais que c'é- « toient des fautes à l'égard de la cour, & « non pas des crimes contre l'état, capables « de faire oublier les services importans qu'il « avoit rendus : Que ses services avoient sou- « tenu Monsieur le Cardinal, & assûré le pou- « voir dont Son éminence venoit de se servir « pour le perdre : Que la France eût peut-être « succombé au commencement de la regen- «
«

» ce, sans la bataille de Rocroi qu'il avoit ga-
» gnée : Que la cour avoit fait toutes les fau-
» tes sans lui après la bataille de Lens, & ne
» s'étoit sauvée que par lui dans la guerre de
» Paris : Qu'après avoir si bien servi, il n'a-
» voit fait que déplaire par l'impétuosité d'une
» humeur dont il n'avoit pû être le maître ;
» mais que tous ses desseins & ses actions al-
» loient pleinement au service du Roi, & à la
» grandeur du Royaume. Je ne sai pas, ajoû-
» tai-je, ce que la cour gagnera par sa prison;
» mais je sai bien que les Espagnols ne pou-
» voient rien souhaiter de plus favorable.

Je suis obligé, dit Monsieur de Candale, je suis obligé à Monsieur le Prince de mille honnêtetés qu'il a euës pour moi, malgré son chagrin contre Monsieur d'Espernon mon pere. J'ai été peut-être un peu plus sensible que je ne devois à des obligations si légéres, & je n'ignore point qu'on m'a accusé de ne prendre pas assez de part aux interêts de ma maison. Tous ces discours ne m'ont pas empêché d'être son serviteur, & ses disgraces ne m'en empêchent pas encore : mais dans l'attachement que j'ai à la cour, je ne puis donner qu'une douleur secrette à ses malheurs, inutile pour lui en l'état qu'il est, & ruineuse pour moi, si je la fais paroître.

» Voila, repris-je, les sentimens d'un fort
» honnête-homme, & que je trouve d'autant
» plus généreux, que la prison de Messieurs
» les Princes est la chose la plus avantageuse

que

que vous puissiez desirer. Je vous regarde «
aujourd'hui comme le plus considerable «
homme de France, si vous voulez l'être. «
On vient de mettre nos Princes du Sang au «
bois de Vincennes, dont apparemment ils ne «
sortiront pas si-tôt. Monsieur de Turenne «
& Monsieur de Boüillon se sont éloignés, «
pour les servir. Monsieur de Nemours n'est «
de rien, tout honnête-homme qu'il est, & «
ne sait présentement quel parti prendre. «
Monsieur de Guise est prisonnier en Espa- «
gne. Tout le reste de nos grands seigneurs «
est suspect, ou negligé de Monsieur le Car- «
dinal. Dans la situation où sont les choses, «
si vous ne savez pas faire valoir la considera- «
tion de vos établissemens, & les bonnes «
qualités de vôtre personne, ne rejettez rien «
sur la fortune, qui vous sert si bien : prenez- «
vous-en à vous seul ; car c'est vous qui man- «
querez à vous-même. «

Il m'écouta avec la plus grande attention du monde ; & plus touché de mon discours que je ne me l'étois imaginé, il me remercia avec chaleur des ouvertures que je lui avois données. Il me dit bonnement que la jeunesse & les plaisirs l'avoient empêché de s'appliquer à rien de serieux jusques-là ; mais qu'il étoit résolu de quitter son inutilité, & de mettre tout en usage pour se donner de la consideration. *Je vais vous faire une confidence, poursuivit-il, que je n'ai jamais faite à personne :*
vous

vous ne sauriez croire l'inclination que Monsieur le Cardinal a pour moi. Vous savez qu'il a quelque dessein de me faire épouser une de ses nièces, & l'on croira aisément que sa bonne volonté est fondée sur le projet de cette alliance : j'y en attribuë moi-même une partie : mais je ne m'y connois point, ou il a pour moi quelque foible. Je vous confierai encore un plus grand secret, c'est que je ne me sens aucune amitié pour lui, & à vous parler nettement, j'ai le cœur aussi dur pour son Eminence, que son Eminence le sauroit avoir pour le reste des courtisans.

» J'aimerois beaucoup mieux, lui dis-je,
» que vous eussiez quelque tendresse ; car il se-
» ra difficile que vos veritables sentimens
» échappent à sa pénétration. Si vous m'en
» croyez, vous le verrez rarement en particu-
» lier, & lors que vous y crez obligé, entre-
» tenez-le de vôtre dévouëment en général,
» sans vous laisser conduire dans un détail cu-
» rieux, qui lui donne le loisir de vous exami-
» ner, & la facilité de vous connoître. Quand
» le Roi & la Reine seront chez lui ; quand il
» cherchera à se divertir avec ses courtisans
» ordinaires, ne manquez jamais de vous y
» trouver : & là par toute sorte de complaisan-
» ces & d'agrémens, tâchez d'entretenir une
» amitié qu'il est assez disposé à entretenir de
» lui-même. S'il étoit d'humeur à se faire un
» vrai favori, sa familiarité vous seroit avan-
» tageuse : mais sa bonne volonté ne pouvant

être

tere si pure, qu'il n'y entre du dessein, un grand commerce lui fera découvrir tous vos foibles, avant que vous ayez trouvé le moindre des siens. Quelque dissimulation qu'un homme de vôtre âge puisse avoir, ce ne lui est pas un petit malheur d'avoir à souffrir les observations d'un vieux ministre, supérieur par l'avantage du poste, & par celui de l'expérience. Croyez-moi, Monsieur, il est dangereux de voir trop souvent un habile-homme, quand la difference, & souvent la contrarieté des interêts ne permet pas de s'y fier. Si cette maxime peut être reçûë chez les autres nations, elle est comme infaillible dans la nôtre, où la pénétration pour découvrir va plus loin que la dissimulation pour se cacher. Ne présumez donc pas de pouvoir combattre Monsieur le Cardinal par son art, ni de faire contester vos finesses avec les siennes. Contentez-vous de ménager vos agrémens avec beaucoup de conduite, & laissez agir son inclination. L'inclination est un mouvement agréable, qui nous est d'autant plus cher, qu'il nous semble purement nôtre. Il naît dans le fond de nos tendresses, & s'y entretient mollement avec plaisir : en quoi il differe de l'estime, laquelle est reçûë comme une chose étrangere ; une chose qui ne s'établit & ne se maintient point en nous par la faveur de nos sentimens, mais par la

„ justice que nous sommes obligés de rendre
„ aux personnes vertueuses.

„ Nous allons tomber dans un tems où ap-
„ paremment Monsieur le Cardinal aura be-
„ soin de ses serviteurs. Il faut vous faire
„ considerer comme un homme utile, aprés
„ vous être fait aimer comme une personne
„ agréable. Le moyen d'être tout-à-fait bien
„ avec lui, c'est de remplir ses vûës d'interêt,
„ aussi-bien que les sentimens de son affec-
„ tion; & c'est ce que vous ferez infaillible-
„ ment, en lui promettant une grande con-
„ deration que vous vous serez donnée. Elle
„ ne vous manquera pas, si vous vous éloignez
„ de la conduite de Monsieur d'Espernon,
„ sans vous éloigner de ses interêts, qui doi-
„ vent toûjours être les vôtres. Heureusement
„ la nature vous a donné une humeur trop op-
„ posée à la sienne. Il n'y a rien de si contraire
„ que la douceur de vôtre esprit, & l'austeri-
„ té du sien; que vôtre complaisance, & ses
„ chagrins; que vos insinuations, & sa fier-
„ té. Laissez-vous donc aller à vôtre naturel
„ presque en toutes choses: mais donnez-vous
„ garde de prendre sans y penser les senti-
„ mens d'une fausse gloire. On démêle mal-
„ aisément la fausse d'avec la veritable. Une
„ hauteur mal entenduë passe pour une gran-
„ deur d'ame; & trop sensible à ce qui vient
„ de la qualité, on est moins animé qu'on ne
„ doit pour les grandes choses. Voici le portrait

trait de Monsieur d'ESPERNON, si je
ne me trompe. Dans le respect qu'il exige,
dans les devoirs qu'on lui rend, il oubliera
ce qu'on doit au Gouverneur & au Colonel (1), pourvu qu'on rende à Monsieur
d'Espernon ce qu'on ne lui doit pas. Je ne
dis point que la distinction ne doive être
agréable aux personnes de grande qualité ;
mais il faut se l'attirer, & non pas se la faire
présomptueusement soi-même.

Il seroit honteux de laisser perdre les
choses établies par le mérite & par le crédit de ses prédecesseurs; on ne sauroit avoir
trop de fermeté à maintenir ces sortes de
droits, quand la possession en est laissée:
mais il n'en va pas ainsi en des prétentions
nouvelles, qui doivent être établies par délicatesse & par douceur, avant que d'être
apperçûës. C'est-là qu'il vous faut aller
adroitement aux autres, pour les faire venir
insensiblement à vous ; & au lieu de prendre
avec fierté ce qu'on peut refuser avec justice, un habile-homme employe toute son
industrie à se faire donner ce qu'il ne demande pas.

Soyez honnête, officieux, liberal : que
chacun trouve chez vous sa commodité &
son plaisir ; on vous portera volontairement

_____

(1) Le Duc d'Espernon étoit alors Gouverneur de Guienne, & Colonel Gé-néral de l'Infanterie.

„ ce que vous exigerez sans succès par une
„ hauteur affectée. Personne n'est blessé du
„ respect qu'il veut bien rendre, parce qu'il
„ peut ne le rendre pas, & qu'il pense donner
„ des marques de son amitié, plûtôt que de
„ son devoir. La jalousie de la liberté est
„ commune à tous les hommes: mais diverses
„ gens la font consister en diverses choses. Les
„ uns rejettent toute superiorité: le choix des
„ superieurs tient lieu de liberté à quelques
„ autres. Le François particuliérement est de
„ cette humeur: impatient de vôtre autorité
„ & de sa franchise, il ne sauroit recevoir de
„ maîtres sans chagrin, ni demeurer le sien
„ sans dégoût: ennuyé de sa propre possession,
„ il cherche à se donner; & trop content de la
„ disposition de sa volonté, il s'assujettit avec
„ plaisir, si on lui laisse faire sa dépendance.
„ C'est à peu près nôtre naturel, que vous de-
„ vez consulter plûtôt que le vôtre dans la
„ conduite que vous avez à tenir.
„ Il y a deux choses parmi nous, qui appor-
„ tent des distinctions fort considerables; la
„ faveur du Roi déclarée, & un grand meri-
„ te à la guerre bien reconnu. La faveur qui
„ ne diminuë rien en Espagne de la jalousie des
„ rangs, leve bien des contestations en Fran-
„ ce, où chacun se laisse conduire purement à
„ l'interêt, sous prétexte d'honorer la con-
„ fiance ou l'inclination du Prince. Les plus
„ corrompus, dont le nombre est grand, portent

tent leur servitude où ils croyent trouver « leur fortune ; & ceux qui s'abandonnent le « moins, ne laissent pas de se faire un merite « de leur souplesse. On voit bien quelques « faux généreux, qui mettent ridiculement « leur honneur à méprifer les ministres : on « voit des esprits rudes, qui pensent être fer- « mes ; mais il est peu de gens habiles & hon- « nêtes, qui sachent conserver de la dignité « en ménageant leurs affaires. A le bien pren- « dre, tout cede à nos favoris, si la cour ne « fort pas de sa situation ordinaire. Pour le « merite de la guerre, il apporte une confide- « ration fort grande ; & quand on a comman- « dé dignement de grosses armées, il reste « une impression de cette autorité, qui se « conserve dans la cour même. On honore « avec plaisir un général qui a fait acquerir de « l'honneur : ceux même qui en ont le moins « acquis, se souviennent agréablement des fa- « tigues dans la mollesse. On s'entretient des « actions passées dans l'inutilité présente ; on « rappelle la memoire du peril dans la sureté : « l'image de la guerre enfin ne se présente « point dans la paix sans un souvenir du com- « mandement qu'on a exercé sur nous, & de « l'obéïssance que nous avons renduë. C'est « à ce merite de la guerre que l'ambition « vous doit pousser : c'est-là que vous devez « appliquer tous vos soins, pour arriver quel- « que jour au commandement des armées. «

„ Un emploi si noble & si glorieux, égale les
„ sujets aux souverains dans l'autorité ; &
„ comme il fait quelquefois d'un particulier
„ un conquerant, il peut faire du Prince le
„ mieux établi le dernier des miserables, s'il
„ neglige une vertu necessaire à soutenir sa
„ fortune. Lors que vous aurez bien reglé vô-
„ tre conduite pour la cour, & animé vôtre
„ ambition pour la guerre, il vous restera en-
„ core à vous donner des amis, dont la répu-
„ tation bien établie puisse contribuer à la vô-
„ tre, & qui fassent valoir vôtre application
„ nouvelle, quand vous vous donnerez plus
„ de mouvement.

„ De tous les hommes que je connois, il n'y
„ en a point avec qui je vous souhaite un com-
„ merce plus particulier qu'avec Monsieur de
„ Palluau (1) & avec Monsieur de Miossens
„ (2). La grande liaison que j'ai avec l'un &
„ l'autre, pourroit vous rendre suspect le bien
„ que j'en dis toûjours : mais ne craignez pas
„ en cela de déferer à mon sentiment, &
„ croyez qu'on trouve mal-aisément de si
„ honnêtes-gens qu'eux dans le monde. J'a-
„ voûë pourtant que l'amitié de Monsieur le
Marquis

(1) Philippe de Cle-
rembaut, Comte de Pal-
luau, fait Maréchal de
France en 1653. Il mou-
rut en 1665.

(2) Cesar Phœbus
d'Albret, Comte de Mios-
sens, fait Maréchal de
France en 1653. & mort
en 1676.

Marquis de CREQUI (1) me semble préfe- "
rable à toute autre : sa chaleur pour ses "
amis, si vive & si animée ; sa fidelité si pure "
& si nette, me la font estimer infiniment. "
D'ailleurs, son ambition, son courage, "
son génie pour la guerre, un esprit univer- "
sel, qui s'étend à tout, ajoûtent à l'amitié "
une consideration fort particuliere. On lui "
peut donner sans faveur ce bel éloge qu'on "
donnoit à un ancien : *Ita ut ad id unum na-* "
tus esse videretur quod aggrederetur. Quand "
son choix le détermina à sa profession, la "
nature l'avoit préparé à toutes ; capable de "
cent choses differentes ; aussi propre à ce "
qui regarde le métier des autres, qu'à ce "
qui touche le sien. Il pourroit se donner de "
la réputation par les lettres, s'il ne la vou- "
loit toute par les armes. Une gloire ambi- "
tieuse ne souffre point les petites vanités ; "
mais il n'en est pas moins curieux ; & cher- "
chant dans une étude secrette le plaisir par- "
ticulier de s'instruire, il joint à l'avantage "
de savoir beaucoup, le mérite de cacher dis- "
crettement ses connoissances. Peut-être ne "
croyez-vous pas pouvoir rencontrer dans la "
jeunesse où il est ce qu'à peine on attend de "
l'âge le plus avancé, & j'avouë que nous "
donnons quelquefois aux jeunes gens une "
estime

---

(1) *François de Cre-* *nes, fait Maréchal de*
qui Marquis de Mari- *France en 1668.*

,, eſtime précipitée par la faveur de nos ſenti-
,, mens. Quelquefois auſſi nous rendons une
,, juſtice bien lente à leur vertu, oubliant à
,, loüer ce qu'ils font de bien dans le tems de
,, l'exercice & de l'action, pour donner des
,, loüanges à ce qu'ils ont fait, dans la ceſſa-
,, tion & le repos. Rarement on ajuſte la ré-
,, putation à la vertu, & j'ai vu mille gens en
,, ma vie eſtimés ou du mérite qu'ils n'avoient
,, pas encore, ou de celui qu'ils n'avoient déja
,, plus. On trouve en Monſieur le Marquis de
,, Crequi un ajuſtement très-rare. Quelques
,, grandes eſperances qu'il donne de l'avenir,
,, il fournit dans le préſent de quoi contenter
,, les plus difficiles, & il a ſeulement à déſirer
,, ce que les autres ont à craindre, l'attention
,, des obſervateurs, & la délicateſſe des bons
,, juges.
,, Un premier miniſtre, un favori qui cher-
,, cheroit dans la cour un ſujet digne de ſa
,, confiance, n'en ſauroit trouver, à mon
,, avis, qui la merite mieux que Monſieur de
,, RUVIGNY (1). Vous verrez peut-être en
,, quelques autres ou un talent plus brillant,
,, ou de certaines actions d'un plus grand éclat
,, que les ſiennes. A tout prendre, à juger des
,, hommes par la conſideration de toute la vie,
,, je n'en connois point qu'on doive eſtimer
davantage,

(1) *Le Marquis de Ru-* | *de Gallwvay.*
vigny, ſere du Comte |

davantage, & avec qui l'on puisse entretenir "
plus long-tems une confidence sans soup- "
çon, & une amitié sans dégoût. Quelques "
plaintes que l'on fasse de la corruption du "
siecle, on ne laisse pas de rencontrer enco- "
re des amis fideles : mais la plûpart de ces "
gens d'honneur ont je ne sai quoi de rigide, "
qui feroit préferer les insinuations d'un "
fourbe à une si austere fidelité. Je remarque "
dans ces hommes, qu'on appelle solides & "
essentiels, une gravité qui vous importune, "
ou une pesanteur qui vous ennuye. Leur "
bon-sens même, pour vous être utile une "
fois dans vos affaires, entre mal-à-propos "
tous les jours dans vos plaisirs. Cependant, "
il faut ménager des personnes qui vous gê- "
nent, dans la vûë que vous pourrez en avoir "
besoin ; & parce qu'ils ne vous tromperont "
pas, quand vous leur confierez quelque "
chose, ils se font un droit de vous incom- "
moder aux heures que vous n'avez rien à "
leur confier. La probité de Monsieur de Ru- "
vigny, aussi propre que la leur pour la con- "
fiance, n'a rien que de facile & d'accommo- "
dant pour la compagnie : c'est un ami sur & "
agréable, dont la liaison est solide ; dont la "
familiarité est douce ; dont la conversation "
est toûjours sensée & toûjours satisfaisante. "

La prison de Monsieur le Prince a fait "
sortir de la cour une personne considera- "
ble, que j'honore infiniment ; c'est Mon- "
sieur

» sieur de la Rochefoucault, que son cou-
» rage & sa conduite feront voir capable
» de toutes les choses où il veut entrer. Il
» va trouver de la réputation où il trouvera
» peu d'intérêt, & sa mauvaise fortune fera
» paroître un mérite à tout le monde, que la
» retenuë de son humeur ne laissoit connoître
» qu'aux plus délicats. En quelque fâcheuse
» condition où sa destinée le réduise, vous le
» verrez également éloigné de la foiblesse &
» de la fausse fermeté ; se possedant sans crain-
» te dans l'état le plus dangereux, mais ne
» s'opiniâtrant pas dans une affaire ruineuse,
» par l'aigreur d'un ressentiment, ou par quel-
» que fierté mal entenduë. Dans la vie ordi-
» naire, son commerce est honnête, sa con-
» versation juste & polie : tout ce qu'il dit est
» bien pensé ; & dans ce qu'il écrit, la facilité
» de l'expression égale la netteté de la pensée.
» Je ne vous parle point de Monsieur de Tu-
» renne : ce seroit trop de présomption à un
» particulier de croire que ses sentimens pus-
» sent être considerés parmi les témoignages
» publics, & la justice universelle que les na-
» tions lui ont renduë. D'ailleurs il ne faut
» pas vous entretenir long-tems de personnes
» éloignées, qui ne peuvent contribuer en rien
» à vos intérêts.

  » Je reviens à Monsieur de Palluau & à
» Monsieur de Miossens, pour les dépeindre
» par des qualités qui vous seront ou agréables,

bles, ou utiles. Vous trouverez dans le «
commerce de Monsieur de Palluau tous «
les agrémens imaginables, autant de secret «
& de sureté que vous en puissiez desirer. «
N'attendez pas de lui les empressemens «
d'un jeune homme qui s'entête de vous ser- »
vir, & dont vous avez plus à redouter l'im- «
prudence, qu'à désirer la chaleur. Il fera «
toûjours à propos ce que vous exigerez de «
lui, & ne manquera point aux offices que «
fait rendre un courtisan délicat. Si vôtre «
amitié est une fois bien liée, il s'interessera «
dans vôtre conduite, plus utile pour la re- «
gler par ses conseils, que propre à pousser «
vos affaires à bout par sa vigueur. Je l'ai «
toûjours vu fort opposé aux faux généreux; »
& pour avoir tourné en ridicule l'ostenta- «
tion d'une probité affectée, plusieurs ont «
cru qu'il étoit assez indifferent pour la veri- «
table. Je puis dire néanmoins que je n'ai ja- «
mais connu en personne une honnêteté plus «
naturelle; sans fourbe, sans artifice, sans fi- »
nesse avec ses amis; attaché à la cour sans «
prostitution aucune, & tâchant de plaire «
avec une délicatesse éloignée de toute sorte «
d'adulation. «

Une liaison vous sera plus avantageuse «
pour vos affaires avec Monsieur de Mios- «
sens, particulierement dans une conjonc- «
ture comme celle-ci, où l'on devra presque «
tout à l'industrie. Il va être admirable dans «

une

» une cour où il y aura divers interêts, &
» beaucoup d'intrigues. Il entrera d'abord
» avec vous, esperant que vous lui serez bon à
» quelque chose ; & si vous vivez bien avec
» lui, il se fera un honneur particulier de vous
» être bon à tout. Pour peu que vous soyez
» soigneux, vous attirerez tous ses soins : si
» vous êtes complaisant, il sera flateur : ayez
» quelque tendresse, il sera plus sensible qu'on
» ne croit, & qu'il ne pensera lui-même. Alors
» il quitte les vûës d'interêt, & animant son
» commerce de toute la chaleur de l'amitié,
» il se charge à la fin de vos affaires comme
» des siennes : industrieux, ponctuel, diligent
» à les poursuivre; ne comptant pour rien ces
» offices généraux, dont les liaisons ordinaires
» s'entretiennent, il ne croira pas que vous
» deviez être content de lui, & ne le sera pas
» lui-même, qu'il ne vous ait effectivement
» servi. Le seul danger qu'il y ait, c'est de
» choquer la délicatesse de son humeur : un
» oubli, une indifference témoignée sans y
» penser, pourroit faire naître serieusement la
» sienne : une raillerie sur une Demoiselle
» qu'il aime, un discours qu'il aura fait, mal
» pris, ou plaisamment tourné, lui seront des
,, injures sensibles ; & sans proportion du res-
,, sentiment à l'offense, il cherchera peut-être
,, à se vanger dans les choses qui vous impor-
,, tent le plus. Comme il n'y a personne plus
» capable de faire valoir vos bonnes qualités,

quand

quand il vous aime, il n'y en a point qui "
sache pousser si loin vos foiblesses & vos dé- "
fauts, quand il croit que vous lui donnez "
sujet de ne vous aimer pas. Voilà ce que "
vous avez à craindre de son humeur : mais "
il n'est pas difficile de vous en garantir. "
Pour être sûr de lui, vous n'avez qu'à être "
sûr de vous-même; & si vous avez des "
égards sur ce qui le touche, j'ose assurer "
qu'il en aura pour vous encore davantage. "

 Pour Monsieur de Palluau, reprit Monsieur de Candale, j'avoue que je m'accommoderois aussi-bien avec lui qu'avec homme du monde; & vous m'obligerez, vous qui êtes si fort de ses amis, de le rendre plus particulierement des miens. J'estime les bonnes qualités de Monsieur de Miossens autant que vous. Je sai qu'on ne peut pas en avoir de meilleures; personne n'a plus d'esprit, & il l'employe aussi volontiers qu'utilement pour ses amis : mais il a tenu jusques ici un procedé si desobligeant avec moi, que je ne me resoudrai jamais à lui faire aucune avance. S'il lui prenoit envie de me rechercher, ou que vous pussiez nous unir insensiblement avec adresse, je n'y trouverois pas moins de plaisir, que d'avantage.

 Moret & le chevalier de La Vieuville avoient donné cette aversion-là à Monsieur de Candale; & il l'auroit assez prise de lui-même, par un secret sentiment de gloire, qui ne pouvoit souffrir la hauteur que Monsieur de
Miossens

Miossens avoit avec lui en toute occasion, & à laquelle son humeur molle & paresseuse ne se donnoit pas la peine de s'opposer. Je ne prétens pas interesser par-là son courage. Il en avoit veritablement ; mais la facilité de son esprit & sa nonchalance, avoient un air de foiblesse, particulierement en de petites occasions, qui ne lui sembloient pas assez importantes pour troubler la douceur de son repos. Tout ce qui avoit de l'éclat excitoit sa gloire ; & sa gloire lui faisoit trouver le veritable usage de son cœur. Je l'ai vu même aller au-delà de ce qu'il se devoit, après avoir negligé des choses obscures, qui éclatoient à la fin ; capable de hazarder ses établissemens, & de se perdre lui-même, quand il voyoit sa réputation bien engagée. Il donnoit au monde trop de prise sur lui par ses negligences, & le monde pouvoit le pousser trop loin par un ridicule malicieux, qui lui faisoit perdre la moderation de son humeur, ordinairement assez douce, & toûjours moins douce que glorieuse.

Voilà quelques traits du portrait de Monsieur de Candale. Comme il a eu assez d'éclat dans le monde, pour laisser la curiosité de le connoître tout-à-fait, il ne sera pas hors de propos d'en donner une peinture achevée. J'ai connu peu de gens qui eussent tant de qualités differentes : mais il avoit cet avantage dans le commerce des hommes, que la

nature

nature avoit exposé en vûë celles qui plaisoient, & caché au fond de son ame ce qui pouvoit donner de l'aversion. Je n'ai jamais vu un air si noble que le sien. Toute sa personne étoit agréable, & il faisoit tout ce qu'on pouvoit faire d'un esprit médiocre, pour la douceur de la conversation, & pour les plaisirs. Une legere habitude le faisoit aimer : un profond commerce ne s'entretenoit pas long-tems sans dégoût, peu soigneux qu'il étoit de ménager vôtre amitié, & fort leger en la sienne. Dans cette nonchalance pour ses amis, les habiles gens se retiroient sans éclat, & ramenoient la familiarité à une simple connoissance : les plus tendres se plaignoient de lui, comme d'une maîtresse ingrate, dont ils ne pouvoient se détacher. Ainsi les agrémens de sa personne le soutenoient malgré ses défauts, & trouvoient encore des sentimens pour eux en des ames irritées. Pour lui, il vivoit avec ses amis, comme la plupart des maîtresses avec leurs amans. Quelque service que vous lui eussiez rendu, il cessoit de vous aimer, quand vous cessiez de lui plaire, dégoûté comme elles d'une ancienne habitude, & sensible aux douceurs d'une nouvelle amitié, comme sont les Dames aux délicates tendresses d'une passion naissante. Cependant il laissoit les vieux engagemens sans les rompre, & vous lui eussiez fait de la peine de vous separer tout-à-fait de lui, l'éclat des ruptures

ayant

ayant je ne sai quelle violence éloignée de son humeur. D'ailleurs, il ne vouloit pas se donner l'exclusion des retours, quand vous lui aviez été ou agréable, ou utile. Comme il étoit sensible aux plaisirs, & interessé dans les affaires, il revenoit à vous par vos agrémens, & vous recherchoit dans ses besoins. Il étoit fort avare, & grand dépensier, aimant ce qui paroissoit dans la dépense, blessé de ce qui se consommoit pour paroître. Il étoit facile & glorieux, interessé, mais fidele ; qualités bizarrement assorties, qui se trouvoient dans un même sujet ensemble. Une de ses plus grandes peines eût été de vous tromper ; & quand l'interêt, (maître ordinaire de ses mouvemens) lui faisoit manquer de parole, il étoit honteux de vous en avoir manqué, & peu content de lui, jusqu'à ce que vous eussiez oublié le tort qu'il avoit. Alors il se ranimoit d'une chaleur toute nouvelle pour vous, & se sentoit obligé secretement que vous l'eussiez reconcilié avec lui-même. Hors l'interêt, il vous désobligeoit rarement : mais vous vous attiriez aussi peu d'offices par son amitié, que d'injures par sa haine ; & c'est un assez grand sujet de plainte entre les amis, de n'avoir à se loüer que du mal qu'on ne fait pas.

Pour ce qui regarde les femmes, il fut assez long-tems indifferent, ou peu industrieux à se donner leurs bonnes graces. Quand il leur parut si aimable, elles connurent bien qu'il y
allott

alloit plus du leur que du sien dans sa nonchalance; & très-entenduës dans leurs interêts, elles commencerent à former des desseins sur un homme qui attendoit un peu tard à en faire sur elles. On l'aima donc, & il fut aimer à la fin. Les dernieres années de sa vie, toutes nos Dames jetterent les yeux sur lui. Les plus retirées ne laissoient pas de soupirer en secret: les plus galantes se le disputant, aspiroient à le posseder, comme à leur meilleure fortune. Après les avoir divisées par des interêts de galanterie, il les réunit dans les larmes par sa mort. Toutes le sentirent aimé, & une tendresse commune fit bien-tôt une douleur generale. Celles qu'il avoit aimées autrefois, rappellerent leurs vieux sentimens, & s'imaginerent de perdre encore ce qu'elles avoient déja perdu. Plusieurs qui lui étoient indifferentes, se flattoient qu'elles ne l'auroient pas été toûjours; & se prenant à la mort d'avoir prévenu leur bonheur, elles pleuroient une personne si aimable, dont elles eussent pu être aimées. Il y en eut qui le regretterent par vanité, & on vit des inconnuës s'insinuer avec les interessées dans un commerce de pleurs, pour se faire quelque merite de galanterie: mais sa veritable maîtresse (1) se rendoit illustre par l'excès de son affliction: heureuse, si elle ne se fût pas consolée! Une seule passion

fait

(1) La Comtesse d'O- | lonne.

Tome II.

fait honneur aux Dames, & je ne sai si ce n'est pas une chose plus avantageuse à leur réputation, que de n'avoir rien aimé.

II.

LETTRE
A Mr. LE MARQUIS
DE LIONNE (1),

Qui m'avoit fait dire de lui envoyer une lettre qu'il pût montrer au Roi.

NE croyez pas, Monsieur, que j'aime trop les pays étrangers, quand vous me voyez employer si peu de soin & d'industrie pour mon retour dans le nôtre. Ce n'est point une veritable nonchalance ; ce n'est point un grand attachement aux lieux où je suis, ni une aversion pour ceux où vous êtes. La verité est que je n'ai pas voulu demander au Roi le moindre soulagement, sans avoir souffert ce que j'ai dû souffrir, pour avoir été si malheureux que de lui déplaire. Après tant d'années de disgraces & de maladies, je croi pouvoir exposer la maniere dont j'ai failli ; ou, si je l'ose

---

(1) *Hugues de Lionne, Marquis de Fresne & de Berny, Ministre & Secretaire d'Etat pour les Affaires étrangeres.*

l'ose dire, me justifier de l'apparence d'une faute.

Comme le blâme de ceux qui nous sont opposés, fait la loüange la plus délicate qu'on nous donne, j'avois cru travailler ingenieusement à la gloire du génie qui regne, en établissant la honte de celui qui avoit gouverné auparavant. Ce n'est pas que Monsieur le Cardinal n'ait eu des talens recommandables : mais ces qualités, qui auroient eu de l'approbation parmi les hommes, considerées purement en elles-mêmes, sont devenuës méprisables par l'opposition de celles du ROI: d'où il arrive que des actions assez belles sont obscurcies par de plus éclatantes; que le moindre merite auprès du plus grand, passe pour défaut: d'où il arrive que la gloire du Prince ruine la réputation du ministre; & trouver mauvais qu'on méprise ce qu'a fait son Eminence, est en quelque sorte avoir du chagrin qu'on admire ce que fait sa Majesté.

Que si l'on voyoit en usage les mêmes maximes, qui étoient suivies, il paroîtroit qu'on veut exiger des approbations en leur faveur, & nous donnerions les nôtres aussi-tôt par une respectueuse obéïssance : mais puis qu'on s'en éloigne à dessein, jusqu'à prendre les voyes les plus opposées, il y a quelque délicatesse à n'approuver pas ce qu'on évite, & quelque prudence à rejetter ce qu'un ROI si sage ne veut pas faire.

Ne m'alleguez point que c'est un crime d'attaquer la réputation d'un mort : autrement celui qui la ruine, seroit le premier & plus grand criminel lui-même. Quand il humilie l'orgüeil des Espagnols, & la fierté des Allemans : quand il abaisse Rome, & s'assujettit à l'Eglise : quand il maintient l'Empire contre la puissance du Turc, au même tems que le Roi d'Espagne abandonne l'Empereur, & laisse les états de sa maison exposés à l'invasion des infideles : quand il fait la guerre avec tant de conduite & de valeur, & la paix avec tant de hauteur & de sagesse ; que fait-il, sinon condamner par ses actions ce que j'ai blâmé par le discours, & en donner à toute la terre une plus forte & plus expresse censure ?

N'en doutez point, Monsieur, c'est du Roi que Monsieur le Cardinal a reçû l'injure que l'on m'attribuë : les belles & admirables qualités de sa Majesté, ses actions, son gouvernement, ses conseils, m'ont donné les petites idées que j'ai de son Eminence, & dans la condition où je suis, j'ai à demander pardon d'une chose dont il m'est impossible de me repentir. Mais quel sujet de plainte à Monsieur le Cardinal, qui ne lui soit commun avec tous nos Rois ? Leurs regnes n'ont-t'ils pas le même sort que son ministere ? Leurs faits ne sont-ils pas anéantis comme les siens, leur réputation effacée comme la sienne ?

Autrefois nous pensions assez faire de nous
soutenir

soutenir contre une nation ennemie : toute l'Europe, si on le peut dire, toute l'Europe aujourd'hui confederée, ne se trouve pas capable de nous résister. Autrefois nous tenions les paix glorieuses, qui nous apportoient la restitution de quelque place : aujourd'hui les Espagnols cherchent leur salut dans la cession de leurs *provinces*; & si la justice ne regloit toûjours nos prétentions, il s'agiroit moins de ce qu'ils nous cedent, que de ce qui leur reste. Autrefois nos alliés murmuroient d'avoir été mal soutenus dans la Guerre, ou abandonnés dans la paix : de nôtre tems, ceux qu'on a vu tomber par leur faute, ont été relevés par nôtre secours ; & l'influence de nôtre pouvoir a formé toute la grandeur des autres. S'attacher à nous, c'est une élevation certaine : s'en separer, une chute comme assurée.

Tant que le R o i agira comme il agit, il m'autorise à parler comme je parle. Si on veut que je me démente, qu'il se relâche ; qu'il abandonne ses alliés ; qu'il laisse rétablir ses ennemis. Alors je deviendrai favorable à Monsieur le Cardinal, & ferai valoir les mêmes choses que j'ai décriées : mais aujourd'hui que les peuples attachés à nôtre amitié, regardent avec joye le gouvernement que nous voyons, & que les nations opposées à nos interêts, regrettent avec douleur le ministere que nous avons vu, toutes mes réflexions me confirment en ce que j'ai dit, & mon esprit ferme dans ses

premiers

premiers sentimens, ne se peut tourner à d'autres pensées.

Si une tendresse du R o i, conservée à la memoire d'une personne qui lui fut chere : si la constance de son affection pour un mort, lui ont fait trouver mauvais ce qui ma paru si fort à son avantage, je le supplie de considerer que mes intentions ont été trompées. Je n'ai pas cru blesser la délicatesse de son amitié, & je pensois avoir des sentimens exquis sur l'interêt de sa gloire. En toutes choses les meprises sont excusables : mais l'erreur, qui vient d'un principe si noble & si beau, ne laisse aucun droit à la justice. Ne pensez pas néanmoins que je veüille faire ici des leçons au lieu de très-humbles prieres, & instruire SA MAJESTE' de ce qu'elle doit, au lieu de me soumettre à ce qu'elle veut. J'attens avec une parfaite résignation, qu'il lui plaise ordonner de ma destinée, & je me prépare à la reconnoissance de la grace, ou à la patience dans le châtiment.

Si Elle a la bonté de finir mes maux, elle joindra la dépendance d'une créature à l'obéïssance d'un sujet, & adoucira la contrainte qui lie, par l'affection qui attache. Mais je consulte peu mes sentimens, quand je parle de la sorte. L'obligation dans laquelle je suis né, me tient lieu de tous les attachemens du monde : le devoir a les mêmes charmes pour moi, que les graces pourroient avoir pour les autres.

Presqu'en

Presqu'en tous les hommes, la sujetion n'a qu'une docilité apparente : tandis qu'elle affecte un air soumis, elle excite un murmure intérieur, & sous des dehors humiliés, on tâche à défendre un reste de liberté par des résistances secrettes. Ce n'est pas en moi la même chose. La nature ne garde rien pour elle en secret. Quand il faut obéïr, les ordres du Roi ne trouvent aucun sentiment dans mon ame qui ne les prévienne par inclination, ou ne s'y soumette sans contrainte par devoir. Quelque rigueur que j'éprouve, je cherche la consolation de mes maux dans le bonheur de celui qui les fait naître. J'adoucis la dureté de ma condition par la félicité de la sienne ; & rien ne sauroit me rendre malheureux, puisqu'il ne sauroit arriver aucun changement dans la prospérité de ses affaires.

IDE'E

III.

IDÉE
DE LA FEMME,

Qui ne se trouve point, & qui ne se trouvera jamais.

DANS toutes les belles personnes que j'ai vûës, s'il y avoit des endroits à faire valoir, il y en avoit qu'on ne devoit pas toucher, ou qu'il falloit déguiser avec beaucoup d'artifice ; car, pour dire la verité, il est difficile de loüer tout, & d'être sincere. J'ai obligation à Emilie de me laisser purement dans mon naturel, aussi porté à dire le bien, qu'à demeurer exactement veritable. Comme elle n'a besoin ni de faveur, ni de grace, je n'ai affaire ni de déguisemens, ni de flateries. Par elle je puis loüer aujourd'hui sans complaisance : par elle les observateurs trop exacts perdent une délicatesse chagrine, qui ne s'attache qu'à connoître les défauts, & dans un nouvel esprit qu'elle leur inspire, ils passent avec joye de leur censure ordinaire à de veritables approbations.

Il est certain que la plupart des femmes doivent plus à nos adulations qu'à leur merite, en toutes les loüanges qui leur sont données.

nées. Emilie n'est obligée qu'à elle-même de la justice qu'on lui rend; & sure du bien qu'on en doit dire, elle n'a proprement d'interêt que pour celui qu'on en pourroit taire.

En effet, si ses ennemis parlent d'elle, il n'est pas en leur pouvoir de trahir leur conscience : ils avoüent avec autant de verité que de chagrin, les avantages qu'ils sont obligés d'y reconnoître. Si ses amis s'étendent sur ses loüanges, il ne leur est pas possible de rien ajoûter au merite qui les touche. Ainsi les premiers sont forcés de se rendre à la raison, quand ils voudroient suivre la malignité de leurs mouvemens; & les autres sont purement justes avec toute leur amitié, sans pouvoir être ni officieux, ni favorables. Elle n'attend donc rien de l'inclination, comme elle n'apprehende rien de la mauvaise volonté, dans les jugemens qu'on fait d'elle. Mais puisque l'on est toûjours libre de cacher ses sentimens, Emilie auroit à craindre la malice du silence; seule injure que des envieux & des ennemis lui puissent faire. Il faut quitter des choses un peu generales, pour venir à une description plus particuliere de sa personne.

Tous ses traits sont réguliers; ce qu'on voit fort peu : tous ses traits sont réguliers & agréables; ce qu'on ne voit presque jamais. Car il semble qu'un caprice de la nature fasse naître les agrémens de l'irrégularité, & que les beautés achevées, qui ont toûjours de quoi se faire admirer, ayent rarement le secret de savoir plaire. Emilie a les yeux touchans, le teint separé, délicat, uni: la blancheur des dents, le vermeil des lévres sont des expressions trop générales pour un charme secret & particulier que je ne puis dépeindre. Sans elle, ce tour, ce bas de visage, où l'on mettoit la grande beauté chez les anciens, ne se trouveroit plus que dans l'idée de quelque peintre, ou dans les descriptions que l'antiquité nous a laissées; & pour animer de si belles choses, vous voyez sur son visage une fraîcheur vive, un air de santé, un plein enbonpoint qui n'en laisse pas appréhender davantage.

Sa taille est d'une juste grandeur, bien prise, aisée, d'un dégagement aussi éloigné de la contrainte, que de cette excessive liberté où paroît comme une espece de déhanchement, qui ruine la bonne grace & la bonne mine. Ajoûtez-y un port noble, un maintien serieux, mais naturel, qui ne se compose, ni ne se déconcerte; le rire, le parler, l'action, accompagnés d'agrément & de bienséance. Son esprit a de l'étenduë, sans être vaste, n'allant jamais si loin dans les pensées générales, qu'il ne puisse revenir aisément aux considerations particulieres. Rien n'échappe à sa penetration: son discernement ne laisse rien à connoître; & je ne puis dire si elle est plus propre à découvrir les choses cachées, qu'à juger sainement de celles qui nous paroissent. Secrette, te ; point mysterieuse ; sachant à propos également se taire, & parler. Dans sa conversation ordinaire, elle ne dit rien avec étude, & rien par hazard : les moindres choses marquent de l'attention ; il ne paroît aux plus serieuses aucun effort : ce qu'elle a de vif, ne laisse pas d'être juste, & ses pensées les plus naturelles s'expriment avec un tour délicat. Mais elle haït ces imaginations heureuses, qui échappent à l'esprit sans choix & sans connoissance, qui se font admirer quasi toûjours, & qui font ordinairement peu estimer ceux qui les ont.

Dans toute sa personne vous voyez je ne sai quoi de grand & de noble, qui se trouve par un secret rapport dans l'air du visage, dans les qualités de l'esprit, dans celles de l'ame.

Naturellement elle seroit trop magnifique ; mais une juste consideration de ses affaires retient ce beau sentiment, & elle aime mieux contraindre la generosité de son humeur, que de tomber dans un état où elle eût besoin de celle d'un autre : aussi fiere à ne vouloir aucune grace des siens même, qu'officieuse aux étrangers, & pleine de chaleur dans les interêts de ses amis. Ce n'est pas que ces considerations lui fassent perdre une inclination si noble : elle la regle dans l'usage de son bien : son naturel & sa raison formant un désinteressement sans negligence.

Elle a du bon sens & de la dexterité dans les affaires, où elle entre volontiers, si elle y trouve un avantage solide pour elle, ou pour ses amis : mais elle hait d'agir, pour agir par esprit d'inquietude, également ennemie d'un mouvement inutile, & de la mollesse d'un repos, qui se fait honneur du nom de tranquillité, pour couvrir une veritable nonchalance.

Après avoir dépeint tant de qualités si belles, il faut voir quelles impressions elles font sur nôtre ame, & ce qui se passe dans la sienne. Elle a je ne sai quoi de majestueux, qui imprime du respect ; je ne sai quoi de doux & d'honnête, qui gagne les inclinations. Elle vous attire, elle vous retient, & vous approchez toûjours d'elle avec des desirs que vous n'oseriez faire paroître.

A pénétrer dans l'interieur, je ne la crois pas incapable des sentimens qu'elle donne : mais imperieuse sur elle comme sur vous, elle maîtrise en son cœur par la raison, ce que le respect fait contraindre dans le vôtre. La nature imbecile en quelques ames, n'y laisse pas la force de rien desirer ; impetueuse en quelques autres, elle pousse des passions emportées : juste en Emilie, elle a fait le cœur sensible qui doit sentir, & a donné à la raison qui doit commander, un empire absolu sur ses mouvemens. Heureuse, qui se laisse aller à la tendresse de ses sentimens, sans interesser la

délicatesse

délicatesse de son choix, ni celle de sa conduite! Heureuse, qui dans un commerce établi pour la douceur de sa vie, se contente de l'approbation des honnêtes-gens, & de sa satisfaction propre; qui ne craint point le murmure des envieuses, jalouses de tous les plaisirs, & chagrines contre toutes les vertus!

On connoît par une infinité d'experiences, que l'esprit s'aveugle en aimant; & l'amour n'a presque jamais bien établi son pouvoir qu'après avoir ruiné celui de nôtre raison. Sur le sujet d'Emilie, nos sentimens deviennent plus passionnés, à mesure que nos lumieres sont plus épurées; & la passion, qui a toûjours paru une marque de folie, est ici le plus veritable effet de nôtre bon sens.

Les grands ennemis d'Emilie sont les méchans connoisseurs: ses amis, tous ceux qui savent juger sainement des choses. On a plus d'amitié pour elle, ou on en a moins, selon qu'on a plus ou moins de délicatesse; & chacun pense être le plus délicat, connoissant chaque jour de nouveaux endroits par où l'aimer encore davantage. Quelques-uns n'ont pas besoin de ce long discernement, ni d'une étude si lente. A la premiere vûë, ils sont touchés de son merite, sans le connoître, ils sentent pour elle de secrets mouvemens d'estime, aussi-bien que d'inclination. A peine a-t-elle dit six paroles, qu'ils la trouvent la plus raisonnable du monde: personne ne leur a paru ni si honnête, ni si sage; & ils ne connoissent encore ni son procedé, ni sa conduite. On se forme comme par instinct les sentimens les plus avantageux de sa vertu, & la raison consultée depuis, au lieu de démentir la surprise, ne fait qu'approuver de si heureuses & de si justes préventions.

Parmi les avantages d'Emilie, un des plus grands, à mon avis, c'est d'être toûjours la même, & de toûjours plaire. Car on voit que la plus belle humeur à la fin devient ennuyeuse: les esprits les plus fertiles viennent à s'épuiser, & vous font tomber avec eux dans la langueur: les vivacités les plus animées, ou vous rebutent, ou vous lassent. D'où vient que les femmes ont besoin de caprices quelquefois, pour nous piquer; ou sont obligées de mêler à leur entretien des divertissemens qui nous réveillent. Celle que je dépeins, plaît par elle seule, & en tout tems: une égalité éternelle ne donne jamais un quart d'heure de dégoût. On se réjouit de pouvoir trouver avec les autres une heure agréable: on se plaindroit de rencontrer avec elle un fâcheux moment. Allez la voir en quelque état que ce puisse être, en quelque occasion que ce soit, vous allez à un agrément certain, & à une satisfaction assurée. Ce n'est point une imagination qui vous surprenne, & bien-tôt après qui vous importune: ce n'est point un serieux qui fasse acheter une conversation solide par la

perte

perte de la gayeté : c'est une raison qui plaît, & un bon sens agréable.

Je veux finir par la qualité qui doit être considerée devant toutes les autres. Elle est dévote sans superstition, sans mélancolie : éloignée de cette imbecillité qui se forge sur tout des miracles, & se persuade à tous momens des sottises surnaturelles ; ennemie de ces humeurs retirées, qui mêlent insensiblement dans l'esprit la haine du monde, & l'aversion des plaisirs.

Elle ne croit pas qu'il faille se retirer de la societé humaine, pour chercher Dieu dans l'horreur de la solitude : elle ne croit pas que se détacher de la vie civile, que rompre les commerces les plus raisonnables & les plus chers, soit s'unir à Dieu, mais s'attacher à soi-même, & suivre follement sa propre imagination : elle pense trouver Dieu parmi les hommes, où sa bonté agit plus, & où sa providence paroît plus dignement occupée ; & là elle cherche avec lui à éclairer sa raison, à perfectionner ses mœurs, à bien regler sa conduite, & dans le soin du salut, & dans les devoirs de la vie.

Voila le portrait de la femme qui ne se trouve point, si on peut faire le portrait d'une chose qui n'est pas. C'est plutôt l'idée d'une personne accomplie. Je ne l'ai point voulu chercher parmi les hommes parce qu'il manque toûjours à leur commerce je ne sai quelle douceur qu'on rencontre en celui des femmes, & j'ai cru moins impossible de trouver dans une femme la plus forte & la plus saine raison des hommes, que dans un homme les charmes & les agrémens naturels aux femmes.

IV.

LETTRE
A Mr. LE COMTE
DE LIONNE (1).

Monsieur,

Si je pouvois m'acquitter de toutes les obligations que je vous ai par des remercimens, je vous rendrois mille graces très-humbles : mais comme la moindre des peines que vous avez prises pour moi, vaut mieux que tous les complimens du monde, je vous laisserai vous payer vous-même du plaisir que sent un honnête-homme d'en faire aux autres. Peut-être direz-vous que je suis un ingrat. Si cela est, au moins, ce n'est pas d'une façon ordinaire ; & connoissant la délicatesse de votre

---

(1) *Premier Ecuyer de la grande Ecurie du Roi, Neveu de Mr. de Lionne le Ministre d'Etat.*

tre goût, je croi vous plaire mieux par une ingratitude recherchée, que par une reconnoissance trop commune. Si par malheur ce procedé ne vous plaisoit pas, justifiez-moi vous-même; & par ce que vous avez fait pour moi, croyez que je sent tout ce que je dois sentir pour vous. Quelque succès que puissent avoir vos soins, je vous serai toûjours infiniment obligé; & les bonnes intentions de ceux qui veulent me rendre service, ont toûjours quelque chose de fort doux & de fort agréable pour moi, quand même elles ne reussiroient pas.

Pour les papiers dont vous me parlez, vous en êtes le maître : rien n'est mieux à nous que ce que nous donne nôtre industrie. L'adresse que vous avez euë à faire vôtre larcin, meritoit d'être mieux recompensée, en vous faisant rencontrer quelque chose de plus rare. Vous ne pouviez pas me dire plus ingenieusement qu'Emilie n'est pas fort au goût des Dames de Paris. A vous dire vrai, elle est un peu Hollandoise : son enbonpoint me fait assez juger à moi-même qu'elle boit de la biere; & sa dévotion, qu'elle porte sa bible sous son bras tous les dimanches. Je vous prie de ne point donner de copie à personne des petits ouvrages que je vous envoye, hormis celle de la lettre que Mr. de Turenne vous a demandée, pour trouver moyen de me servir, & que vous auriez bien fait de lui avoir déja

donnée

donnée. J'ai ajoûté quelque chose à la dissertation sur l'Alexandre de Mr. Racine, qui me la fait paroître plus raisonnable que vous ne l'avez vûë. Si Monsieur le Comte de St. Albans a envie de voir ce qui est entre vos mains, vous pouvez le lui montrer ; car je n'ai pensée au monde dont je ne le fisse le confident.

J'aurois bien de la joye que le mariage du fils du Marquis de Cœuvres se fit avec la fille de Mr. de Lionne le Ministre, ayant toûjours été serviteur de Messieurs d'Estrées & de Monsieur de Lionne autant qu'on sauroit l'être, mais quand je songe que j'ai vu marier Mr. le Marquis de Cœuvres, que j'ai vu son fils à la bavette, venir donner le bon jour à Monsieur de Laon (1), qu'il appelloit son Tonton, je fais une fâcheuse reflexion sur mon âge ; & levant les yeux au Ciel, avec un petit mouvement des épaules, je chante moins agréablement que Noblet :

Mais helas ! quand l'âge nous glace,
Nos beaux jours ne reviennent jamais.

Le bruit court ici comme à Paris, que la paix de Portugal est faite (2) : mais la nouvelle en vient de Madrid. L'Ambassadeur de Portugal (3),
avec

(1) Ensuite Cardinal d'Estrées.
(2) Elle se fit le 25 de Février 1668.
(3) Don Francisco de Melos.

avec qui je jouë à l'hombre tous les jours, n'en a aucune nouvelle de Lisbonne. Il se plaint, dans la créance qu'on donne à cette nouvelle-là, que le Portugal soit compté pour rien ; & voici son raisonnement : *On croit, dit-il, la paix faite, parce qu'on sçait que l'Espagne nous offre tout : mais qui sçait si nous voulons recevoir tout ? Ce qui vient des castillans m'est suspect : je ne croirai rien que je ne sois informé par les avis de Lisbonne.* Il y a dépêché un exprès pour cela, & pour les affaires qu'il a en ce pays-ci. L'Electeur de Cologne est à Amsterdam incognito, & le Prince de Toscane y arrive dans quelques jours. Le Prince de Strasbourg est à la Haye, prêchant que la paix se fera ; & peu de gens le veulent croire. On est persuadé qu'avant que les espagnols se soient bien résolus de traiter, on aura mis en campagne. Ne leur enviez pas l'honneur de perdre avec patience : ils laissent gagner tout ce qu'on veut ; car par la longue habitude qu'ils ont avec les malheurs, ils se donnent peu d'action pour les éviter.

Voilà tout ce que vous aurez de moi. Ce que vous me demandez par honnêteté, pour me témoigner que vous vous souvenez de mes bagatelles de la Haye, est en si méchant ordre, & si mal écrit, que vous ne pourriez pas seulement le lire ; outre que je sai assez bien vivre, pour vous exemter de l'ennui que vous en auriez. Dans la verité, il y a bien quelques endroits qui me plaisent assez ; mais il y en a beaucoup à retrancher. Si vous voulez des observations que j'ai faites sur quelques histoires latines, je vous les envoyerai.

Je vous prie de faire bien mes remercimens à M***. Quelque estime que vous ayez pour lui, si vous le connoissiez autant que moi, vous l'estimeriez encore plus. Adieu, Monsieur, je suis né si reconnoissant, que par dessein, ou par étude, je ne saurois devenir ingrat ; & quelque résolution que j'aye euë au commencement de ma lettre, je ne puis la finir, sans vous assurer qu'il me souviendra toute ma vie des obligations que je vous ai. Je souhaite que ce soit long-tems :

Mais helas ! quand l'âge nous glace,
Nos beaux jours ne reviennent jamais.

Si vous ne vous piquiez pas plus d'avoir des bras à casser & des jambes à rompre pour la campagne, que d'écrire, je vous dirois que vôtre lettre est aussi délicatement écrite qu'elle sauroit l'être.

AU MÊME. XV.

MONSIEUR,

Si vous me faites l'honneur de m'écrire, je vous prie que nous retranchions ce MONSIEUR, & toute la ceremonie qui gêne la liberté d'un commerce de lettres. Je vous prierai ensuite de vous mocquer moins de moi par des loüanges excessives que vous donnez à des bagatelles. L'inutilité les a produites, & je n'en fais cas que par l'amusement qu'elles me donnent en des heures fort ennuyeuses : je souhaiterois qu'elles pussent faire le vôtre. Telles qu'elles sont, je ne laisserai pas de vous envoyer par le premier ordinaire, les OBSERVATIONS SUR SALUSTE ET SUR TACITE, desquelles je vous ai parlé. Le premier donne tout au naturel. Chez lui les affaires sont de purs effets du temperament ; d'où vient que son plus grand soin est de donner la veritable connoissance des hommes, par les éloges admirables qu'il nous en a laissé. L'autre tourne tout en politique, & fait des mysteres de tout, ne laissant rien désiter de la finesse & de l'habileté ; mais ne donnant presque rien au naturel. Je passe de là à la difficulté qu'il y a de trouver ensemble une

con-

connoissance des hommes, & une profonde intelligence des affaires; & en huit ou dix lignes, je fais voir que M. de Lionne le Ministre a réuni deux talens ordinairement separés, qui se trouvent en lui dans la plus grande perfection où ils sauroient être. Il fait si froid, que pour un empire je n'écrirois pas une feüille de papier. Je vous envoyerai aussi la DISSERTATION SUR L'ALEXANDRE, à mon avis, beaucoup plus raisonnable que vous ne l'avez. Voilà tout ce que je puis faire pour toutes les graces que vous me faites.

Je vous suis fort obligé de m'avoir envoyé la traduction qu'a fait Mr. Corneille du petit poëme latin des conquêtes du Roi: je loüerois extrêmement le latin, si je n'étois obligé en conscience à loüer davantage le françois. Nôtre langue est plus majestueuse que la latine, & les vers plus harmonieux, si je me puis servir de ce terme. Mais ce n'est pas merveille que celui qui a donné plus de majesté aux pensées de Lucain, ait eu le même avantage sur un auteur latin de nôtre tems. Avec cela, j'admire encore plus ce que Corneille a fait de lui-même sur le retour du Roi, que sa traduction, toute admirable qu'elle est. Je n'ai jamais vu rien de plus beau. Si nous avions un poëme de cette force-là, je ne ferois pas grand cas des Homeres, des Virgiles, & des Tasses. Je mets entre les bonnes fortunes du Roi, d'avoir un homme qui puisse

puisse parler si dignement de ses grandes actions.

Je vous prie d'assurer Mr. de Lionne de mes très-humbles respects. Je ne doute point qu'il n'ait la bonté de me rendre ses bons offices quand il en trouvera l'occasion, & j'attens de vous une sollicitation discrette, qui ne l'importune pas, mais qui le fasse souvenir de tems en tems de l'affaire de vôtre très-humble & très-obéïssant Serviteur.

Monsieur van Beuninghen s'en va ambassadeur extraordinaire en France (1), ce seroit bien mon fait de m'en retourner avec lui.

AU

(1) Il y alla sur la fin de Février 1668.

I. AU MEME.

J'Aurois à vous faire de grandes excuses de ne vous pas envoyer ce que je vous ai promis, s'il en valoit la peine. Je suis ingénieux à differer l'ennui que mes bagatelles vous peuvent donner ; & c'est une marque d'amitié que je vous donne assez délicate : cependant je passerai par dessus vôtre interêt & le mien, pour vous envoyer les Pieces que je fais copier presentement. J'en adresse une à Mr. Vossius, mon ami de lettres, & avec qui il y a plus à apprendre, qu'avec homme que j'aye vu en ma vie. Je vous dirai cependant que j'écris aux gens de guerre & de cour comme un bel esprit & un savant ; & que je vis avec les savans comme un homme qui a vu la guerre & le monde.

Pour la confession galante de ma faute, dont vous me parlez, je n'aurois pas manqué de la faire, si j'avois eu dessein de faire voir ce que vous m'avez volé. Personne ne sait mieux que vous combien cela étoit éloigné de ma pensée. Vous me ferez plaisir de me faire savoir si je dois esperer quelque retour en France ; ou si je me dois résoudre à habiter le reste de mes jours les pays étrangers. L'esperance est la source, où du moins une des premieres causes de l'inquiétude ; & l'inquiétude n'est supportable

portable qu'en amour, où elle a même des plaisirs, puis que comme vous savez :

Amour :
Tous les autres plaisirs ne valent pas tes peines.

Par tout ailleurs c'est un grand tourment. Nous n'avons point ici l'Attila de Corneille : vous m'obligerez de me l'envoyer avec quelques pieces de Moliere, s'il y en a de nouvelles : je n'ai de curiosité que pour leurs ouvrages. Les anciens ont appris à Corneille à bien penser, & il pense mieux qu'eux. L'autre s'est formé sur eux à bien dépeindre les gens & les mœurs de son siecle dans la comedie : ce qu'on n'avoit pas vu encore sur nos théatres. Insensiblement me voila savant avec vous : je vais recevoir une visite de Monsieur Vossius, à qui je parlerai de la guerre de Flandre. Adieu, Monsieur ; j'ai banni le premier une ceremonie ennuyeuse, je vous prie de le trouver bon.

J'oubliois de vous prier d'assurer Monsieur le Comte de Grammont, que je suis ravi de le voir protecteur de la Maison de Grammont (1).

---

(1) Mr. le Comte de Guiche après avoir été long tems exilé, avoit enfin obtenu son retour en France, par le credit de Mr. le Comte de Grammont. La plaisanterie roule sur ce que le Comte de Grammont avoit fait ce que le Maréchal son Frere avoit tenté plusieurs fois inutilement.

II.

AU MEME.

Vous n'êtes pas de ces gens qui cherchent plus à se satisfaire de l'honnêteté de leur conduite avec leurs amis, qu'à pousser à bout leurs affaires. Le premier soin que vous avez pris de moi, me laissoit assez d'obligations : vôtre perseverance, & toutes ces peines industrieuses que vous vous donnez, me font une espece de honte, & je les souffrirois mal aisément, si je ne croyois qu'elles pourront me mettre en état de vous aller témoigner ma reconnoissance. Vous savez que rien n'égale la tendresse d'un malheureux: je suis naturellement assez sensible aux graces que je reçois; jugez ce que la mauvaise fortune ajoûte encore à ce bon naturel. Du temperament dont je suis, & en l'état où je me voi, je m'abandonne à l'impression que fait sur moi vôtre generosité, & fais mon plaisir le plus doux & le plus tendre, de me laisser toucher : mais quelquefois des reflexions ingrates veulent interesser mon jugement, & je me mets dans l'esprit d'examiner de sens froid les obligations que je vous ai. Je vous jure de bonne foi qu'après avoir bien consideré tout ce que vous faites pour moi, je m'étonne qu'une connoissance arrivée par hazard, ait pu produire les empressemens que
vous

vous avez dans les interêts d'un nouvel ami.

Il semble que par une justice secrette, les proches de Mr. de Lionne veüillent reconnoître la grande estime & la veneration que j'ai toûjours euë pour lui. Mr. le Marquis de Lesseins Lionne au retour de Hollande, faisoit ses affaires de toutes les miennes. Vôtre chaleur passe encore celle qu'il avoit. J'espere que vous en inspirerez quelque mouvement à Mr. le Marquis de ***, & qu'enfin les bons offices de Monsieur son pere feront le bon effet que vous avez préparé. Vous ne sauriez vous imaginer combien je me sens touché de la nouvelle grace que M. le Marquis de *** vient de recevoir. Les grands services du pere, les grandes esperances que donne le fils, l'ont attirée : j'entens les esperances des services qu'on attend de lui ; car pour le merite, il est déja pleinement formé, & il n'est pas besoin de rien attendre de ce côté-là.

A peine ai-je eu le loisir de jetter les yeux sur Andromaque (1), & sur Attila (2) ; cependant il me paroît qu'Andromaque a bien de l'air des belles choses : il ne s'en faut presque rien qu'il n'y ait du grand. Ceux qui n'entreront pas assez dans les choses, l'admireront : ceux qui veulent des beautés pleines,

(1) *Tragedie de Racine.* (2) *Tragedie de Corneille.*

pleines, y chercheront je ne fai quoi qui les empêchera d'être tout-à-fait contens. Vous avez raifon de dire que cette piece est déchûë par la mort de Montfleury ; car elle a befoin de grands comediens, qui rempliffent par l'action ce qui lui manque. Mais à tout prendre, c'eft une belle piece, & qui eft fort au deffus du mediocre, quoi qu'un peu au deffous du grand. ATTILA au contraire a dû gagner quelque chofe par la mort de Montfleury. Un grand comedien eût trop pouffé un rôle affez plein de lui-même, & eût fait faire trop d'impreffion à fa ferocité fur les ames tendres. Ce n'eft pas que cette tragedie n'eût été admirable du tems de Sophocle & d'Euripide, où l'on voit plus de goût pour la fcene farouche & fanglante, que pour la douce & la tendre. Tout y eft bien penfé, & j'y ai trouvé de fort beaux vers. Pour le fujet & l'économie des pieces, je n'ai pas eu le loifir d'y faire la moindre reflexion.

Je fouhaite de tout mon cœur que Corneille traite le fujet d'Annibal ; & s'il y peut faire entrer la conference qu'il eut avec Scipion avant la bataille, je m'imagine qu'on leur fera tenir des difcours dignes des plus grands Hommes du monde, comme ils l'étoient. Je vous envoyé les obfervations fur Salufte, dont je vous ai parlé, & je vous envoyerai bien-tôt la differtation fur l'Alexandre ; tout cela mal copié. Pour les portraits, ils font
tellement

tellement attachés à cette converfation avec Mr. de Candale, qu'on ne peut pas les en feparer; & je ne puis pas envoyer encore l'ouvrage. Adieu. Aimez-moi toûjours, & me croyez à vous plus qu'homme du monde.

Je ne fai pas fi Mr. de Lionne veut qu'on le croye auffi poli, auffi délicat, autant homme de plaifir qu'il eft. Quand ces qualités-là ne produifent qu'une molle pareffe, elles conviennent mal à un Miniftre: mais quand un Miniftre profond, & confommé dans les affaires, fe peut mettre au deffus d'elles, pour les poffeder pleinement, & fe faire encore quelque loifir agréable & voluptueux même, le merite ne peut pas aller plus loin à mon avis.

III.

OBSERVATIONS
SUR SALUSTE
ET
SUR TACITE.

A MONSIEUR VOSSIUS (1).

J'A I voulu faire autrefois un jugement fort exact de Salufte, & de Tacite ; mais ayant connu depuis que d'autres l'avoient déja fait, pour ne fuivre ni perdre entierement ma penfée, je me fuis réduit à une feule obfervation que je vous envoye.

Il me femble que le dernier tourne toute chofe en politique. Chez lui la nature & la fortune ont peu de part aux affaires ; & je me trompe, ou il nous donne fouvent des caufes bien recherchées de certaines actions toutes fimples, ordinaires & naturelles.

Quand Augufte veut donner des bornes à l'Empire, c'eft à fon avis par une jaloufe appréhenfion qu'un autre n'ait la gloire de les étendre,

___
(1) *Ifaac Voffius, fils du fameux Gerard Jean Voffius.*

étendre. Le même Empereur, s'il en est cru, prend des mesures pour s'assurer les regrets du peuple romain, ménageant artificieusement les avantages de sa memoire par le choix de son successeur.

L'esprit dangereux de Tibere, ses dissimulations, sont connuës de tout le monde: mais ce n'est pas assez connoître le naturel de l'homme, que de donner à ce Prince un artifice universel; la nature n'est jamais si fort réduite, qu'elle ne se garde autant de droits sur nos actions, que nous en pouvons prendre sur ses mouvemens. Il entre toûjours quelque chose du temperament dans les desseins les plus concertés, & il n'est pas croyable que Tibere, assujetti depuis tant d'années aux volontés de Séjan, ou à ses infames plaisirs, ait pu avoir toûjours dans cette foiblesse & cet abandonnement, un art si recherché, & une politique si étudiée.

L'empoisonnement de Britannicus ne fait pas autant d'horreur qu'il devroit faire, par l'attachement que donne Tacite à observer la contenance des spectateurs. Tandis qu'un lecteur s'occupe à considerer leurs divers mouvemens; l'imprudence effrayée des uns; les profondes reflexions des autres; la froideur dissimulée de Neron; les craintes secrettes d'Agrippine; l'esprit détourné de la noirceur de l'action, & de la funeste image de cette mort, laisse échapper le patricide

à

à sa haine, & le pauvre mourant à sa pitié.

La cruauté du même Neron dans la mort de sa mere, a une conduite trop délicate. Quand Agrippine auroit peri veritablement par une petite intrigue de cour si bien menée, il eût fallu supprimer la moitié de l'art: car le crime trouve moins d'aversion dans les esprits, &, si je l'ose dire, il se concilie le jugement des lecteurs, lors qu'on met tant d'adresse & de dexterité à le conduire.

Presque en toutes choses Tacite fait des Tableaux trop finis, où il ne laisse rien à desirer de l'art, mais où il donne trop peu au naturel. Rien n'est plus beau que ce qu'il represente: souvent ce n'est pas la chose qui doit être representée: quelquefois il passe au-delà des affaires, par trop de penetration & de profondeur: quelquefois des speculations trop fines nous dérobent les vrais objets, pour mettre en leur place de belles idées. Ce que l'on peut dire en sa faveur, c'est que peut-être il nous oblige davantage qu'il n'eût fait en nous donnant des choses grossieres, dont la verité n'importe plus.

Saluste, d'un esprit assez opposé, donne autant au naturel, que Tacite à la politique. Le plus grand soin du premier est de bien connoître le génie des hommes: les affaires viennent après naturellement par des actions peu recherchées de ces mêmes personnes qu'il a dépeintes.

Si vous considerez avec attention l'éloge de Catilina, vous ne vous étonnerez ni de cet horrible dessein d'opprimer le Senat, ni de ce vaste projet de se rendre maître de la république, sans être appuyé des legions. Quand vous ferez reflexion sur sa souplesse, ses insinuations, son talent à inspirer ses mouvemens, & à s'unir les factieux : quand vous songerez que tant de dissimulations étoient soutenuës par tant de fierté, où il étoit besoin d'agir, vous ne serez pas surpris qu'à la tête de tous les ambitieux & de tous les corrompus, il ait été si près de renverser Rome, & de ruiner sa patrie. Mais Saluste ne se contente pas de nous dépeindre les hommes dans les éloges ; il fait qu'ils se dépeignent eux-mêmes dans les harangues, où vous voyez toûjours une expression de leur naturel. La harangue de Cesar nous découvre assez qu'une conspiration ne lui déplaît pas. Sous le zele qu'il témoigne à la conservation des loix, & à la dignité du Senat, il laisse appercevoir son inclination pour les conjurés : il ne prend pas tant de soin à cacher l'opinion qu'il a des enfers : les Dieux lui sont moins considerables que les consuls ; & à son avis, la mort n'est autre chose que la fin de nos tourmens, & le repos des miserables. Caton fait lui-même son portrait, après que Cesar a fait le sien. Il va droit au bien ; mais d'un air farouche. L'austerité de ses mœurs est inseparable de l'integrité de sa vie. Il mêle le chagrin de son esprit, & la dureté de ses manieres avec l'utilité de ses conseils. Ce seul mot d'OPTIMO CONSULI, qui fâcha tant Ciceron, pour ne pas donner à son merite assez d'étenduë, me fait pleinement comprendre, & les bonnes intentions, & la vaine humeur de ce consul. Enfin par diverses peintures de differens acteurs, non seulement je me represente les personnes, mais il me semble voir tout ce qui se passa dans la conjuration de Catilina.

Vous pouvez observer la même chose dans l'histoire de Jugurtha. La description de ses qualités & de son humeur vous prépare à voir l'invasion du royaume, & trois lignes nous dépeignent toute sa maniere de faire la guerre. Vous voyez dans le caractere de Metellus, avec le rétablissement de la discipline, un heureux changement des affaires des romains.

Marius conduit l'armée en Afrique du même esprit qu'il harangue à Rome. Sylla parle à Bocchus avec le même génie qui paroît dans son éloge, peu attaché au devoir & à la régularité, donnant toutes choses à la passion de se faire des amis: *Dein parentes abundè habemus, amicorum neque nobis neque cuiquam omnium satis fuit.* Ainsi Saluste fait agir les hommes par temperament, & croit assez obliger son lecteur de les bien faire connoître. Toute personne extraordinaire qui se présente, est

est exactement dépeinte, quand même elle n'auroit pas une part considerable à son sujet. Tel est l'éloge de Sempronia, selon mon jugement, inimitable. Il va même chercher des considerations éloignées, pour nous donner les portraits de Caton & de Cesar, si beaux à la verité, que je les prefererois à des histoires toutes entieres.

Pour conclure mon observation sur ces deux auteurs, l'ambition, l'avarice, le luxe, la corruption, toutes les causes generales des désordres de la republique, sont très-souvent alleguées par celui-ci. Je ne sai s'il descend assez aux interêts & aux considerations particulieres. Vous diriez que les conseils subtils & rafinés lui semblent indignes de la grandeur de la republique; & c'est peut-être par cette raison qu'il va chercher dans la speculation peu de choses, presque tout dans les passions & dans le génie des hommes.

On voit dans l'histoire de Tacite plus de vices encore, plus de méchancetés, plus de crimes; mais l'habileté les conduit, & la dexterité les manie: on y parle toûjours avec dessein, on n'agit point sans mesure: la cruauté est prudente, & la violence avisée. En un mot, le crime y est trop délicat: d'où il arrive que les plus gens de bien goûtent un art de méchanceté, qui ne se laisse pas assez connoître, & qu'ils apprennent, sans y penser, à devenir criminels, croyant seulement devenir habiles.

habiles. Mais laissant-là Saluste & Tacite dans leurs caracteres différens, je dirai qu'on rencontre peu souvent ensemble une connoissance délicate des hommes, & une profonde intelligence des affaires.

Ceux qui sont élevés dans les compagnies, qui parlent dans les assemblées, apprennent l'ordre, les formes, & toutes les matieres qui s'y traitent. Passant de là par les ambassades, ils s'instruisent des affaires du dehors, & il y en a peu, de quelque nature qu'elles soient, dont ils ne deviennent capables par l'application & l'experience. Mais quand ils viennent à s'établir dans les cours, on les voit grossiers au choix des gens, sans aucun goût du merite, ridicules dans leurs dépenses & dans leurs plaisirs.

Nos ministres en France sont tout-à-fait exemts de ces défauts-là ; je le puis dire de tous sans flaterie, & m'étendre un peu sur Monsieur de Lionne, que je connois davantage. C'est en lui proprement que les talens separés se rassemblent : c'est en lui que se rencontrent une connoissance délicate du merite des hommes, & une profonde intelligence des affaires.

Dans la verité, je me suis étonné mille fois qu'un ministre, qui a confondu toute la politique des Italiens ; qui a mis en désordre la prudence concertée des Espagnols ; qui a tourné dans nos interêts tant de Princes d'Allemagne,

lemagne, & fait agir selon nos desseins, ceux qui se remüent si difficilement pour eux-mêmes : je me suis étonné, dis-je, qu'un homme si consommé dans les négociations, si profond dans les affaires, puisse avoir toute la délicatesse des plus polis courtisans pour la conversation & pour les plaisirs. On peut dire de lui ce qu'a dit Saluste d'un grand homme de l'antiquité, que son loisir est voluptueux ; mais que par une juste dispensation de son tems, avec la facilité du travail dont il s'est rendu le maître, jamais affaire n'a été retardée par ses plaisirs (1).

Parmi les divertissemens de ce loisir ; parmi ses occupations les plus importantes, il ne laisse pas de donner quelques heures aux belles-Lettres ; dont Atticus, cet honnête-homme des anciens, n'avoit pas acquis une connoissance plus délicate dans la douceur de son repos, & la tranquillité de ses études. Il sait de toutes choses infiniment, & la science qui gâte bien souvent le naturel, ne fait qu'embellir le sien : elle quitte ce qu'elle a d'obscur, de difficile, de rude, & lui apporte pleinement tous ses avantages, sans interesser

la

---

(1) *Sulla* ..... literis græcis atque latinis juxta atque doctissimè eruditus, animo ingenti, cupidus voluptatum, sed gloriæ cupidior : otio luxuriosô esse ; tamen ab negotiis nunquam voluptas remorata, &c. *Salust. de Bello Jugurt.*

la netteté & la politesse de son esprit. Personne ne connoît mieux que lui les beaux ouvrages; personne ne les fait mieux. Il sait également juger & produire; & je suis en peine si on doit estimer plus en lui la finesse du discernement, ou la beauté du génie. Il est tems de quitter le sien, pour venir à celui des courtisans.

Comme ils sont nourris auprès des Rois; comme ils font leur séjour ordinaire auprès des Princes, ils se forment un talent particulier à les bien connoître: il n'y a point d'inclination qui leur soit cachée, point d'aversion inconnuë, point de foible qui ne leur soit découvert. De-là viennent les insinuations, les complaisances, & toutes ces mesures délicates, qui font un art de gagner les cœurs, ou de se concilier au moins les volontés: mais soit manque d'application, soit pour tenir au dessous d'eux les emplois où l'on s'instruit des affaires, ils les ignorent toutes également, & leurs agrémens venant à manquer avec l'âge, rien ne leur apporte de la considération & du crédit. Ils vieillissent donc dans les cabinets, exposés à la raillerie des jeunes gens, qui ne peuvent souffrir leur censure; avec cette difference, que ceux-ci d'ordinaire font les choses qui leur conviennent; & que les autres ne peuvent s'abstenir de celles qui ne leur conviennent plus; & certes le plus honnête-homme, dont personne n'a besoin, a de la

peine

peine à s'exempter du ridicule en vieillissant. Mais il en est comme de ces femmes galantes, à qui le monde plaît encore, quand elles ne lui plaisent plus. Si nous étions sages, nôtre dégoût répondroit à celui qu'on a pour nous: car dans l'inutilité des conditions, où l'on ne se soutient que par le merite de plaire, la fin des agrémens doit être le commencement de la retraite. Les gens de robe au contraire, paroissent moins honnêtes-gens, quand ils sont jeunes, par un faux air de cour, qui les fait réussir dans la ville, & les rend ridicules aux courtisans: mais enfin la connoissance de leur interêt les ramene à leur profession; & devenus habiles avec le tems, ils se trouvent en des postes considerables, où tout le monde generalement a besoin d'eux. Il est bien vrai que les courtisans qui s'élevent aux honneurs par de grands emplois, ne laissent rien à desirer en leur suffisance; & leur merite se trouve pleinement achevé, quand ils joignent à une délicatesse de cour la connoissance des affaires, & l'experience dans la guerre.

DISSERTATION
SUR LA TRAGEDIE
DE RACINE,
INTITULE'E
ALEXANDRE LE GRAND.

A MADAME BOURNEAU (1).

DEPUIS que j'ai lu le Grand Alexandre, la vieilleſſe de Corneille me donne bien moins d'allarmes, & je n'appréhende plus tant de voir finir avec lui la tragedie ; mais je voudrois qu'avant ſa mort il adoptât l'auteur de cette piece, pour former avec la tendreſſe d'un pere ſon vrai ſucceſſeur. Je voudrois qu'il lui donnât le bon goût de cette antiquité, qu'il poſſede ſi avantageuſement ; qu'il le fit entrer dans le génie de ces nations mortes, & connoître ſainement le caractere des heros qui ne ſont plus.

C'eſt,

---

(1) Femme de Monſieur Bourneau, Préſident au Sénéchal de Saumur.

C'est, à mon avis, la seule chose qui manque à un si bel esprit. Il a des pensées fortes & hardies : des expressions, qui égalent la force de ses pensées ; mais vous me permettrez de vous dire après cela qu'il n'a pas connu Alexandre ni Porus. Il paroît qu'il a voulu donner une plus grande idée de Porus que d'Alexandre : en quoi il n'étoit pas possible de réussir ; car l'histoire d'Alexandre, toute vraie qu'elle est, a bien de l'air du roman ; & faire un plus grand heros, c'est donner dans le fabuleux : c'est ôter à son ouvrage, non-seulement le credit de la verité ; mais l'agrément de la vrai-semblance. N'imaginons donc rien de plus grand que ce maître de l'univers, ou nos imaginations seront trop vastes & trop élevées. Si nous voulons donner avantage sur lui à d'autres heros, ôtons-leur les vices qu'il avoit, & donnons-leur les vertus qu'il n'avoit pas : ne faisons pas Scipion plus grand, quoiqu'on n'ait jamais vu chez les Romains une ame si élevée que la sienne. Il le faut faire plus juste, allant plus au bien, plus moderé, plus temperant & plus vertueux.

Que les plus favorables à Cesar contre Alexandre, n'alleguent en sa faveur, ni la passion de la gloire, ni la grandeur de l'ame, ni la fermeté du courage. Ces qualités sont si pleines dans le grec, que ce seroit en avoir trop que d'en avoir plus ; mais qu'ils fassent le Romain plus sage en ses entreprises, plus habile

bile dans les affaires, plus entendu dans ses intérêts, plus maître de lui dans ses passions.

Un Juge fort délicat du merite des hommes, s'est contenté de faire ressembler à Alexandre celui dont il vouloit donner la plus haute idée : il n'osoit pas lui attribuer de plus grandes qualités : il lui ôtoit les mauvaises : *Magno illi Alexandro, sed sobrio, neque iracundo simillimus* (1).

Peut-être que nôtre auteur est entré dans ces considerations en quelque sorte : peut-être que pour faire Porus plus grand, sans donner dans le fabuleux, il a pris le parti d'abaisser son Alexandre. Si ç'a été son dessein, il ne pouvoit pas mieux réussir ; car il en fait un prince si mediocre, que cent autres le pourroient emporter sur lui comme Porus. Ce n'est pas qu'Ephestion n'en donne une belle idée, que Taxile, que Porus même ne parlent avantageusement de sa grandeur : mais quand il paroît lui-même, il n'a pas la force de la soutenir, si ce n'est que par modestie il veüille paroître un simple homme chez les Indiens, dans le juste repentir d'avoir voulu passer pour un dieu parmi les Perses. A parler serieusement, je ne connois ici d'Alexandre que le seul nom : son génie, son humeur, ses qualités, ne me paroissent en aucun endroit. Je cherche

_____

(1) *Velleius Paterculus* (*Hist. Lib. I I. c.* 41.) parlant de Cesar.

cherche dans un heros impetueux des mouvemens extraordinaires qui me paſſionnent, & je trouve un prince ſi peu animé, qu'il me laiſſe tout le ſang froid où je puis être. Je m'imaginois en Porus une grandeur d'ame qui nous fût plus étrangere: le heros des Indes devoit avoir un caractere different de celui des nôtres. Un autre Ciel, pour ainſi parler; un autre Soleil; une autre terre y produiſent d'autres animaux & d'autres fruits. Les hommes y paroiſſent tout autres par la difference des viſages; & plus encore, ſi je l'oſe dire, par une diverſité de raiſon: une morale, une ſageſſe ſinguliere à la région, y ſemble regler & conduire d'autres eſprits dans un autre monde. Porus cependant, que Quinte-Curce dépeint tout Etranger aux grecs & aux Perſes, eſt ici purement françois. Au lieu de nous tranſporter aux Indes, on l'amene en *France*, où il s'accoutume ſi bien à nôtre humeur, qu'il ſemble être né parmi nous, ou du moins y avoir vécu toute ſa vie.

Ceux qui veulent repreſenter quelque heros des vieux ſiecles, doivent entrer dans le génie de la nation dont il a été, dans celui du tems où il a vécu, & particulierement dans le ſien propre. Il faut dépeindre un Roi de l'Aſie autrement qu'un Conſul romain. L'un parlera comme un monarque abſolu, qui diſpoſe de ſes ſujets comme de ſes eſclaves; l'autre comme un magiſtrat qui anime ſeulement les
loix,

loix, & fait respecter leur autorité à un peuple libre. Il faut dépeindre autrement un vieux romain, furieux pour le bien public, & agité d'une liberté farouche, qu'un flateur du tems de Tibere, qui ne connoissoit plus que l'interêt, qui s'abandonnoit à la servitude. Il faut dépeindre differemment des personnes de la même condition & du même tems, quand l'histoire nous en donne de differens caracteres. Il seroit ridicule de faire le même portrait de Caton & de Cesar, de Catilina & de Ciceron, de Brutus & de Marc-Antoine, sous ombre qu'ils ont vêcu dans la république en même tems. Le spectateur, qui voit representer ces anciens sur nos théatres, suit les mêmes regles pour en bien juger, que le poëte pour les bien dépeindre, & pour y réussir mieux, il éloigne son esprit de tout ce qu'il voit en usage, tâche à se défaire du goût de son tems, renonce à son propre naturel, s'il est opposé à celui des personnes qu'on represente : car les morts ne sauroient entrer en ce que nous sommes ; mais la raison, qui est de tous les tems, nous peut faire entrer en ce qu'ils ont été.

Un des grands défauts de nôtre nation, c'est de ramener tout à elle, jusqu'à nommer Etrangers dans leur propre pays, ceux qui n'ont pas bien, ou son air, ou ses manieres. De-là vient qu'on nous reproche justement de ne savoir estimer les choses que par le raport

qu'elles

qu'elles ont avec nous ; dont Corneille a fait une injuste & fâcheuse experience dans sa SOPHONISBE. Mairet, qui avoit dépeint la sienne infidelle aux vieux Syphax, & amoureuse du jeune & victorieux Massinisse, plut presqu'à tout le monde, pour avoir rencontré le goût des Dames, & le vrai esprit des gens de la cour. Mais Corneille, qui fait mieux parler les grecs que les grecs, les romains que les romains, les carthaginois, que les citoyens de Carthage ne parloient eux-mêmes; Corneille, qui presque seul a le bon goût de l'antiquité, a eu le malheur de ne plaire pas à nôtre siecle, pour être entré dans le genie de ces nations, & avoir conservé à la fille d'Asdrubal son veritable caractere. Ainsi, à la honte de nos jugemens, celui qui a surpassé tous nos auteurs, & qui s'est peut-être ici surpassé lui-même, à rendre à ces grands noms tout ce qui leur étoit du, n'a pu nous obliger à lui rendre tout ce que nous lui devions, asservis par la coutume aux choses que nous voyons en usage, & peu disposés par la raison à estimer des qualités & des sentimens qui ne s'accommodent pas aux nôtres.

 Concluons, après une consideration assez étenduë, qu'Alexandre & Porus devoient conserver leur caractere tout entier, que c'étoit à nous à les regarder sur les bords de l'Hydaspe, tels qu'ils étoient, non pas à eux de venir sur les bords de la Seine étudier nôtre naturel,

naturel, & prendre nos sentimens. Le discours de Porus devoit avoir quelque chose de plus étranger & de plus rare. Si Quinte-Curce s'est fait admirer dans la harangue des Scythes, par des pensées & des expressions naturelles à leur nation, l'auteur se pouvoit rendre aussi merveilleux, en nous faisant voir, pour ainsi parler, la rareté du genie d'un autre monde.

La condition differente de ces deux Rois, où chacun remplit si bien ce qu'il se devoit dans la sienne; leur vertu diversement exercée dans la diversité de leur fortune, attire la consideration des historiens, & les oblige à nous en laisser une peinture. Le poëte, qui pouvoit ajoûter à la verité des choses, ou les parer du moins de tous les ornemens de la poësie, au lieu d'en employer les couleurs & les figures à les embellir, a retranché beaucoup de leur beauté; & soit que le scrupule d'en dire trop ne lui en laisse pas dire assez; soit par secheresse & sterilité, il demeure beaucoup au dessous du veritable. Il pouvoit entrer dans l'interieur, & tirer du fond de ces grandes ames, comme fait Corneille, leurs plus secrets mouvemens: mais il regarde à peine les simples dehors; peu curieux à bien remarquer ce qui paroît; moins profond à penetrer ce qui se cache.

J'aurois souhaité que le fort de la piece eût été à nous representer ces grands hommes,

& que dans une scene digne de la magnificence du sujet, on eût fait aller la grandeur de leurs ames jusqu'où elle pourroit aller. Si la conversation de Sertorius & de Pompée (1) a tellement rempli nos esprits, que ne devoit-on pas esperer de celle de Porus & d'Alexandre sur un sujet si peu commun ? J'aurois voulu encore que l'auteur nous eût donné une plus grande idée de cette guerre. En effet, ce passage de l'Hydaspe est si étrange, qu'il se laisse à peine concevoir. Une grande armée de l'autre côté avec des chariots terribles, & des elephans alors effroyables ; des éclairs ; des foudres ; des tempêtes, qui mettoient la confusion par tout, quand il fallut passer un fleuve si large sur de simples peaux ; cent choses étonnantes, qui épouvanterent les Macedoniens, & qui furent faire dire à Alexandre, qu'enfin *il avoit trouvé un peril digne de lui:* tout cela devoit fort élever l'imagination du poëte, & dans la peinture de l'appareil, & dans le recit de la bataille.

Cependant on parle à peine des camps des deux Rois, à qui l'on ôte leur propre genie, pour les asservir à des Princesses purement imaginées. Tout ce que l'interêt a de plus grand & de plus précieux parmi les hommes, la défense d'un pays, la conservation d'un royaume

---

(1) *Voyés le Sertorius de Corneille. III, Sc. I.*

royaume n'excite point Porus au combat; il y est animé seulement par les beaux yeux d'Axiane, & l'unique but de sa valeur est de se rendre recommandable auprès d'elle. On dépeint ainsi les chevaliers errans, quand ils entreprennent une avanture; & le plus bel esprit, à mon avis, de toute l'Espagne, ne fait jamais entrer Don Quichote dans le combat, qu'il ne se recommande à Dulcinée.

Un faiseur de romans peut former ses heros à sa fantaisie; il importe peu aussi de donner la veritable idée d'un Prince obscur, dont la réputation n'est pas venuë jusques à nous: mais ces grands personnages de l'antiquité, si celebres dans leur siecle, & plus connus parmi nous que les vivans même, les Alexandres, les Scipions, les Cesars, ne doivent jamais perdre leur caractere entre nos mains; car le Spectateur le moins délicat sent qu'on le blesse, quand on leur donne des défauts qu'ils n'avoient pas, ou qu'on leur ôte des vertus qui avoient fait sur son esprit une impression agréable. Leurs vertus établies une fois chez nous, interessent l'amour propre comme nôtre vrai merite: on ne sauroit y apporter la moindre alteration, sans nous faire sentir ce changement avec violence. Sur tout, il ne faut pas les défigurer dans la guerre, pour les rendre plus illustres dans l'amour. Nous pouvons leur donner des maîtresses de nôtre invention. Nous pouvons mêler de la passion

avec

avec leur gloire ; mais gardons-nous bien de faire un Antoine d'un Alexandre, & ne ruinons pas le heros établi par tant de siecles, en faveur de l'amant que nous formons à nôtre fantaisie.

Rejetter l'amour de nos tragedies comme indigne des heros, c'est ôter ce qui nous fait tenir encore à eux par un secret raport ; par je ne sai quelle liaison qui demeure encore entre leurs ames & les nôtres : mais pour les vouloir ramener à nous par ce sentiment commun, ne les faisons pas descendre au dessous d'eux ; ne ruinons pas ce qu'ils ont au dessus des hommes. Avec cette retenuë, j'avoüerai qu'il n'y a point de sujets où une passion generale que la nature a mêlée en tout, ne puisse entrer sans peine & sans violence. D'ailleurs comme les femmes sont aussi necessaires pour la representation que les hommes, il est à propos de les faire parler, autant qu'on peut, de ce qui leur est le plus naturel, & dont elles parlent mieux que d'aucune chose. Otez aux unes l'expression des sentimens amoureux, & aux autres l'entretien secret où les fait entrer la confidence, vous les réduisez ordinairement à des conversations fort ennuyeuses. Presque tous leurs mouvemens, comme leurs discours, doivent être des effets de leurs passion : leurs joyes, leurs tristesses, leurs craintes, leurs desirs doivent sentir un peu d'amour pour nous plaire.

Introduisez une mere qui se réjoüit du bonheur de son cher fils, ou s'afflige de l'infortune de sa pauvre fille, sa satisfaction ou sa peine fera peu d'impression sur l'ame des spectateurs. Pour être touchés des larmes & des plaintes de ce sexe, voyons une amante qui pleure la mort d'un amant, non pas une femme qui se désole à la perte d'un mari. La douleur des maîtresses tendre & précieuse nous touche bien plus que l'affliction d'une veuve artificieuse ou interessée, & qui toute sincere, qu'elle est quelquefois, nous donne toûjours une idée noire des enterremens & de leurs ceremonies lugubres.

De toutes les veuves qui ont jamais paru sur le théatre, je n'aime à voir que la seule Cornelie (1); parce qu'au lieu de me faire imaginer des enfans sans pere, & une femme sans époux, ses sentimens tout romains rappellent dans mon esprit l'idée de l'ancienne Rome & du grand Pompée.

Voilà tout ce qu'on peut raisonnablement accorder à l'amour sur nos théatres : mais qu'on se contente de cet avantage, où la régularité même pourroit être interessée, & que ses plus grands partisans ne croyent pas que le premier but de la tragedie soit d'exciter des tendresses dans nos cœurs. Aux sujets veritablement

___
(1) *Voyez le Pompée de Corneille.*

tablement heroïques, la grandeur d'ame doit être ménagée devant toutes choses. Ce qui seroit doux & tendre dans la maîtresse d'un homme ordinaire, est souvent foible & honteux dans l'amante d'un heros. Elle peut s'entretenir quand elle est seule, des combats interieurs qu'elle sent en elle-même; elle peut soupirer en secret de son tourment, confier à une chere & sure confidente ses craintes & ses douleurs: mais soutenuë de sa gloire, & fortifiée par sa raison, elle doit toûjours demeurer maîtresse de ses sentimens passionnés, & animer son amant aux grandes choses par sa résolution, au lieu de l'en détourner par sa foiblesse.

En effet, c'est un spectacle indigne de voir le courage d'un heros amolli par des soupirs & des larmes: & s'il méprise fierement les pleurs d'une belle personne qui l'aime, il fait moins paroître la fermeté de son cœur que la dureté de son ame.

Pour éviter cet inconvenient-là, Corneille n'a pas moins d'égard au caractere des femmes illustres, qu'à celui de ses heros. Emilie anime Cinna à l'execution de leur dessein (1), & va dans son cœur ruiner tous les mouvemens qui s'opposent à la mort d'Auguste. Cléopatre a de la passion pour Cesar, & met

tout

(1) Voyez le CINNA, Act. I. Sc. I.

tout en usage pour sauver Pompée (1). Elle seroit indigne de Cesar, si elle ne s'oppose à la lâcheté de son frere ; & Cesar indigne d'elle, s'il est capable d'approuver cette infamie. Dircé dans l'Oedipe, conteste de grandeur, de courage avec Thesée, tournant sur soi l'explication funeste de l'oracle, qu'il vouloit s'appliquer pour l'amour d'elle.

Mais il faut considerer Sophonisbe (2), dont le caractere eût pu être envié des romains même. Il faut la voir sacrifier le jeune Massinisse au vieux Syphax, pour le bien de sa patrie. Il faut la voir écouter aussi peu les scrupules du devoir, en quittant Syphax, qu'elle avoit fait les sentimens de son amour, en se détachant de Massinisse. Il faut la voir qui soumet toutes sortes d'attachemens ; ce qui nous lie ; ce qui nous unit ; les plus fortes chaînes ; les plus douces passions ; à son amour pour Carthage, & à sa haine pour Rome. Il faut la voir enfin, quand tout l'abandonne, ne se pas manquer à elle-même, & dans l'inutilité des cœurs qu'elle avoit gagnés pour sauver son pays, tirer du sien un dernier secours pour sauver sa gloire & sa liberté.

Corneille fait parler ses heros avec tant de bienséance, que jamais il ne nous eût donné la

---

(1) *Dans la Tragedie de* POMPÉE. | (2) *Voyez la* SOPHONISBE.

la conversation de Cesar avec Cléopatre (1), si Cesar eût cru avoir les affaires qu'il eut dans Alexandrie, quelque belle qu'elle puisse être, jusqu'à rendre l'entretien d'un amoureux agréable aux personnes indifferentes qui l'écoutent : il s'en fut passé assurément, à moins que de voir la bataille de Pharsale pleinement gagnée ; Pompée mort ; & le reste de ses Partisans en fuite. Comme Cesar se croyoit alors le maître de tout, on a pu lui faire offrir une gloire acquise, & une puissance apparemment assurée : mais quand il a découvert la conspiration de Ptolomée ; quand il voit ses affaires en mauvais état, & sa propre vie en danger, ce n'est plus un amant qui entretient sa maîtresse de sa passion, c'est le general romain qui parle à la Reine du peril qui les regarde, & la quitte avec empressement, pour aller pourvoir à leur sureté commune.

Il est donc ridicule d'occuper Porus de son seul amour, sur le point d'un grand combat, qui alloit décider pour lui de toutes choses. Il ne l'est pas moins d'en faire sortir Alexandre, quand les ennemis se rallient. On pourroit l'y faire entrer avec empressement pour chercher Porus, non pas l'en tirer avec précipitation pour aller revoir Cléophile, lui qui n'eût jamais ces impatiences amoureuses, & à qui la victoire

(1) Voyez le POMPE'E, | Act. IV. Sc. III.

toire ne paroissoit assez pleine, que lors qu'il avoit ou détruit, ou pardonné. Ce que je trouve pour lui de plus pitoyable, c'est qu'on lui fait perdre beaucoup d'un côté, sans lui faire rien gagner de l'autre. Il est aussi peu heros d'amour que de guerre. L'histoire se trouve défigurée, sans que le roman soit embelli : Guerrier, dont la gloire n'a rien d'animé qui excite nôtre ardeur : Amant, dont la passion ne produit rien qui touche nôtre tendresse.

Voilà ce que j'avois à dire sur Alexandre & sur Porus. Si je ne me suis pas attaché régulierement à une critique exacte, c'est que j'ai moins voulu examiner la piece en détail, que m'étendre sur la bienséance qu'on doit garder à faire parler les heros ; sur le discernement qu'il faut avoir dans la difference de leurs caracteres ; sur le bon & le mauvais usage des tendresses de l'amour dans la tragedie, rejettées trop austerement par ceux qui donnent tout aux mouvemens de la crainte & de la pitié, & recherchées avec trop de délicatesse par ceux qui n'ont de goût que pour cette sorte de sentimens.

LETTRE
A Mr. LE COMTE
DE LIONNE.

XX.

JE ne fai pas bien encore le fuccès qu'auront tous vos foins ; mais je vous puis affurer qu'ils laiffent une grande reconnoiffance à un homme très-fenfible au moindre plaifir qu'il reçoit. Vôtre maladie me touche plus par l'incommodité qu'elle vous donne, que par l'empêchement qu'elle apporte à vos follicitations dans mon affaire. Je crains qu'elles ne foient trop preffantes à l'égard de Monfieur de Turenne, & que je ne lui devienne odieux par l'importunité que je lui caufe. S'il ne m'avoit fait faire des complimens par Monfieur le Comte d'Auvergne, & par Monfieur le Comte d'Eftrades, je n'aurois pas pris la liberté de lui demander fes bons offices. Je ne lui ai jamais rendu aucun fervice qui l'oblige à s'intereffer dans mes affaires. Si je l'ai admiré toute ma vie, ç'a été pour rendre juftice à fes grandes qualités, & faire honneur à mon jugement : mais je n'en ai rien attendu, comme en effet je n'en devois rien prétendre. S'il a la bonté de me vouloir obliger, il me laiffera

beaucoup

beaucoup de gratitude : si je lui suis indifferent, je n'aurai aucun sujet de m'en plaindre.

Les bontés que vous me témoignez de Mr. de Lionne le Ministre, me donnent une satisfaction secrette, qui ne me laisse pas sentir le peu que j'en devrois avoir dans la situation où je me trouve. Si j'en étois pleinement persuadé, elles occuperoient toute mon attention, & me déroberoient agréablement le loisir de songer à ma mauvaise fortune. En quelque lieu que je puisse être, assurez-le, je vous prie, qu'il aura toûjours un serviteur bien inutile malgré moi, & aussi zelé que vous pour tout ce qui le regarde. C'est ce qui m'a paru de plus fort, pour bien exprimer mon sentiment.

Moderez les loüanges excessives que vous me donnez sur mes bagatelles. Dans le tems que vous me faites voir tant de sinceritè aux choses solides & aux services effectifs, vous avez un peu moins de franchise à me dire nettement ce que vous pensez de ce que je vous envoye. Je vous pourrois dire avec plus de raison, que vôtre lettre est la mieux écrite que j'aye vûë de ma vie ; mais je crains de vous décrier par-là dans un pays délicat, où l'on ne sauroit beaucoup & fort bien écrire, sans passer pour un pedant, ou pour un auteur.

Vôtre Andromaque est fort belle : trois de mes amis m'en ont envoyé trois par la poste, sans considerer l'œconomie necessaire dans une republique. Je ne regarde point à l'argent; mais si les bourguemestres savoient cette dissipation, ils me chasseroient de Hollande, comme un homme capable de corrompre leurs citoyens. Vous savez ce que c'est qu'un état populaire, quand vous m'exemtez de ces dépenses, dont vous chargez très-judicieusement Monsieur l'ambassadeur (1), à qui il sied très-bien de répandre son argent pour l'honneur de son maître, & pour la dignité de la couronne. Néanmoins, comme toutes ces choses-là s'impriment à Amsterdam huit ou dix jours après qu'elles ont paru en France, je ne voudrois pas coûter à Monsieur l'ambassadeur des ports si considerables trop souvent. Ceux qui m'ont envoyé Andromaque, m'en ont demandé mon sentiment. Comme je vous l'ai dit, elle m'a semblé très-belle: mais je croi qu'on peut aller plus loin dans les passions, & qu'il y a encore quelque chose de plus profond dans les sentimens que ce qui s'y trouve. Ce qui doit être tendre, n'est que doux, & ce qui doit exciter de la pitié, ne donne que de la tendresse. Cependant, à tout prendre, Racine doit avoir plus de réputation qu'aucun autre, après Corneille.

AU

_____

(1) Mr le Comte d'Estrades, ambassadeur à la Haye.

XI.   AU MEME.

S'IL étoit bien vrai que Monsieur de Lionne le ministre agréât, comme vous dites, ces petits ouvrages que je vous ai adressés, le plaisir de toucher un goût aussi délicat que le sien, effaceroit aisément le chagrin de ma disgrace, & je me tiendrois obligé au malheur de mon exil, où, manque de divertissemens, je m'occupe à des bagatelles de cette nature-là. S'il n'est pas satisfait de la peinture que j'ai fait de ses belles qualités, qu'il s'en prenne à son merite, que je n'ai pu assez heureusement exprimer. Pourquoi est-il si habile & si honnête-homme? J'aime mieux lui voir plus de capacité & de délicatesse que je ne lui en donne, que de le faire plus capable & plus délicat que je ne le trouverois. Il lui arrive la même chose qu'à ces femmes trop belles, qui laissent toûjours quelque chose à desirer dans leurs portraits. Elles doivent être ravies de ruiner la réputation de tous les peintres.

Madame Bourneau m'a fait un très-méchant tour d'avoir montré un sentiment confus que je lui avois envoyé sur l'Alexandre. C'est une femme que j'ai fort vûë en Angleterre, & qui a l'esprit très-bien fait. Elle m'envoya cette piece de Racine, & me pria de lui en écrire mon jugement. Je ne me donnai pas
le

le loisir de bien lire sa tragedie, & je lui écrivis en hâte ce que j'en pensois, la priant, autant qu'il m'étoit possible, de ne point montrer ma Lettre. Moins religieuse que vous à se gouverner selon les sentimens de ses amis, il se trouve qu'elle l'a montrée à tout le monde, & qu'elle m'attire aujourd'hui l'embarras que vous me mandez. Je hai extrêmement de voir mon nom courir par le monde presque en toutes choses, & particulierement en celles de cette nature. Je ne connois point Racine; c'est un fort bel-esprit que je voudrois servir, & les plus grands ennemis ne pourroient pas faire autre chose que ce que j'ai fait sans y penser. Cependant, Monsieur, s'il n'y a pas moyen d'empêcher que ces petites pieces ramassées ne s'impriment, comme vous me le mandez, je vous prie que mon nom n'y soit pas. Il vaut mieux qu'elles soient imprimées comme vous les avez, & le plus correctement qu'il est possible, que dans le désordre où elles passent de main en main jusqu'à celles d'un imprimeur.

Je ne vous recommande point de donner à personne cette justification détournée de ce que je fis à Saint Jean de Luz (1) : vous en connoissez les raisons aussi-bien que moi. J'ai prétendu loüer celui qui regne; mais je ne l'ai pas
si

_____
(1) *Voyez ci-dessus*, | *pag.* 258. *& suivantes.*

si on veut de mes loüanges. Vous ne donnerez pas aussi le petit portrait que vous ne copiâtes pas tout entier. Du reste, tout est à vous, vous en userez comme il vous plaira. Vous m'obligeriez pourtant d'employer toute vôtre industrie pour empêcher que rien du tout ne s'imprimât. En cas que vous ne le puissiez pas, vous en userez de la maniere qui vous semblera la meilleure.

Vos lettres sont si polies & si délicates, que les imprimeurs de ce pays-ci, aussi empressés que ceux de France, ne manqueroient pas de me les demander, s'ils savoient que j'eusse quelque chose d'aussi bien fait & d'aussi poli. Dans la verité, on ne peut pas mieux écrire que vous faites, ni si bien agir dans l'interêt de vos amis. Quelque envie que j'aye de revoir la France, je ne voudrois pas être retourné avant que de vous avoir connu, autant par la rareté de trouver un ami si soigneux & si passionné, que par la douceur du commerce. Pour les loüanges d'Attila, vous les rendez plus ingenieuses que je n'ai prétendu. La verité est, que la piece est moins propre au goût de vôtre cour, qu'à celui de l'antiquité ; mais elle me semble très-belle. Voilà bien des bagatelles dont je me dispenserois, si la confiance d'une amitié fort étroite n'admettoit dans le commerce jusqu'aux moindres choses.

AU MEME.

XXII

J'Apprehende avec raison que la continuation de nôtre commerce ne vous devienne odieuse par celle de mes disgraces. C'est ce qui m'obligera de prendre beaucoup sur ma propre satisfaction à l'avenir, pour ne pas abuser d'un zele aussi ardent que le vôtre. La discrétion est une vertu que l'on doit pratiquer parmi ses vrais amis, & j'ai trop d'interêt de vous conserver, pour ne m'en pas servir avec circonspection. Si j'osois vous découvrir mon ame en cet endroit, vous la verriez penetrée des bontés du plus desinteressé de tous les amis du monde, rien ne me soutenant dans vôtre cœur que vôtre pure generosité. C'est ce qui m'a fait croire que vous voulez donner un exemple à la posterité, pour la desesperer de ne pouvoir pas vous imiter. Enfin je m'examine de tous les côtés, & je ne voi rien en moi qui ne justifie le dégoût que l'on devroit avoir de ma personne. Les réflexions me seroient très-fâcheuses, si elles n'étoient adoucies par le souvenir d'une personne pour qui j'ai les adorations qu'un merite si accompli lui attire generalement de tout le monde.

Mais ne faisons pas souffrir plus long-tems une modestie aussi délicate que la vôtre, & passons au sentiment que vous me demandez de Britannicus (1). Je l'ai lu avec assez d'attention, pour y remarquer de belles choses. Il passe, à mon sens, l'Alexandre & l'Andromaque: les vers en sont plus magnifiques; & je ne serois pas étonné qu'on y trouvât du sublime. Cependant je déplore le malheur de cet auteur d'avoir si dignement travaillé sur un sujet qui ne peut souffrir une representation agréable. En effet l'idée de Narcisse, d'Agrippine & de Néron; l'idée, dis-je, si noire & si horrible qu'on se fait de leurs crimes, ne sauroit s'effacer de la memoire du spectateur; & quelques efforts qu'il fasse pour se défaire de la pensée de leurs cruautés, l'horreur qu'il s'en forme, détruit en quelque maniere la piece.

DE

(1) Tragedie de Racine.

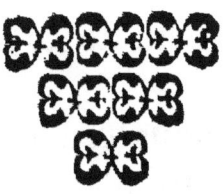

DE LA RETRAITE. XXII

ON ne voit rien de si ordinaire aux vieilles-gens que de soupirer pour la retraite, & rien de si rare en ceux qui se sont retirés que de ne s'en repentir pas. Leur ame trop assujettie à leur humeur, se dégoûte du monde par son propre ennui : car à peine ont-ils quitté ce faux objet de leur mal, qu'ils souffrent aussi peu la solitude que le monde, s'ennuyant d'eux-mêmes où ils n'ont plus qu'eux dont ils se puissent ennuyer.

Une raison essentielle qui nous oblige à nous retirer quand nous sommes vieux, c'est qu'il faut prévenir le ridicule où l'âge nous fait tomber presque toûjours. Si nous quittons le monde à propos, on y conservera l'idée du merite que nous aurons eu : si nous y demeurons trop, on aura nos défauts devant les yeux, & ce que nous serons devenus, effacera le souvenir de ce que nous avons été. D'ailleurs c'est une honte à un honnête-homme de traîner les infirmités de la vieillesse dans une Cour où la fin de ses services a fait celle de ses interêts.

La nature nous redemande pour la liberté, quand nous n'avons plus rien à esperer pour la fortune. Voilà ce qu'un sentiment d'honnêteté ; ce que le soin de nôtre réputation; ce que le bon sens; ce que la nature exigent de nous. Mais le monde a ses droits encore pour nous demander la même chose. Son commerce nous a fourni des plaisirs tant que nous avons été capables de les goûter : il y auroit de l'ingratitude à lui être à charge, quand nous ne pouvons lui donner que du dégoût.

Pour moi, je me résoudrois à vivre dans le convent, ou dans le desert, plutôt que de donner une espece de compassion à mes amis; & à ceux qui ne le sont pas, la joye malicieuse de leur raillerie. Mais le mal est qu'on ne s'apperçoit pas quand on devient imbecille ou ridicule. Il ne suffit point de connoître que l'on est tombé tout-à-fait ; il faut sentir le premier qu'on tombe, & prévenir en homme sage la connoissance publique de ce changement.

Ce n'est pas que tous les changemens qu'apporte l'âge, nous doivent faire prendre la résolution de nous retirer. Nous perdons beaucoup en vieillissant, je l'avouë ; mais parmi les pertes que nous faisons, il y en a qui sont compensées par d'assez grands avantages. Si après avoir perdu mes passions, les affections me demeurent encore, il y aura moins d'inquiétude dans mes plaisirs, & plus de discrétion dans mon procedé à l'égard des autres : si mon imagination diminuë, je n'en plairai pas tant quelquefois, mais j'en importunerai moins bien souvent : si je quitte la foule pour

la

la compagnie, je serai moins dissipé : si je reviens des grandes compagnies à la conversation de peu de gens, c'est que je saurai mieux choisir.

D'ailleurs nous changeons parmi des gens qui changent aussi-bien que nous, infirmes également, ou du moins sujets aux mêmes infirmités. Ainsi je n'aurai pas honte de chercher en leur présence des secours contre la foiblesse de l'âge, & je ne craindrai point de suppléer avec l'art à ce qui commence à me manquer par la nature. Une plus grande précaution contre l'injure du tems ; un ménagement plus soigneux de la santé, ne scandaliseront point les personnes sages ; & l'on se doit peu soucier de celles qui ne le sont pas.

A la verité, ce qui déplaît dans les vieilles gens, n'est pas le grand soin qu'ils prennent de leur conservation. On leur pardonneroit tout ce qui les regarde, s'ils avoient la même consideration pour autrui : mais l'autorité qu'ils se donnent est pleine d'injustice & d'indiscrétion ; car ils choquent mal-à-propos les inclinations de ceux qui compatissent le plus à leur foiblesse. Il semble que le long usage de la vie leur ait desappris à vivre parmi les hommes, n'ayant que de la rudesse, de l'austerité, de l'opposition pour ceux dont ils exigent de la douceur, de la docilité, de l'obéïssance. Tout ce qu'ils font, leur paroît vertu : ils mettent au rang des vices tout ce qu'ils ne

sauroient

sauroient faire ; & contraints de suivre la nature en ce qu'elle a de fâcheux, ils veulent qu'on s'oppose à ce qu'elle a de doux & d'agréable.

Il n'y a point de tems où l'on doive étudier son humeur avec plus de soin que dans la vieillesse ; car il n'y en a point où elle soit si difficilement reconnuë. Un jeune homme impetueux a cent retours où il se déplaît de sa violence ; mais les vieilles-gens s'attachent à leur humeur comme à la vertu, & se plaisent en leurs défauts par la fausse ressemblance qu'ils ont à des qualités loüables. En effet, à mesure qu'ils se rendent plus difficiles, ils pensent devenir plus délicats. Ils prennent de l'aversion pour les plaisirs, croyant s'animer justement contre les vices. Le serieux leur paroît du jugement, le flegme de la sagesse : & de-là vient cette autorité importune qu'ils se donnent de censurer tout, le chagrin leur tenant lieu d'indignation contre le mal, & la gravité de suffisance.

Le seul remede, quand nous en sommes venus là, c'est de consulter nôtre raison dans les intervalles où elle est dégagée de nôtre humeur ; & de prendre la résolution de dérober nos défauts à la vûë des hommes. La sagesse alors est de les cacher : ce seroit un soin superflu que de travailler à s'en dfaire. C'est donc là qu'il faut mettre un tems entre la vie & la mort, & choisir un lieu propre à le passer devotement

votement, si on peut, sagement du moins; ou avec une dévotion qui donne de la confiance; ou avec une raison qui promette du repos. Quand la raison qui étoit propre pour le monde, est usée, il s'en forme une autre pour la retraite, qui de ridicules que nous devenions dans le commerce des hommes, nous fait rendre veritablement sages pour nous-mêmes.

De toutes les retraites que nous pourrions faire quand nous sommes vieux, je n'en trouverois point de préferables à celle des convens, si leur regle étoit moins austere. Il est certain que la vieillesse évite la foule, par une humeur délicate & retirée, qui ne peut souffrir l'importunité ni l'embarras. Elle évite encore avec plus de soin la solitude, où elle est livrée à ses propres chagrins, & à de tristes & de fâcheuses imaginations. La seule douceur qui lui reste, est celle d'une honnête societé; & qu'elle societé lui conviendroit mieux qu'une societé religieuse, où les assistances humaines se donneroient avec plus de charité, & où les vœux seroient tous unis, pour demander à Dieu le secours qu'on ne peut attendre raisonnablement des hommes.

Il est aussi naturel aux vieilles-gens de tomber dans la devotion, qu'il est ordinaire à la jeunesse de s'abandonner aux voluptés. Ici, la nature toute pleine, pousse hors d'elle ce qu'il y a de trop dans sa vigueur, pour le répandre

voluptueusement

voluptueusement sur les objets. Là, une nature languissante, cherche en Dieu ce qui vient à lui manquer, & s'attache plus étroitement à lui, pour se faire comme une ressource dans sa défaillance. Ainsi le même esprit qui nous mene à la societé dans nos besoins, nous conduit à Dieu dans nos langueurs ; & si les convens étoient institués comme ils devroient l'être, nous trouverions dans les mêmes lieux & l'appui du Ciel, & l'assistance des hommes : mais de la façon qu'ils sont établis, au lieu d'y trouver le soulagement de ses maux, on y trouve la dureté d'une obéïssance aveugle en des choses inutiles commandées ; en des choses innocentes défenduës. On y trouve un sacrifice ordinaire de sa raison : on y trouve des loix plus difficiles à garder, que celles de Dieu & du Prince ; des loix rompuës scandaleusement par les libertins, & endurées impatiemment par les plus soumis.

J'avouë qu'on voit quelquefois des religieux d'un merite inestimable. Ceux-ci connoissent les vanités du monde d'où ils sont sortis, & ce qu'il y a de grimace dans les lieux où ils sont entrés. Ce sont de veritables gens de bien, & de veritables devots, qui épurent les sentimens de la morale par ceux de la pieté. Ils vivent non-seulement exemts du trouble des passions, mais dans une satisfaction d'esprit admirable. Ils sont plus heureux à ne desirer rien, que les plus grands Rois à posseder tout. A la verité, ces exemples sont bien rares; & la vertu de ces religieux est plus à admirer, que leur condition à être embrassée.

Pour moi, je ne conseillerois jamais à un honnête-homme de s'engager à ces sortes d'obligations, où tous les droits de la volonté generalement sont perdus. Les peines qu'on voudroit souffrir y sont renduës necessaires : le peché qu'on a dessein de fuir, s'évite par ordre; & le bien qu'on veut pratiquer, ne se fait qu'avec contrainte. La servitude ordinaire ne va pas plus loin qu'à nous forcer à ce que nous ne voulons pas : celle des convens nous necessite même en ce que nous voulons.

La feuë Reine de Portugal (1), aussi capable de se conduire elle-même dans le repos, que de gouverner un état dans l'agitation, eut envie de se faire religieuse, lors qu'elle remit le gouvernement entre les mains de son fils : (2) mais après avoir examiné les regles de tous les ordres, avec autant de soin que de jugement, elle n'en trouva point qui laissât au corps les commodités necessaires, & à l'esprit une raisonnable satisfaction. Il est
certain

---

(1) Louise-Françoise de Gusman, fille du Duc de Medina Sidonia, & femme de Jean Duc de Bragance, devenu ensuite Roi de Portugal. Elle mourut le 28. de Février 1666.

(2) Dom Alfonse.

certain que l'idée du convent est assez douce à qui cherche l'innocence & le repos : mais il est difficile d'y trouver la douceur que l'on s'est imaginée. Si on l'y rencontre quelquefois, (ce qui est bien rare,) on n'en joüit pas long-tems ; & la meilleure précaution qu'on puisse avoir pour n'y entrer pas, c'est de songer que presque tous les religieux y demeurent à regret, & en sortent quand il leur est possible avec joye.

Je souhaiterois que nous eussions des societés établies, où les honnêtes-gens se pussent retirer commodément, après avoir rendu au public tout le service qu'ils étoient capables de lui rendre. Quand ils y seroient entrés par le soin de leur salut, par le dégoût du monde ; ou par un desir de repos, qui succederoit aux diverses agitations de la fortune, ils pourroient goûter la joye d'une retraite pieuse, & le plaisir innocent d'une honnête & agréable conversation : mais dans ce lieu de repos, je ne voudrois d'autres regles que celles du christianisme, qui sont reçûës generalement par tout. En effet, nous avons assez de maux à souffrir, & de pechés à commettre, sans que de nouvelles constitutions fassent naître de nouveaux tourmens & de nouveaux crimes. C'est une folie de chercher loin des cours une retraite où vous ayez plus de peine à vivre, & plus de facilité à vous damner que dans le commerce des hommes.

Je hai l'austerité de ces gens, qui pour donner au devoir plus d'étenduë, ne laissent rien à la bonne volonté. Ils tournent tout à la necessité d'obéïr, sans autre raison que d'exercer toûjours nôtre obéïssance, que de ce qu'ils se plaisent à joüir toûjours de leur pouvoir. Or je n'aime pas l'assujettissement à leur fantaisie; je voudrois seulement de la docilité pour une bonne & sage discretion. Il n'est pas juste que le peu de liberté que sauve la nature des loix de la politique & de celles de la religion, vienne à se perdre tout-à-fait dans les constitutions de ces nouveaux Legislateurs, & que des personnes qui entrent dans le convent, par l'idée de la douceur & du repos, n'y rencontrent que de la servitude & de la douleur.

Pour moi, je m'y passerois volontiers des choses délicieuses, à un âge où le goût des délices est presque perdu; mais je voudrois toutes mes commodités dans un tems où le sentiment devient plus délicat pour ce qui nous blesse, à mesure qu'il devient moins exquis pour ce qui nous plaît, & moins tendre pour ce qui nous touche. Ces commodités desirables à la vieillesse, doivent être aussi éloignées de l'abondance qui fait l'embarras, que du besoin qui fait sentir la necessité. Et pour vous expliquer plus nettement ma pensée, je voudrois dans un convent une frugalité propre & bien entenduë, où l'on ne regarderoit

point

point Dieu comme un Dieu chagrin, qui défend les choses agréables, parce qu'elles plaisent ; mais où rien ne plairoit à des esprits bien faits, que ce qui est juste ou tout-à-fait innocent.

A la prison de Monsieur Fouquet, Monsieur le Maréchal de Clerembaut avoit la tête remplie de ces imaginations de retraite. « Que l'on vivroit heureux, me disoit-il, en « quelque société, où l'on ôteroit à la for- « tune la jurisdiction qu'elle a sur nous ! Nous « lui sacrifions, à cette fortune, nos biens, « nôtre repos, nos années, peut-être inuti- « lement ; & si nous venons à posseder ses fa- « veurs, nous en payons une courte joüissan- « ce, quelquefois de nôtre liberté, quelque- « fois de nôtre vie. Mais quand nos gran- « deurs dureroient autant que nous, elles fini- « ront du moins avec nous. Et qu'ont fait « des leurs ces grands favoris, qui n'ont ja- « mais vû interrompre le cours de leur for- « tune ? Ne semblent t'ils pas n'avoir acquis « tant de gloire, & amassé tant de biens, que « pour se préparer le tourment de ne savoir ni « les quitter, ni les retenir ? C'étoit-là ses en- tretiens ordinaires un mois durant que je fus avec lui ; & ce courtisan agréable, dont la conversation faisoit la joye la plus délicate de ses amis, se laissoit posseder entierement à ces sortes de pensées, quelquefois judicieuses, toûjours tristes.

J'avouë

J'avoüe qu'il y a des tems où rien n'est si sage que de se retirer; mais tout persuadé que j'en suis, je me remets de ma retraite à la nature, beaucoup plus qu'à ma raison. C'est par ses mouvemens qu'au milieu du monde, je me retire aujourd'hui du monde même. J'en suis encore pour ce qui me plaît: j'en suis dehors pour ce qui m'incommode. Chaque jour, je me dérobe aux connoissances qui me fatiguent, & aux conversations qui m'ennuyent: chaque jour, je cherche un doux commerce avec mes amis, & fais mes délices les plus cheres de la délicatesse de leur entretien.

De la façon que je vis, ce n'est ni une société pleine, ni une retraite entiere: c'est me réduire innocemment à ce qui m'accommode le plus. Dégoûté du vice, comme trop grossier, & blessé de la pratique de la vertu, comme trop rude, je me fais d'innocentes douceurs, qui conviennent au repos de la vieillesse, & qui sont justement sensibles à proportion de ce que je puis encore agréablement sentir.

Lors que nous approchons du fatal monument,
La nature se plaît à vivre innocemment;
Et la même autrefois qui dérégloit la vie;
D'un doux & saint repos nous inspire l'envie.
 Il n'est plus de beaux jours,
 Quand il n'est plus d'amour:
Mais nôtre esprit défait de son ardeur premiere,
Garde pour son couchant une douce lumiere,

Qui nous fait oublier la plus vive saison
Par les derniers plaisirs que donne la raison.

ENTRETIEN

*De deux Dames avec une religieuse mal satisfaite
de sa condition.*

UNE DAME.

Contez-nous un peu vôtre sort :
Que fait-on dans le monastere ?
Madame & moi souhaitons fort
D'en apprendre tout le mystere.

LA RELIGIEUSE.

Sans égard au teint précieux
D'une beauté jeune & fleurie,
Celle qui se foüette le mieux,
De l'abbesse est la plus cherie.
L'esprit est un merite auprès d'elle odieux :
Qui n'est pas imbecille, y passe pour impie :
Un Directeur tendre & pieux
Avec une dévote amie,
Sur les autres imperieux
Veut exercer sa tyrannie :
Nôtre chœur est fastidieux ;
J'en hai la fade mélodie :
Nôtre repas pernicieux ;
La seule faim nous y convie :
Car le troupeau religieux,
Qui souvent jeûne & toûjours prie,
Prend un appetit furieux,
Et de tous mets se rassasie.
Un prêcheur ignorant & vieux

DE SAINT-EVREMOND.

Avec grande cérémonie
Tousse, crache, leve les yeux,
Et puis fait à la compagnie
Un long sermon fort ennuyeux,
Dont il faut qu'on le remercie.
Après que le bon pere a discouru des cieux,
Nous chantons vêpres & complie,
Et le salut fait les adieux
De nôtre méchante harmonie.
Suit le soupé délicieux.
D'une pomme cruë ou rotie,
Puis un sommeil peu gracieux
Me tient au lit mal endormie,
Attendant l'ordre injurieux,
Qui m'en fait faire une sortie
Par un tems froid & pluvieux :
Enfin je me trouve asservie
A tant de peines en ces lieux,
Qu'il me faut aspirer par force à l'autre vie.
Heureuse est une bonne sœur
Que cette esperance a charmée !
Mais il faut plaindre le malheur
Où tombe une pauvre enfermée,
Qui ne goûte point la douceur
Qu'apporte une si belle idée.
C'est un entretien assez doux
A la plus prude, à la plus sage
De songer quelquefois que la mort d'un époux
Rompt les liens du mariage :
Il n'en est pas ainsi chez nous,
Le mari qui nous tient en cage,
Est éternel, & hors des coups
Qui savent procurer le bonheur du veuvage.

LA DAME.

En verité, ma Sœur, vos murmures sont grands,
Si c'est-là tout le mal qu'ont les religieuses:
Vou traitez vôtre époux comme on fait les tyrans,

Et vos plaintes sur tout sont fort injurieuses.
Le Ciel nous a donné des états differens,
Mais nous n'en sommes pas pour cela plus heureuses:
Le chagrin des maris, l'embarras des enfans,
Des infidelités aux pauvres amoureuses,
De qui les sots desirs ont été trop constans,
D'un amour emporté les suites trop fâcheuses,
D'un autre mieux conduit les égards trop gênans,
Les tendres mouvemens des ames vertueuses,
Etouffés avec peine, & toûjours renaissans,
Le luxe des habits en quelques somptueuses,
Dont le crédit se perd avec tous les marchands,
La passion du jeu dans les necessiteuses,
Le tourment qu'on se donne à disputer des rangs,
Une fiere hauteur que les imperieuses
Opposent vainement à la faveur du tems,
Un bas attachement, des foiblesses honteuses,
Qui ne servent de rien à l'interêt des gens,
Le malheur du succès pour les ambitieuses,
Dont les cœurs élevés sont trop entreprenans,
L'inquiet mouvement qui perd des intrigueuses,
Pour se mêler de tout avec trop peu de sens;
Voilà, ma chere sœur, nos voluptés flateuses:
Du monde, qui vous plaît, voilà les doux présens;
Voilà ce grand bonheur qui vous rend envieuses.

LA RELIGIEUSE.

Ce lieu que mille fois j'ai nommé ma prison,
Sera vôtre retraite assez-tôt que je pense,
Car celle qui se voit dans l'arriere-saison,
    Pourra faire l'experience
      Des regles de nôtre maison
      Avec beaucoup de bienséance.

L'AUTRE DAME.

    A vous entendre discourir,
      Trop heureux est le sort des autres,
Vous aimeriez, ma sœur, à danser, à courir,

Nous aimerions en paix des jours comme les vôtres:
Mais à son propre état, chacun se doit tenir :
Gardons nôtre embarras, dites vos patenôtres ?
  La sagesse est de bien souffrir,
  Vous, vos chagrins, & nous les nôtres.
Ecoutez vos devoirs, plutôt que vos raisons :
Aïons plus de vertus chez nous que d'oraisons :
Des maux qu'un Dieu souffrit, ayez toûjours l'image;
  Imitez-le dans ses douleurs :
Des biens que Dieu nous fait, faisons un bon usage;
  Imitons-le dans ses faveurs.
Vaincre de nos amours la douce violence :
Ne permettre à nos cœurs que de justes desirs,
Un repos innocent, & d'honnétes plaisirs,
  C'est pour nous assez de souffrance :
  L'ordre nous coûte des soûpirs ;
Une bonne conduite est nôtre penitence.

LA RELIGIEUSE.

  Je sens ranimer ma langueur
  Par vos discours pleins de sagesse,
  Et si vous étiez mon abbesse,
  Rien n'égaleroit ma ferveur.

  A la premiere Dame.

  Pour vous, Madame la conteuse
  De tant de malheurs differens,
  Ou faites chez vous la pleureuse,
Ou soyez avec nous penitente ceans.

LETTRE

V. **LETTRE DE Mr. CORNEILLE A MONSIEUR DE St. EVREMOND.**

Pour le remercier des loüanges qu'il lui avoit données, dans la Dissertation sur l'Alexandre de Racine.

MONSIEUR,

L'OBLIGATION que je vous ai, est d'une nature à ne pouvoir jamais vous en remercier dignement ; & dans la confusion où j'en suis, je m'obstinerois encore dans le silence, si je n'avois peur qu'il ne passât auprès de vous pour ingratitude. Bien que les suffrages de l'importance du vôtre, nous doivent toûjours être très-précieux, il y a des conjonctures qui en augmentent infiniment le prix. Vous m'honorez de vôtre estime en un tems où il semble qu'il y ait un parti fait pour ne m'en laisser aucune. Vous me soutenez, quand on se persuade qu'on m'a abbattu; & vous me consolez glorieusement de la délicatesse de nôtre siécle, quand vous daignez m'attribuer le bon goût de l'antiquité. C'est un merveilleux avantage pour un homme, qui ne peut douter que la posterité ne veuille bien s'en rapporter à vous, aussi je vous avouë après cela, que je pense avoir quelque droit de traiter de ridicules ces vains trophées qu'on établit sur le débris imaginaire des miens, & de regarder avec pitié ces opiniâtres entêtemens qu'on avoit pour les anciens heros refondus à nôtre mode.

Me voulez-vous bien permettre d'ajoûter ici, que vous m'avez pris par mon foible, & que ma SOPHONISBE, pour qui vous montrez tant de tendresse, à la meilleure part de la mienne ? Que vous flatez agréablement mes sentimens, quand vous confirmés ce que j'ai avancé touchant la part que l'amour doit avoir dans les belles tragedies, & la fidelité avec laquelle nous devons conserver à ces vieux illustres, ces caracteres de leur tems, de leur nation, & de leur humeur ! J'ai cru jusques ici que l'amour étoit une passion trop chargée de foiblesse, pour être la dominante dans une piece heroïque : j'aime qu'elle y serve d'ornement, & non pas de corps ; & que les grandes ames ne la laissent agir qu'autant qu'elle est compatible avec de plus nobles

impressions.

impressions. Nos doucereux & nos enjoués sont de contraire avis; mais vous vous declarez du mien. N'est-ce pas assez pour vous en être redevable au dernier point, & me dire toute ma vie,

MONSIEUR,

Vôtre très-humble & très-obéïssant serviteur, CORNEILLE.

RÉPONSE XXVI.
DE MONSIEUR
DE St. EVREMOND
A Mr. CORNEILLE.

MONSIEUR,

Je ne doute pas que vous ne fussiez le plus reconnoissant homme du monde d'une grace qu'on vous feroit, puis que vous vous sentez obligé d'une justice qu'on vous rend. Si vous aviez à remercier tous ceux qui ont les mêmes sentimens que moi de vos ouvrages, vous devriez des remercimens à tous ceux qui s'y connoissent. Je vous puis répondre que jamais réputation n'a été si bien établie que la vôtre en Angleterre & en Hollande. Les Anglois assez disposés naturellement à estimer ce qui leur appartient, renoncent à cette opinion souvent bien fondée, & croyent faire honneur à leur Ben-Johnson (1) de le nommer LE CORNEILLE D'ANGLETERRE. Monsieur Waller, un des plus beaux esprits du siecle, attend toûjours vos pieces nouvelles, & ne manque pas d'en traduire un acte ou deux en vers Anglois, pour sa satisfaction particuliere. Vous êtes le seul de nôtre nation, dont les sentimens ayent l'avantage de toucher les siens. Il demeure d'accord qu'on parle & qu'on écrit bien en France : il n'y a que vous, dit-il, de tous les françois qui sache penser. Monsieur Vossius, le plus grand admirateur de la Grece, qui ne sauroit souffrir la moindre comparaison des latins aux grecs, vous préfere à Sophocle & à Euripide.

Après des suffrages si avantageux, vous me surprenez de dire que vôtre réputation est attaquée en France. Seroit-il arrivé du bon goût comme des modes, qui commencent à s'établir chez les étrangers, quand elles se passent à Paris ? Je ne m'étonnerois point qu'on prit quelque dégoût pour les vieux heros, quand on en voit un jeune qui efface toute leur gloire : mais si on se plaît

---

(1) *Ben-Johnson fleurissoit sous les regnes de Jacques I. & de Charles I. Il entreprit de réformer le théatre anglois, & le fit avec beaucoup de succès. Ces comedies sont admirables, & surpassent de beaucoup ses Tragedies. Il mourut en 1637.*

plaît encore à les voir repréfenter fur nos théatres, comment ne peut-on pas admirer ceux qui viennent de vous? Je croi que l'influence du mauvais goût s'en va paffer; & la premiere piece que vous donnerez au public, fera voir par le retour de fes applaudiffemens, le recouvrement du bon fens, & le rétabliffement de la raifon. Je ne finirai pas fans vous rendre graces très-humbles de l'honneur que vous m'avez fait. Je me trouverois indigne des loüanges que vous donnez à mon jugement: mais comme il s'occupe le plus fouvent à bien connoître la beauté de vos ouvrages, je confonds nos interêts, & me laiffe aller avec plaifir à une vanité mêlée avec la juftice que je vous rends.

LETTRE

A Mr. LE COMTE

DE LIONNE.

VOTRE impatience de mon retour augmennte la mienne, pour avoir le plaisir de vous revoir : mais vous ne sauriez m'ôter tout-à-fait la crainte que des sollicitations trop vives auprès de Monsieur de Lionne le ministre, ne vous rendent moins agréable, & mes intérêts importuns. Je dois être assez équitable pour ménager sa bonne volonté, & croire que les grandes affaires dont il est chargé tous les jours, ont quelque chose de plus pressant que les miennes. Vôtre activité pour vos amis me donne ce soupçon-là ; mais il ne me dure pas long-tems : vôtre adresse me rassure, & me persuade que vous prendrez toûjours vôtre tems fort à propos. J'eusse été bien fâché que la comparaison de Monsieur le Prince ; la lettre détournée ; & le Portrait de ***, se fussent trouvez en la disposition de Mr. Barbin (1). Pour tout le reste, il est devenu

_____

(1) *Libraire de Paris.*

devenu vôtre par vôtre larcin, pourvu que mon nom n'y paroisse point, & que je n'y contribuë en rien. Ainsi la chose & les manieres dépendent de vous. Vous êtes trop raisonnable pour être aussi piqué que vous semblez l'être, de ce que je vous écrivis sur les imprimeurs de Hollande. Je n'ai eu autre dessein que de vous faire voir combien j'estime la délicatesse d'un stile aussi poli que le vôtre. Dans la verité, on ne peut pas mieux écrire que vous faites.

Le nouvel écrit de Lisola (1) a été imprimé à Bruxelles : il n'en est venu ici que sept ou huit exemplaires. Un de mes amis me le lut, & ne me le voulut pas laisser. C'est une suite des remarques sur la lettre de Monsieur de Lionne le ministre, où il tâche de prouver que toutes les avances qu'on fait à Paris pour la paix, sont des amusemens & des artifices pour empêcher l'Angleterre & la Hollande de s'opposer à la conquête des Pays-Bas. Il soutient

---

(1) *François Baron de Lisola, étoit de Bezançon. Il se mit au service de l'Empereur, qui l'employa dans divers ambassades, où il se fit connoître d'une maniere très-avantageuse. Pendant la guerre de Flandre, la garnison de Lille ayant intercepté une lettre que Mr. de Lionne écrivoit au Roi. Mr. de Lisola publia des remarques sur cette lettre. Il écrivit encore quelques autres ouvrages contre la France. Voyez le* DICTIONAIRE *de Bayle, à l'Article Lisola.*

tient que le dessein d'attaquer la Franche-Comté, & celui de faire la paix, étoient incompatibles, tirant des consequences de tout. Dans ses remarques, il y a des choses très-spirituelles; mais il y a trop de railleries pour une matiere si importante. Les Espagnols ne sauroient s'empêcher d'accepter l'alternative: l'Angleterre & la Hollande sont Maîtresses de la paix; mais le Marquis de Castel Rodrigue (1) ne souhaite rien tant que la continuation de la guerre, qui mettra les hollandois & les anglois dans son parti. On souhaite fort la paix ici, & on ne neglige rien qui puisse regarder la guerre.

Je suis fort obligé à Monsieur Corneille de l'honneur qu'il me fait. Sa lettre est admirable, & je ne sai s'il écrit mieux en vers qu'en prose. Je vous supplie de lui rendre ma réponse, & de l'assurer que personne au monde n'a tant d'estime pour tout ce qui vient de lui, que moi. Je n'ai lu ni l'Amphitryon (2), ni Laodice (3); mais en jettant les yeux par hazard sur Laodice, les vers m'y ont arrêté plus que je ne pensois. Je vous prie de remercier l'auteur pour moi, de la bonté qu'il a euë de m'envoyer sa piece: je la lirai avec grand soin, & avec autant de plaisir assurément.

(1) Gouverneur des Pays Bas.
(2) Comedie de Moliere.
(3) Tragedie de Mr. Corneille le jeune.

rément. Vous n'aurez point de complimens pour vôtre particulier ; les amitiés bien établies rejettent tout ce qui peut sentir ceremonie.

Depuis vôtre lettre écrite, j'ai lu un acte de Laodice, qui m'a semblé fort beau. Moliere surpasse Plaute dans son Amphitryon, aussi-bien que Terence dans ses autres pieces.

AU MEME.

RIEN n'est si doux en amitié, aussi-bien qu'en amour, que l'expression d'une veritable tendresse ; & on ne sauroit mieux la témoigner, qu'en prenant part au malheur de ceux qu'on aime. Vôtre déplaisir du mauvais succès de mon affaire, emporte la moitié du mien, & me met en état de pouvoir supporter doucement ce qui m'en reste. Je n'avois rien su de tout ce que vous m'écrivez, aucun de mes amis n'ayant voulu me faire savoir, non plus que vous, une chose assez fâcheuse : mais cette discretion, toute obligeante qu'elle est, me laisse deviner qu'ils ont mauvaise opinion de ma constance. Sept années entieres de malheurs ont dû me faire une habitude à souffrir, si elles n'ont pu me former une vertu à résister. Pour finir un discours moral, impertinent à celui qui le fait, & trop austere

pour celui qu'on entretient, je vous dirai en peu de mots, que j'aurois bien souhaité de revoir le plus agréable pays que je connoisse, & quelques amis aussi chers tant pour le témoignage de leur amitié, que par la consideration de leur merite. Cependant il ne faut pas se desesperer, pour vivre chez une nation où les agrémens sont rares. Je me contente de l'indolence, quand il se faut passer des plaisirs: j'avois encore cinq ou six années à aimer la comedie, la musique, la bonne-chere; & il faut se repaître de police, d'ordre, d'économie, & se faire un amusement languissant à considerer des vertus hollandoises peu animées. Vous m'obligerez de rendre mille graces très-humbles à Monsieur de Lionne le ministre, de la bonté qu'il a euë pour moi. Je suis un serviteur si inutile, que je n'oserois même parler de reconnoissance; mais je n'en suis pas moins sensible à l'obligation. Vous m'obligerez aussi de m'écrire de l'état de mon affaire, & ce qui a été répondu. Vôtre lettre sera assurément tenuë dans le paquet de Monsieur d'Estrades, quand il sera ici. Pour les airs, & ce qu'il y a de nouveau, je ne lui veux pas coûter tant de ports : mais ne m'envoyez rien qui ne vous ait fort plu, soit en musique, soit en autre chose. Pour ces bagatelles, où je me suis amusé quelquefois, je n'ai rien que la moitié d'un discours, qui est encore tout broüillé. Il y a une année qu'il
me

me prit envie de traiter *l'interêt sale & vilain*, *la vertu toute pure*, & *le sentiment d'un homme du monde*, qui fait le temperament, & qui tire de l'un & de l'autre, ce qui doit entrer dans le Commerce. J'avois laissé ces papiers en Angleterre, que j'ai trouvé perdus, à la réserve de quelques periodes du dernier écrit. Je tâcherai de les rajuster : Mais comme elles ont trop de liaison avec les autres qui sont perdus, je ne crois pas que cela puisse être fort bien.

X. **L'INTEREST**

Dans les personnes tout-à-fait corrompuës.

Le corrompu parle.

J'AI passé, Messieurs, par toutes les conditions ; & après une exacte reflexion sur la vie, je ne trouve que deux choses qui puissent occuper solidement un homme sage : le soin d'acquerir, & celui de conserver. L'honneur n'est qu'un entêtement de jeunes gens : c'est par-là qu'on commence sa réputation, quand on est fou ; & on la finit par ce qu'on appelle corruption, si-tôt qu'on est sage.

Quant à moi, je n'eus jamais l'esprit gâté de chimeres. Devoir, amitié, gratitude, obligation, & le reste de ces erreurs qui font les liens des sots & des foibles, ne m'ont pas gêné un moment en toute ma vie. La nature me fit naître avec le vrai genie de l'interêt, que j'ai cultivé par l'étude, & fortifié par l'experience. L'avidité, qui fait le même effet pour le bien, que l'ambition pour la puissance, m'a élevé aux grands profits, sans me faire tomber dans la nonchalance des petits gains.

On gagne en cent façons differentes, qui

sont autant de fruits différens de nôtre industrie. Il seroit difficile d'en faire bien le détail : mais on ne se trompera jamais, si on tient pour maxime principale, de préferer l'utile à l'honnête. S'attacher à l'utile, c'est suivre le dessein de la nature, qui par un secret instinct nous porte à ce qui nous convient, & nous oblige de ramener tout à nous-mêmes. L'honneur est un devoir imaginaire, qui pour la consideration d'autrui, nous fait abstenir des biens que nous pourrions avoir, ou nous défaire de ceux que nous devrions garder.

Pour ce qui touche la conservation, n'est-il pas juste de ménager avec soin ce qu'on a su amasser avec peine ? Tant que nous aurons de l'argent dans nos coffres, nous aurons des amis & des serviteurs assurés (1) : si nous l'épuisons par une vaine liberalité, nous ne ferons que laisser aux hommes la liberté d'être ingrats, perdant ce qui les attire à nous surement, pour les rattacher à eux-mêmes. Il est peu de personnes reconnoissantes ; & quand nous pourrions en rencontrer, il est certain que le prix de la gratitude approche rarement de celui du bienfait.

Il y a une chose de grand usage, que j'ai heureusement pratiquée ; c'est, Messieurs, de promettre toûjours, & de ne donner presque jamais.

_____

(1) Pensée de Machiavel.

jamais. On tire plus de services par les promesses que par les presens ; car les hommes se mettent en état de meriter ce qu'ils esperent de nous : mais ils ne savent gré qu'à eux-mêmes de ce qu'ils reçoivent ; ils le font passer pour une recompense de leurs peines, ou pour un effet de leur industrie. Encore parmi les ingrats, ceux-ci me paroissent le moins à craindre, parce qu'ils nous détrompent aussitôt, & ne sauroient nous coûter qu'un seul bienfait.

Vous en trouverez de beaucoup plus dangereux, qui nous prêchent le bien qu'on leur fait, jusqu'à importuner tout le monde. Ils ont toûjours le nom de leur bienfacteur dans la bouche, & son portrait dans leur chambre : mais qu'arrive-t-il de ce vain appareil de reconnoissance ? Ils s'en forment un titre pour une nouvelle prétention ; & tandis que vous les croyez occupés à reconnoître la grace qu'ils ont reçûë, ils croyent s'être rendus dignes d'une autre, qu'ils ne manquent pas de demander. Belle subtilité de nos jours, d'avoir tourné la gratitude du côté de l'avenir, elle qui n'avoit été jusqu'ici que le ressentiment d'une obligation passée !

Comme vous avez à vivre avec des gens qui font des desseins sur vous, c'est à vous à prendre des précautions contre eux ; & au lieu de vouloir démêler les bonnes & les mauvaises intentions par la délicatesse du discernement,

je

je trouve à propos de s'en garantir par une défiance generale de tous les hommes. Cependant, pour ne laisser pas établir un mécontentement universel, qui vous feroit abandonner de tout le monde, il sera bon de paroître desinteressé quelquefois, par un secret dessein d'interêt ; il sera bon de donner au public certaines actions de franchise apparente, mais en effet concertées, & de contraindre vôtre naturel à faire une grace aussi noblement, que si elle partoit d'une veritable inclination. Par-là vous ferez oublier les dégoûts du passé, & laisserez en vûë des agrémens pour l'avenir.

Mais dans ces rares occasions, le secret est de choisir un merite bien reconnu, ou l'un de ces sujets agréables qui plaisent à tous les hommes : par cette estime, ou cette amitié universelle, chacun sottement se croit obligé d'un bien qui n'est reçû que d'un seul. Aprés l'éclat d'une si belle action, laissez reposer le monde dans l'opinion de vôtre generosité, & prenez plaisir quelque tems à joüir de l'adulation des flateurs, & de l'approbation des mauvais juges.

Comme vous aurez excité par-là des desirs, & laissé concevoir des esperances, tous ceux qui pensent avoir quelque merite, tâcheront de le faire valoir auprès de vous. Vos ennemis chercheront des voyes secrettes de se raccommoder, pour n'avoir pas l'exclusion de

vos

vos bienfaits. Vos amis animés d'un nouveau zele, s'efforceront de les meriter; & les personnes qui vous sont particulierement attachées, redoubleront leurs soins & leur assiduité dans les fonctions de leurs charges.

Alors voyant tout le monde bien réuni sur vos loüanges, vous reprendrez insensiblement vos manieres accoutumées. Vôtre commerce deviendra plus difficile: vous voir, ne sera pas une petite grace: vous parler, en sera une plus grande: les rides de vôtre visage rebuteront les fâcheux, & vos agrémens satisferont les mal-habiles: vôtre familiarité, quelque ingrate qu'elle soit, sera menagée comme une faveur précieuse; & pour achever ce discours en peu de mots, vous mettrez en usage toutes les choses vaines pour les autres, & prendrez sagement toutes les solides pour vous.

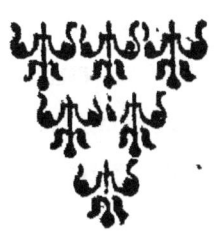

LA VERTU TROP RIGIDE.

XXX.

Le vertueux parle.

J'AI passé comme vous par toutes les conditions ; & après une exacte reflexion sur la vie, je ne trouve que deux choses qui puissent la rendre heureuse ; la moderation de ses desirs, & le bon usage de sa fortune.

Ceux à qui la raison donne le repos que nous ôte la fantaisie, vivent exempts de beaucoup de maux, & sont en état de goûter les biens les plus veritables. Un homme élevé aux grandeurs, qui fait trouver aux autres leur fortune dans la sienne, joint un grand merite à un grand bonheur ; & il n'est pas plus heureux par le bien qu'il possede, que par celui qu'il fait faire : mais qui, comme vous, cherche son interêt avec tout le monde, & ne peut souffrir que personne le trouve avec lui, celui-là se rend indigne de toute societé : il devroit être banni du commerce de tous les hommes.

Cependant, quelque mauvaise opinion que j'aye de vous, il me semble qu'il y a de la vanité dans la confession de vos vices. La nature

ture n'a pas laissé en vôtre pouvoir d'être aussi méchant que vous voulez l'être. On n'est pas tout-à-fait ingrat impunément ; on ne trahit point sans remors ; on n'est pas si avide du bien d'autrui, ni si avare du sien sans quelque honte. Et quand vous auriez composé avec vous-même, exemt de combats interieurs & d'agitations secretes, il vous reste encore à compter avec le monde, dont vous aurez à essuyer des reproches importuns, & des accusations fâcheuses.

Pour ce genie d'interêt dont vous nous parlez, c'est ce qui vous rend méprisable : car on trouve d'illustres scelerats ; mais il ne fut jamais d'illustre avare. La grandeur de l'ame ne peut compatir avec les ordures de l'avarice. D'ailleurs, qu'y a-t'il de plus injuste, que d'attirer à soi tout ce qui fait le commerce & la commodité du genre humain, pour ne l'employer à aucun usage ? C'est entretenir le crime, & dérober au public par un vol continuel, ce qu'on a tiré une fois des particuliers.

Ceux qui prennent avec violence, pour répandre avec profusion, sont beaucoup plus excusables. Leur dépense est comme une espece de restitution : les dépoüillés semblent rentrer en quelque part de leur bien, quand la magnificence expose à leurs yeux ce que la force avoit arraché de leurs mains. Si la mauvaise réputation vous est indifferente ; si l'injustice

justice ne vous touche point, ayez au moins quelque consideration pour vôtre repos.

Depuis que l'argent s'est rendu maître de vos desirs, qu'il soit chez vous, ou qu'il soit ailleurs, il fait également vôtre peine : ce que vous manquez à gagner vous afflige, ce que vous possedez vous inquiete, ce que vous n'avez plus vous tourmente ; & comme il n'y a rien de si agréable que d'avoir du bien & de s'en servir, il n'y a rien de si malheureux que d'être avide & trop ménager tout ensemble.

J'avoüe que vôtre discours sur les ingrats n'est pas moins ingenieux que veritable : mais on peut dire que cette délicatesse vous vient plus de vos observations que de vôtre experience. Vos grandes précautions contre l'ingratitude, marquent moins de haine pour elle, que d'aversion pour la generosité ; & veritablement vous ne fuyez pas moins les reconnoissans que les ingrats. Les uns & les autres reçoivent des graces, & vôtre intention est de n'en point faire. Capable de pardonner les injures qu'on vous fait, vous êtes irréconciliable, lors que vous avez fait un plaisir, s'il ne vous en attire un autre plus considerable.

Puis que je me suis engagé insensiblement en cette matiere des bienfaits, je la veux pousser encore plus loin. Il y a des hommes de l'humeur du Cardinal Ximenès, qui n'accordent jamais ce qu'on leur demande, pour n'êre pas prévenus, disent-ils, dans leurs desseins, ni troublés dans l'ordre du bien qu'ils veulent faire. Il y a des hommes jaloux de l'honneur de leurs mouvemens, qui refusent tout aux inspirations des autres. Cela peut venir quelquefois d'un bon principe, & se rencontrer en des ames fort élevées : mais le plus souvent ce sont jalousies malhonnêtes & fausses délicatesses d'honneur, que produit une veritable répugnance à faire des graces.

Permettons aux miserables de s'expliquer à nous dans leurs besoins, puis que nous ne songeons pas à eux dans nôtre abondance. N'ayons pas honte de devoir à autrui la pensée d'une bonne action, & laissons toutes les avenuës libres à ceux qui nous conseillent de bien faire.

Cependant, nous croirions être gouvernés, si nous ne nous rendions difficiles à la persuasion du bien, tandis que nous nous pensons bien maîtres de nous, dans la crédulité la plus grande que nous puissions avoir pour le mal. Chacun craint l'ascendant de ses amis, s'ils veulent rendre un bon office auprès de lui : chacun prend pour des ouvertures de cœur & des témoignages d'amitié, le secret d'une imposture, & l'artifice des mauvaises impressions qu'on lui donne. C'est-là pourtant que la précaution est honnête : c'est-là qu'on peut être sur ses gardes avec jalousie : c'est-là qu'il faut se défendre des insinuations délicates,

tes, qui nous conduisent insensiblement à mal faire.

Mais pour quitter des discours trop generaux, que vous sert de ménager si finement la liberté de vous voir & de vous parler ? A quoi bon ce grand art qui regle tous les plis de vôtre visage, qui gouverne vos agrémens & vos rides ? Donner à propos, & refuser avec raison, seroit plus utile pour les autres, & plus commode pour vous. C'est un petit merite que de faire le fin avec des gens qui sont dans vôtre dépendance. Vous pensez montrer la subtilité de vôtre esprit, & vous ne faites voir que la malice de vôtre naturel.

Cette industrie que vous employez à trouver des choses vaines pour les autres, est vaine elle-même pour vous. Chaque jour vous apporte des richesses, & chaque jour vous en retranche l'usage ; vos biens augmentent, & vos sens qui en doivent joüir, diminuent. Vous gagnez des choses étrangeres, & vous vous perdez vous-même. Que devient donc cette naissance si heureuse ? Quelle utilité de ce beau génie d'interêt ? Vous passez vôtre vie parmi des trésors superflus, dont l'avarice ne vous laisse pas la disposition, & dont la nature vous empêche la joüissance. Malheureuse fortune, qui ne regarde ni vous, ni les autres, que par l'inquiétude de vos soins, & par le chagrin de leur envie !

11.	SENTIMENT

D'un honnête & habile courtisan, sur cette vertu rigide, & ce sale interêt.

JE suis fâché, Monsieur, qu'une vertu trop severe vous anime si fort contre le vice. Ayez plus d'indulgence pour les vicieux, ou du moins un peu plus de délicatesse dans la maniere de vos corrections.

Je sai que la raison nous a été donnée pour regler nos mœurs: mais la raison autrefois rude & austere, s'est civilisée avec le tems; elle ne conserve aujourd'hui presque rien de son ancienne rigidité. Il lui a fallu de l'austerité pour établir des loix, qui pussent empêcher les outrages & les violences: elle s'est adoucie pour introduire l'honnêteté dans le commerce des hommes, elle est devenuë délicate & curieuse dans la recherche des plaisirs, pour rendre la vie aussi agréable qu'on avoit tâché de la rendre sure & honnête. Ainsi, Monsieur, il faut oublier un tems, où c'étoit assez d'être severe, pour être cru vertueux, puisque la politesse, la galanterie, la science des voluptés, font une partie du merite presentement.

Pour la haine des méchantes actions, elle doit durer autant que le monde: mais trouvez
bon

bon que les délicats nomment plaisir, ce que les gens rudes & grossiers ont nommé vice, & ne composez pas vôtre vertu de vieux sentimens qu'un naturel sauvage avoit inspiré aux premiers hommes.

Il me semble que vous débutez mal avec des courtisans, de leur prêcher sans cesse la moderation de leurs desirs, eux qui font de leur ambition leur plus grand merite. Vous pourriez peut-être leur inspirer le dégoût du monde : mais de les réduire dans la cour à regler si justement leurs prétentions, c'est ce qu'il ne faut pas entreprendre. On peut quasi se passer de tout, éloigné d'elle : il est difficile quand on y vit, de ne pas desirer beaucoup, & mal-honnête de se borner aisément à peu de chose.

Parmi tant d'interêts differens, où se rencontre le vôtre, c'est avec peine que l'ambition & la vertu se concilient. On doit loüer la délicatesse de ceux qui trouvent moyen de les accommoder ensemble : il faut se contenter quelquefois du bien qui n'est pas entier, & tantôt se satisfaire du moindre mal : il ne faut pas exiger une probité scrupuleuse, ni crier que tout est perdu dans une mediocre corruption.

Les Dieux, dit quelqu'un, *n'ont jamais fait un plus beau present aux hommes que l'ame du dernier Caton ; mais ils se tromperent au tems qu'ils voulurent la donner: sa vertu, qui eût été*

été admirable dans les commencemens de la république, fut ruineuse sur ses fins, pour être trop pure & trop nette. Ce juste Caton, qui pouvoit sauver sa patrie, s'il se fût contenté de rendre ses citoyens moins méchans, la perdit, & se perdit lui-même, pour en vouloir faire inutilement des gens de bien. Une probité moins entiere, qui se fût accommodée aux vices de quelques particuliers, eût empêché l'oppression generale : il falloit souffrir la puissance, pour éviter la tyrannie; & par-là on eût conservé la republique, à la verité corrompuë, mais toûjours republique.

Ainsi, Monsieur, ne regardons pas tant le monde comme il doit être, qu'on ne le puisse souffrir comme il est. Que cette indulgence néanmoins ne soit pas pour nous. Cherchons des temperamens pour les autres, & soyons severes pour nous-mêmes : ennemis du vice en nos propres consciences, n'ayons pas horreur des vicieux, pour ne pas rendre les hommes nos ennemis.

Car à quoi songez-vous de parler des avares & des ingrats comme de monstres qui vous effrayent ? Je sai que l'ingratitude & l'avarice sont de fort vilaines qualitez : mais puis qu'elles sont si communes dans le monde, resolvez-vous de les souffrir, ou sauvez-vous dans la solitude ; & portez dans une retraite cette vertu, qui aura fait haïr vôtre personne dans une cour.

Si vous voulez corriger les ingrats, inspirez aux grands un meilleur choix pour des personnes reconnoissantes. Quand on les verra plus délicats, & plus soigneux dans la distribution de leurs graces, les personnes obligées se feront une étude particuliere de reconnoître ces bienfaits. S'il vous prend envie de changer l'humeur d'un avare, ne croyez pas en venir à bout par de beaux discours ; toute la morale y seroit employée sans aucun effet : proposez-lui des fortunes considerables qui se font par la dépense ; insinuez le mépris où fait tomber une œconomie sordide ; parlez de l'avantage que prennent sur lui les personnes de sa condition, par un honnête usage de leur bien ; & pour le guérir d'un sale interêt, n'oubliez jamais de lui en mettre devant les yeux un autre honorable.

Representez à vôtre artificieux interessé, que toutes ses machines feront leur effet contre lui-même. Il veut des serviteurs fideles ; & l'exemple de sa méchante foi corrompra les siens : il se fait une habileté ingenieuse de promettre, & de ne rien donner ; on se fera un droit plus ingenieux de le piller, & chacun fera lui-même sa recompense : il tient ses amis dans une familiarité honteuse, sans aucun credit ; ce leur est un moyen d'étudier ses défauts ; de penetrer ses affaires, sans que rien les oblige à la discretion & au secret.

Pour ces bienfaits concertés que produisent

la méditation, & le dessein, comme ce n'est qu'un petit intervale dans une vilaine conduite, ils ne font qu'une legere suspension dans les cœurs; & si-tôt que vôtre cœur corrompu retourne à son premier procedé, le monde aussi diligent reprend sa premiere haine.

Par de semblables raisons, vous lui ferez comprendre les avantages que l'on peut tirer de la vertu, & le préjudice qu'apporte un sale interêt. C'est la délicatesse que j'ai desirée dans la maniere de vos corrections, ne pouvant souffrir que vous vous érigiez en philosophe, ou en dévot de profession, pour vous animer d'un esprit chagrin & importun contre les vices. Car enfin, Monsieur, qu'esperez-vous de ce beau sermon? *chaque jour vous apporte des richesses, & chaque jour vous en retranche l'usage: vos biens augmentent, & vos sens qui en doivent joüir, diminuent: vous gagnez des choses étrangeres, & vous vous perdez vous-même.* Ces gens-là prennent la chose tout autrement; l'argent qui leur vient est la consolation du jour qui s'en va. L'affoiblissement de leurs sens est réparé, ce leur semble, par l'augmentation de leurs biens; & quand ils se perdent eux-mêmes, ils croyent en quelque sorte se recouvrer dans l'acquisition des choses étrangeres. Vôtre sagesse, Monsieur, est trop pure pour des hommes si corrompus; il y a trop d'éloignement de vous à eux, pour pouvoir jamais convenir ensemble. Contentons-nous

nous d'être gens de bien pour nous, & n'affectons pas une probité qui nous rende fâcheux aux autres: choisissons le commerce des honnêtes-gens, sans avoir en horreur ceux qui ne le sont pas: souffrons toutes sortes de personnes, & pratiquons le plus celles qui nous plaisent davantage.

Comme il y a peu de ces pleines vertus qui puissent tout-à-fait vous satisfaire, il y a peu de vices extrêmes qui doivent vous aigrir avec raison. D'ailleurs, si on trouve des défauts au plus honnête-homme, quand on l'étudie bien, on découvre quelque chose de bon en celui qui l'est moins, quand on se donne la peine de le connoître. On voit rarement dans les hommes que tout soit vertu, que tout soit vice: les bonnes & les mauvaises qualitez sont confonduës, & un discernement délicat peut faire la séparation de ce mélange.

Un avare ne laisse pas d'avoir des amis, & de les servir, quoiqu'il aime son argent beaucoup plus qu'eux. S'il a du credit, il les servira dans leurs affaires, & sera bien aise que ses diligences l'acquittent envers eux des offices de l'amitié. Un autre méritera la douceur de votre commerce par une amitié pure, & un esprit agreable, que son peu d'industrie vous rend inutile, dès qu'il faut agir pour vos interêts. Je connois des paresseux que le moindre office à rendre met au desespoir; à qui une nonchalance naturelle ne permet pas le plus

…oible mouvement qu'il se sait donner pour vous servir, mais en qui vous trouverez les assistances les plus solides de bien & d'argent, quand vous n'exigerez ni leurs soins, ni leurs peines.

Comme il y a des personnes trop économes & très-agreables, ôtez-leur toute alarme de dépense, & fréquentant peu leurs maisons, jouissez avec plaisir de leur compagnie dans la vôtre. Tel homme fera un plaisir de bonne grace, qui n'aura pas reconnu un bienfait; & peu ponctuel à témoigner sa gratitude, il laissera la reconnoissance à votre discretion. Il y a des personnes legeres & extravagantes, dont le commerce ordinaire se doit éviter, & dont la témérité vous peut être utile une fois plus que la prudence des Sages. Les prudens agiront moins dans vos interêts; mais leur jugement reglera votre conduite.

D'ailleurs nous ne sommes pas toujours les mêmes; c'est faire trop d'honneur à la nature humaine, que de lui donner de l'uniformité: celui qui vous néglige aujourd'hui avec froideur, cherchera demain par quelque mouvement extraordinaire, l'occasion de vous servir. Enfin les hommes sont changeans & divers, mêlés de bonnes & de mauvaises parties. Tirons d'eux ce que l'industrie nous en peut faire tirer honnêtement, & ne fuyons pas des personnes pour leurs défauts, qui pourroient avec autant de droit nous éviter pour les nôtres.

Il est tems de recüeillir en peu de mots ce que l'on peut dire sur des sentimens si opposés. Ils ont cela de commun dans leur opposition, qu'ils nous tiennent, quoique differemment, trop attachés à nous-mêmes. Les uns par l'amour propre d'une vertu qui n'est bonne que pour nous, nous éloignent trop de la vie civile; les autres nous jettent dans la societé, pour rapporter les droits du public à notre utilité seule. Si nous voulons suivre les premiers, tout sera vice pour nous, dans l'idée d'une vertu que le monde ne met point en usage: si nous nous laissons aller à ceux-ci, il n'y aura plus de foi ni d'honnêteté parmi nous. Nous vivrons parmi les hommes, comme si nous n'étions pas de leur espece, indifferens au mérite, exemts de leurs passions, insensibles à leurs plaisirs, & possedés de notre seul interêt. D'un côté, les intentions sont trop pures; de l'autre, trop corrompuës: mais on se passe plus aisément du bien, qui ne produit pas une vertu inutile, qu'on ne souffre les effets d'une si dangereuse corruption.

Fin du second Tome.

TABLE ALPHABETIQUE

DES MATIERES PRINCIPALES

Contenuës dans ce second Tome.

On a mis une n. *pour marquer lorsque les chiffres se rapportent aux Notes, & non pas à l'Ouvrage même.*

A.

Album Amicorum, ce que c'est. 113

Allemands, leur maniere de voyager. 113. & suiv.

Andromaque, Tragedie de Racine, Jugement sur cette piece. 283. 312. 313

Angleterre, détail des curiositez d'Angleterre. 119. & suiv.

Anglois, n'aiment pas les François. 86. Caractere d'un politique Anglois chimerique. 17. & suiv.

Angloise, Caractere d'une Angloise grave, & fortement capable. 110. & suiv.

Argent, combien il est avantageux de conserver son argent. 347

Aubigny, (Louis Stuart d') grand Aumônier de la Reine Catherine, Infante de Portugal. n. 41. Son éloge. 219. Ce qu'il pensoit des Jansenistes & du Jansenisme. 42 & suiv.

Bal

DES MATIERES.

B.

Bal, ridicule. 151 & suiv.
Berville, se trompe de croire que Petrone ait voulu representer Seneque par Eumolpe.
Bourneau, (Madame) n. 296. Engage M. de S. Evremond à donner son Jugement sur l'Alexandre de Racine. 314. 315
Briguelle, ce que c'est. n. 16
Brutus, (Marcus) son caractere tres bien exprimé par Plutarque. 5

C.

Canaye, (le Pere) son caractere. 29. & suiv. Ses reflexions pieuses sur la Religion. 33. Son jugement sur l'animosité qu'il y a entre les Jesuites & les Jansenistes. 39. M. de S. Evremond avoit fait sa Rhetorique sous lui. n. 38
Caracteres, des grands personnages de l'Antiquité, doivent être conservez regulierement dans nos pieces de Théâtre. 304. 305
Casuistes, trop rigides & trop relâchez, également dangereux. 42. & suiv.
Cervantes, (Michel) Auteur de Don Quichotte, son éloge. 304
Chapelain, cité. 21. Vers ridicules de sa Pucelle. n. là même.
Circulation de l'or, si elle est possible 99. & suiv.
Clerembaut, (Philippe de) Comte de Palluau, Maréchal de France, sa passion pour une societé où l'on pût vivre en retraite, & à couvert des caprices de la fortune 128
Comminges, (Madame de) son éloge. 219. & suiv.
Concetti, Italiens 69. & suiv.
Convens, la vie qu'on y mene n'est pas fort agreable. 323. Inconvenient des Regles qu'on est obligé d'y observer. 325. & suiv.

Corneille

TABLE

Corneille, (Pierre) habile à soutenir le caractere des femmes illustres. 307. Il fait parler ses Heros avec toute sorte de bienseance. 308. 309. Il preferoit Sophonisbe à la plûpart de ses pieces. 335. Ce qu'il jugeoit de la part que l'amour doit avoir dans les Tragedies. *là-même.*

Cornelie, combien son caractere est aimable sur le Théâtre. 306

Courtisans, leur genie. 295. Deviennent ridicules en vieillissant. *là-même.*

D.

Dames, Venitiennes, leur esclavage. 130
Douza, combien il preferoit Petrone à Lucain. 19

E.

Eumolpe, si le faux Eumolpe de Petrone fut le veritable Seneque. 2
Evremond, (Saint) défendu contre M. Nodot. n. 11. Sous qui il avoit fait sa Rhetorique. n. 38.

F.

Femme accomplie, son portrait. 264. *& suiv.* Jugement sur ce portrait. 271
Folie, differentes especes de folie. 191. *& suiv.*
François, en quoi ils excellent sur les Anciens. 22. S'ils sont aimez des Anglois. 86. Un de leurs grands Défauts. 300
Françoise, Caractere d'une Françoise coquette & bourgeoise. 129. *& suiv.* 140. *& suiv.*

G.

Gascon, Marquis Gascon, brillant avec un faux air de la Cour de France ; son caractere. 78. *& suiv.* Sa maniere de voyager. 121. *& suiv.*

Greaterick

DES MATIERES.

Greaterick, (Valentin) prétendoit guerir toutes sortes de maladies par le seul attouchement. n. 202

Guiche, (le Comte de) obtient son retour en France par le credit du Comte de Grammont. n. 281

Gusman (Loüise-Françoise de) Reine de Portugal. Son sentiment sur les Convens. 325. Sa mort. n. là-même.

H.

La Haye, son Eloge. 218

Hollande, combien la vie qu'on mene dans cette Republique est douce. 224. Les contributions y sont grandes, mais bien employées. 225. La difference de Religion n'y cause aucun desordre. 226. Caractere des Dames Hollandoises. 217

Hommes, on peut tirer usage des hommes qui ont le plus de défauts. 362

Hoquincourt, (le Maréchal d') son caractere. 28. & suiv. Amoureux de Madame de Montbazon. 30. & suiv. Son sentiment sur la Religion. 34. 35

I.

Jansenistes, par quels artifices ils ont crû pouvoir supplanter les Jesuites. 39. Sont divisez en trois classes. 42. Dans quel esprit ils agissent. Comment ils se sont soutenus. là-même. Leurs opinions choquent la nature & la Religion. 43

Jesuites; d'où vient l'animosité qu'il y a entr'eux & les Jansenistes. 39. Comment ils se conduisent avec les grands Seigneurs. 39. 40. & suiv.

Ingrats, moyen de corriger les ingrats. 359

Interêt, le plus attaché à son interêt, doit paroître desinteressé quelquefois. Avantage de cette conduite. 349

Johnson, (Benjamin) son éloge. 338. Quand il a fleuri, & sa mort. n. là-même.

Italien, diseur de Concetti, son caractere. 69. & suiv.

Lionne

L.

Lionne, (le Marquis de) son caractere. 272. Ses qualitez. *n.* 258

Lionne, (le Comte de) *n.* 272. & *suiv.*

Lisola, (le Baron de) employé utilement par l'Empereur en diverses Ambassades. 341

Lorme, (Marion de) son éloge. 212. 223

Louis XIV. Sa conduite louée par opposition à celle du Cardinal Mazarin. 259. & *suiv.*

M.

Mariage, Portrait d'un mariage mal assorti, où la paix de la maison est troublée 205 & *suiv.* La cause de ce desordre 213. & *suiv.* Embarras d'une femme engagée dans les liens du mariage. 331. 332

Matrone d'Ephese, son histoire traduite de Petrone. 23

Moliere, son éloge. 281 Superieur à Plaute & à Terence. 343

Montagne, ce qu'il pensoit des opinions de Plutarque & de Seneque. 4 & *suiv.*

Montbazon, (la Duchesse de) mourut en 1657 *n.* 32. Sa mort fut un des principaux motifs qui engagerent l'Abbé de la Trappe à quitter le monde. *n.* 33

N.

Nodot, a critiqué M. de S. Evremond mal-à-propos. *n.* 11

Nuit, voluptueuse, décrite vivement par Petrone. 20

O.

OR, Circulation de l'or, voyez *Circulation.* 95

Orange, (Guillaume-Henry dernier Prince d') quel étoit le caractere de son esprit à l'âge de quatorze ans. 219

P.

Petrone, s'il a prétendu se moquer de Seneque, lorsqu'il tourne en ridicule le stile & l'éloquence de son siécle. 2. Jugement que Tacite fait de Petrone. 7. Son amour pour les plaisirs ne le rendit pas ennemi des affaires. 8. Ce qu'on doit juger de la maniere dont il mourut. 9. Quel but il s'est proposé en composant le Livre que nous avons de lui. 10. & suiv. Si Petrone a eu dessein de nous décrire les débauches de Neron. 13. & suiv. Admirable par son stile, & par la facilité qu'il avoit à donner ingenieusement toute sorte de caracteres. 16. & suiv. Combien il est superieur à Lucain. 19. Il fait paroître beaucoup d'éloquence dans ses déclamations. 20. Petrone est plus délicat que Catulle & Martial. là-même. A la reserve d'Horace, il est peut-être le seul qui ait sçû parler de la Galanterie. 21

Plutarque mis en parallele avec Seneque 4. Jugement sur les Traités de Morale de cet Auteur. là-même. Plutarque étoit sensible au plaisir de la conversation. 5. Son goût fort médiocre pour les choses purement de l'esprit. là-même. Ses Vies des hommes illustres, son chef-d'œuvre. là-même. En quoi consiste sur-tout l'excellence de cet ouvrage. là-même. Plutarque ne penetre pas fort avant dans le fond du naturel des personnages qu'il entreprend de faire connoître. 6 Inferieur à Salluste & à Montagne par cet endroit-là. là-même.

Politique, Caractere d'un Politique Anglois ridicule. 57. & suiv.

Prophéte, Irlandois, qui rapportoit toutes les maladies aux Esprits. 202. & suiv. Combien il étoit admiré & couru du peuple. là-même, & suiv.

Q.

Quinte-Curce, s'est fait admirer par la harangue qu'il met dans la bouche des Scithes. 302.

Racine,

R.

Racine, ce qu'il devoit apprendre de Corneille. 296. Il fait d'Alexandre un Prince médiocre. 298. Donne à Porus un air François. 299. Parle trop foiblement du passage de l'Hydaspe par Alexandre. 303. Défigure le caractere d'Alexandre. 309.

Raison, si la raison doit entrer dans la Religion. 34. 35.

Rancé, (Armand Jean le Bouthillier de) Abbé de la Trape ; quel fut le principal motif de sa conversion & de sa retraite. Sa mort. n. 32. 33

Reconnoissance, espece de reconnoissance dangereuse au Bienfacteur. 348

Relais, de pigeons, pour envoyer des nouvelles. 61

Religieuses, portrait de leur maniere de vivre. 330. & suiv.

Robe, Gens de Robe, leur caractere. 292

S.

Salluste, son caractere. 277. Excelle à faire connoître le genie des hommes. 288. & suiv.

Scuderi, (Mademoiselle de) peu sçavante dans la Mythologie des Anciens. 21

Senat, maniere ridicule dont on harangue quelquefois dans un Senat. 187. & suiv.

Senateurs, de Venise, leur politique mysterieuse. 89. 187. & suiv.

Seneque, par quel endroit il étoit le plus estimable. 1. Jugement sur son stile. là-même. Quel est l'effet naturel de ses discours. 2. Il y a plusieurs faits curieux repandus dans ses Ouvrages. 3. Ses opinions trop severes, & peu convenables à son état. là-même.

Sertorius, Tragedie de Corneille : son éloge. 303

Songes, leur origine agréablement décrite par Petrone. 20

Sophonisbe,

Sophonisbe, son caractere admirablement bien exprimé par Corneille. 108
Spéculation militaire. 62. & suiv.

T.

Tacite, son caractere. 177. Le Jugement qu'il fait de Petrone. n. 7. 8. Donne trop peu au naturel. 286. & suiv.

V.

Velleius Paterculus, son éloge. 298. Loüange délicate qu'il donne à Cesar. 300
Venitiens, Caractere de leur politique mysterieuse. 59. & suiv. 89. & suiv.
Vieilles gens, pourquoi ils doivent quitter le grand monde. 319. & suiv. Ce qui choque le plus dans les vieilles gens. 321. 322. Pourquoi l'on ne doit jamais étudier son humeur avec tant de soin que dans la vieillesse. là-même. Il est naturel aux vieilles gens de tomber dans la devotion. 323. 324.
Utile, s'il doit être preferé à l'honnête. 347.

VV.

Vvit (Jean de) Pensionnaire de Hollande, son éloge. 225

X.

Ximenès (le Cardinal), pourquoi n'accordoit jamais ce qu'on lui demandoit. 353. 354.

Fin de la Table du second Tome.

www.ingramcontent.com/pod-product-compliance
Lightning Source LLC
Chambersburg PA
CBHW050534170426
43201CB00011B/1423